Vermögensanfall bei Verein und Stiftung

Bochumer Studien zum Stiftungswesen

Herausgegeben von Karlheinz Muscheler

Band 12

Zur Qualitätssicherung und Peer Review der vorliegenden Publikation

Die Qualität der in dieser Reihe erscheinenden Arbeiten wird vor der Publikation durch externe, von der Herausgeberschaft benannte Gutachter geprüft.

Notes on the quality assurance and peer review of this publication

Prior to publication, the quality of the work published in this series is reviewed by external referees appointed by the editorship.

Pierre Plottek

Vermögensanfall bei Verein und Stiftung

Zivil- und Gemeinnützigkeitsrecht

PL ACADEMIC RESEARCH

Bibliografische Information der Deutschen Nationalbibliothek
Die Deutsche Nationalbibliothek verzeichnet diese Publikation in der Deutschen Nationalbibliografie; detaillierte bibliografische Daten sind im Internet über http://dnb.d-nb.de abrufbar.

Zugl.: Bochum, Univ., Diss., 2014

Gedruckt auf alterungsbeständigem,
säurefreiem Papier.

D 294
ISSN 1864-936X
ISBN 978-3-631-65317-3 (Print)
E-ISBN 978-3-653-04483-6 (E-Book)
DOI 10.3726/978-3-653-04483-6

PL Academic Research ist ein Imprint der Peter Lang GmbH.

Peter Lang – Frankfurt am Main · Bern · Bruxelles · New York · Oxford · Warszawa · Wien

Diese Publikation wurde begutachtet.

www.peterlang.com

Vorwort

Die vorliegende Arbeit wurde von der juristischen Fakultät der Ruhr-Universität Bochum im Wintersemester 2013/2014 als Dissertation angenommen. Gesetzgebung, Rechtsprechung und Literatur wurden bis einschließlich Juni 2013 berücksichtigt.

Ich möchte zunächst einen besonderen Dank an Herrn Prof. Dr. Karlheinz Muscheler aussprechen, der diese Arbeit betreut und in kürzester Zeit das Erstgutachten erstellt hat. Als externer Doktorand hat mich Herr Prof. Dr. Muscheler bei den regelmäßigen Besprechungen immer unterstützt und zugleich ermutigt die Dissertation neben meinem beruflichen Start als Rechtsanwalt zu fertigen. Die Betreuung durch Ihn als Doktorvater war vorbildlich.

Prof. Dr. Andrick danke ich für die ebenfalls zügige Erstellung des Zweitgutachtens.

Meinen herzlichsten Dank möchte ich meinen „Anstiftern“ widmen. Durch Ihre Überzeugungskraft habe ich mich überhaupt auf das Projekt promovieren eingelassen. Sie standen mir zudem zu jederzeit mit Rat und Hilfe zur Verfügung. Mein Dank gilt: Dr. Sebastian Trappe, Dr. Matthias Gantenbrink und Dr. Cornelia Kraus.

Zu guter Letzt möchte ich meinen Eltern und Freunden für die zahlreiche Unterstützung danken. Insbesondere meinem Vater für die hilfreichen Korrekturarbeiten.

Meine Freundin Christine Hoffmann soll nicht unerwähnt bleiben, immerhin war Sie es, die mich bei allen Höhen und Tiefen „ertragen“ musste. Vielen Dank für Deinen Zuspruch und die unendliche Unterstützung.

Inhaltsverzeichnis

Literaturverzeichnis

Andrick, Bernd/ Suerbaum, Joachim	Stiftung und Aufsicht Dogmatik – Stiftungspraxis – Reformbestrebungen 1. Auflage C. H. Beck Verlag München 2001 (zit.: Andrick/Suerbaum/Stiftung und Aufsicht)
Andrick, Bernd	Rücknahme oder Aufhebung – Stiftungsbehördliche Reaktion bei erschlichener Stiftungsgenehmigung – Anmerkung zum Urteil des BayVGH vom 12.10.2005 – M 7 K 02.4714 in ZSt 2006, 41–43.
Bamberger, Georg/ Roth, Herbert	Kommentar zum Bürgerlichen Gesetzbuch Buch 1 Allgemeiner Teil 3. Auflage C. H. Beck Verlag München 2012 (zit.: *Bearbeiter*, in: Bamberger/Roth)
Bamberger, Georg/ Roth, Herbert	Kommentar zum Bürgerlichen Gesetzbuch Band 2 Recht der Schuldverhältnisse 3. Auflage C. H. Beck Verlag München 2012 (zit.: *Bearbeiter*, in: Bamberger/Roth)
Baumbach, Adolf/ Hueck, Alfred	Kommentar GmbHG Band 20 19. Auflage C. H. Beck Verlag München 2010 (zit.: *Bearbeiter*, in: Baumbach/Hueck)
Baur, Fritz/ Stürner, Rolf	Sachenrecht 18. Auflage C. H. Beck Verlag München 2009 (zit.: Baur/Stürner/Sachenrecht)

Bayer, Michael — Die liquidationslose Fortsetzung rechtsfähiger Idealvereine
Dissertation, Schriften zum Bürgerlichen Recht Band 87
Duncker & Humblot, Berlin 1984
(zit.: M. Bayer/Diss)

Beck'sches Steuer- und Bilanzrechtslexikon — Beck'sches Steuer- und Bilanzrechtslexikon
Edition 3/12
C. H. Beck Verlag München 2012
(zit.: *Bearbeiter*, in: Beck'sches Steuer- und Bilanzrechtslexikon)

Blümich, Walter — EStG KStG GewStG
Loseblatt-Kommentar
116. Ergänzungslieferung
C. H. Beck Verlag München 2012
(zit.: *Bearbeiter*, in: Blümich/EStG)

Böttcher, Leif — Vertraglicher Anspruch des Destinatärs auf Stiftungsleistungen kein Schenkungsversprechen – Anmerkung zum Urteil des BGH vom 07.10.2009 – Xa ZR 8/08
in DNotZ 2010, 188–193.

Böttcher, Roland — Die Beendigung des rechtsfähigen Vereins
Kritische Darstellung mit Änderungsvorschlägen
in Rpfleger 1988, 169–175.

Brandmüller, Gerhard — Gewerbliche Stiftungen
Unternehmensstiftung – Stiftung & Co. Familienstiftung
2. Auflage
Erich Schmidt Bielefeld 1998
(zit.: Brandmüller/Gewerbliche Stiftungen)

Burgard, Ulrich — Gestaltungsfreiheit im Stiftungsrecht
Zur Einführung korporativer Strukturen bei der Stiftung
Habilitationsschrift
Dr. Otto Schmidt Köln 2006
(zit.: Burgard/Gestaltungsfreiheit)

Burgard, Ulrich	Das neue Stiftungsprivatrecht in NZG 2002, 697–702.
Canaris, Claus-Wilhelm	Die Reform des Rechts der Leistungsstörungen in JZ 2001, 499–524.
Daragan, Hanspeter/ Halaczinsky, Raymond/ Riedel, Christopher	Praxiskommentar Erbschaftsteuergesetz und Bewertungsgesetz 2. Auflage Zerb Verlag Bonn 2012 (zit.: *Bearbeiter*, in: Daragan/Halaczinsky/Riedel/ ErbStG)
Demharter, Johann	Kommentar Grundbuchordnung Band 8 28. Auflage C. H. Beck Verlag München 2012 (zit.: Demharter/GBO)
Desens, Marc/ Hummel, David	Zur Vermeidung einer Doppelbesteuerung der Destinatäre einer Stiftung mit Einkommen- und Schenkungsteuer in DStZ 2011, 710–719.
Deutsches Rechtswörterbuch	Wörterbuch der älteren deutschen Rechtssprache Band 8 Krönungsakt – Mahlgenosse Verlag Hermann Böhlaus Nachfolger Weimar 1984–1991 (zit.: Deutsche Rechtswörterbuch)
Ebersbach, Harry	Handbuch des deutschen Stiftungsrechts Verlag Otto Schwarz Göttingen 1972 (zit.: Ebersbach/Handbuch des Stiftungsrechts)
Enneccerus, Ludwig/ Nipperdey, Hans Carl	Allgemeiner Teil des Bürgerlichen Rechts Ein Lehrbuch Erster Halbband: Allgemeine Lehren, Personen, Rechtsobjekte 15. Auflage J.C.B. Mohr Tübingen 1959 (zit.: Enneccerus/Nipperdey/ BGB AT)

Erbs, Georg/ Kohlhaas, Max	Kommentar strafrechtliche Nebengesetze 184. Ergänzungslieferung C. H. Beck Verlag München 2011 (zit.: *Bearbeiter*, in: Erbs/Kohlhaas)
Erman, Walter	Kommentar BGB Band 1 13. Auflage Dr. Otto Schmidt Köln 2011 (zit.: *Bearbeiter*, in: Ermann)
Erman, Walter	Kommentar BGB Band 2 13. Auflage Dr. Otto Schmidt Köln 2011 (zit.: *Bearbeiter*, in: Ermann)
Fischer, Michael/ Jüptner, Roland/ Pahlke, Armin/ Wachter, Thomas	Erbschaft- und Schenkungsteuergesetz Kommentar 4. Auflage Haufe Mediengruppe Freiburg München Berlin 2012 (zit.: *Bearbeiter*, in: Fischer/Jüptner/Pahlke/Wachter/ErbStG)
Fischer, Dirk	Das Stiftungsrecht unter besonderer Berücksichtigung der landesrechtlichen Anwendung in Baden-Württemberg und steuerrechtlicher Aspekte in BWNotZ 2005, 97–113.
Flume, Werner	Allgemeiner Teil des Bürgerlichen Rechts 1. Band / 2. Teil Die juristische Person Springer Verlag, Berlin Heidelberg New York Tokyo 1983 (zit.: Flume/Juristische Person)
Fritsche, Stefan	Zivilrechtlich begründete Verbindlichkeiten der Stiftung in ZSt 2003, 113–121.
Fritsche, Stefan	Die Stiftung des bürgerlichen Rechts im Regelinsolvenzverfahren (Teil 1) in ZSt 2003, 211–221.

Fritsche, Stefan	Die Stiftung des bürgerlichen Rechts im Regelinsolvenzverfahren (Teil 2) in ZSt 2003, 243–251.
Frommhold, Georg	Die Familienstiftung in AcP 117 (1919), 87–142.
Gantenbrink, Matthias	Die hoheitliche Beendigung der Stiftung durch die Stiftungsbehörde. Zur Aufhebung und Zusammenführung von Stiftungen, Bochumer Studien zum Stiftungswesen Dissertation Peter Lang-Verlag Frankfurt am Main 2011 (zit.: Gantenbrink/Diss)
Gantenbrink, Matthias	Keine Schenkung bei unentgeltlicher Zuwendung einer Stiftungsleistung – Anmerkung zum Urteil des BGH vom 07.10.2009 – Xa ZR 8/08 in ZEV 2010, 100–103.
Gottwald, Peter	Insolvenzrecht-Handbuch 4. Auflage C. H. Beck Verlag München 2010 (zit.: *Bearbeiter*, in: Gottwald/Insolvenzrecht-Handbuch)
Grziwotz, Herbert	Die Liquidation von Kapitalgesellschaften, Genossenschaften und Vereinen in DStR 1992, 1404–1408.
Gutzwiller, Max	Einleitung und Prozessrecht in Schweizerisches Privatrecht 2. Band Helbing & Lichtenhahn, 1967 (zit.: Gutzwiller/Einleitung und Prozessrecht)
Härtl, Peter	Ist das Stiftungsrecht reformbedürftig? Eine vergleichende Untersuchung der Landesstiftungsgesetze unter Berücksichtigung der Stiftungspraxis bei den staatlichen Stiftungsgenehmigungs- und -aufsichtsbehörden Dissertation Nomos-Verlag 1990 (zit.: Härtl/ Diss)

Henssler, Martin/ Strohn, Lutz — Kommentar Gesellschaftsrecht
1. Auflage
C. H. Beck Verlag München 2011
(zit.: *Bearbeiter*, in: Henssler/Strohn)

Hergeth, Armin — Auskehrung von Vermögen durch Auslandsstiftung oder Trust nach Ende der Steueramnestie
in ZErb 2005, 270–279.

Heuel, Markus — Die Entwicklung der Unternehmensträgerstiftung in Deutschland, Nomos-Verlag 2000
(zit.: Heuel/Entwicklung der Unternehmensträgerstiftung)

Hölters, Wolfgang — Kommentar zum Aktiengesetz
1. Auflage
C. H. Beck Verlag München 2011
(zit.: *Bearbeiter*, in: Hölters/AktG)

Hölzle, Gerrit — Nachruf: Wider die Überschuldungs-Dogmatik in der Krise
in ZIP 2008, 2003–2005.

Hof, Hagen — Die Vermögensausstattung von Stiftungen privaten Rechts Teil II
in DStR 1992, 1587–1591.

Hoffmann, Jakob — Zusammenlegung und Zulegung rechtsfähiger Stiftungen des bürgerlichen Rechts
Dissertation Peter Lang-Verlag Frankfurt am Main 2011
(zit.: Hoffmann/Diss)

Hoffmann, Jochen — Neue Möglichkeiten zur identitätswahrenden Sitzverlegung in Europa?
in ZHR 164 (2000), 43–66.

Holzer, Johannes — Die Änderung des Überschuldungsbegriffs durch das Finanzmarktstabilisierungsgesetz
in ZIP 2008, 2108–2111.

Honsel, Heinrich	Römisches Recht 7. Auflage Springer Verlag Heidelberg Dordrecht London New York 2010 (zit.: Honsel/Römisches Recht)
Hopt, Klaus J./ Reuter, Dieter	Stiftungsrecht in Europa 1. Auflage Carl Heymanns Verlag Köln 2001 (zit.: Hopt/Reuter/Stiftungsrecht in Europa)
Hüffer, Uwe	Kommentar zum Aktiengesetz 10. Auflage C. H. Beck Verlag München 2012 (zit.: Hüffer/AktG)
Hüttemann, Rainer/ Rawert, Peter	Der Modellentwurf eines Landesstiftungsgesetzes in ZIP 2002, 2019–2023.
Hüttemann, Rainer/ Richter, Andreas/ Weitemeyer, Birgit	Landesstiftungsrecht 1. Auflage Dr. Otto Schmidt Köln 2011 (zit.: *Bearbeiter*, in: Hüttemann/Richter/Weitemeyer)
Jülicher, Marc	Brennpunkte der Besteuerung der inländischen Familienstiftung im ErbStG in StuW 1999, 363–373.
Juris Praxiskommentar	Juris Praxiskommentar Band 1 Allgemeiner Teil 6. Auflage Vieweg Saarbrücken 2012 (zit.: *Bearbeiter*, in: JurisPK BGB)
Juris Praxiskommentar	Juris Praxiskommentar Band 2 Schuldrecht 6. Auflage Vieweg Saarbrücken 2012 (zit.: *Bearbeiter*, in: JurisPK BGB)
Karper, Ines	Die Zusammenlegung von privatrechtlichen Stiftungen Dissertation Shaker Verlag 1995 (zit.: Karper/Diss)

Karper, Ines | Die staatliche Zusammenlegung von rechtsfähigen privatrechtlichen Stiftungen
in BWVP 1994, 275–278.

Kaser, Max | Römisches Privatrecht
15. Auflage
C. H. Beck Verlag München 1989
(zit.: Kaser/Römisches Privatrecht)

Kipp, Theodor/ Coing, Helmut | Erbrecht
14. Auflage
Mohr Siebeck Tübingen 1990
(zit.: Kipp/Coing/Erbrecht)

Kipp, Theodor | Kommentar zum Erbschaftssteuergesetz
Verlag von Otto Liebmann 1927
(zit.: Kipp/ErbStG 1927)

Kirchhof, Paul | Einkommensteuergesetz Kommentar
11. Auflage
Dr. Otto Schmidt Köln 2012
(zit.: *Bearbeiter*, in: Kirchhof/EStG)

Klein, Matthias | Bürgerstiftungen in Deutschland
Entwicklungen, Erfahrungen und Ausblicke
Dissertation Peter Lang-Verlag Frankfurt am Main 2013
(zit.: Klein/Diss)

Kohl, Reinhard | Brauchen wir ein Stiftungskonzernrecht?
in NJW 1992, 1922–1924.

Kronke, Herbert | Stiftungstypus und Unternehmensträgerstiftung
Eine rechtsvergleichende Untersuchung
Habilitationsschrift
Mohr Siebeck Tübingen 1988
(zit.: Kronke/ Stiftungstypus und Unternehmensträgerstiftung)

Krünitz, Johann Georg | Oekonomische Encyklopädie oder allgemeines System der Staats- Stadt- Haus- und Landwirthschaft
abrufbar unter: http://www.kruenitz1.uni-trier.de/

Künnemann, Ulf
Die Stiftung im System des Unterordnungs-Konzerns
Dissertation Peter Lang-Verlag Frankfurt am Main 1996
(zit.: Künnemann/Diss)

Lange, Heinrich/ Kuchinke, Kurt
Erbrecht
Ein Lehrbuch
5. Auflage
C. H. Beck Verlag München 2001
(zit.: Lange/Kuchinke/Erbrecht)

Lange, Knut Werner
Erbrecht
Lehrbuch für Studium und Praxis
1. Auflage
C. H. Beck Verlag München 2011
(zit.: Lange/Erbrecht)

Larenz, Karl
Lehrbuch zum Schuldrecht
II. Band Besonderer Teil, 1. Halbband
13. Auflage
C. H. Beck Verlag München 1986
(zit.: Larenz/Schuldrecht Band II Halbband 1 BT)

Lieder, Jan
Der mitgliederlose Verein (Teil 1)
Der Grundtypus der juristischen Person ohne Mitglieder?
in ZSt 2004, 330–335.

Lieder, Jan
Der mitgliederlose Verein (Teil 2)
Der Grundtypus der juristischen Person ohne Mitglieder?
in ZSt 2005, 16–22.

Maunz, Theodor/ Dürig, Günter
Kommentar zum Grundgesetz
60. Ergänzungslieferung
C. H. Beck Verlag München 2011
(zit.: *Bearbeiter*, in: Maunz/Düring GG)

Mayer-Maly, Theo
Römisches Recht
2. Auflage
Springer Verlag Wien New York 1999
(zit.: Mayer-Maly/Römisches Recht)

Medicus, Dieter	Schuldrecht I Allgemeiner Teil 12. Auflage C. H. Beck Verlag München 2000 (zit.: Medicus/Schuldrecht I)
Meier, Norbert	Die unselbstständige kommunale Stiftung Die Stiftung – Jahreshefte zum Stiftungswesen 2008, 79.
Meincke, Jens Peter	Erbschaftsteuer- und Schenkungsteuergesetz Kommentar 16. Auflage C. H. Beck Verlag München 2012 (zit.: *Bearbeiter*, in: Meincke/ErbStG)
Meyn, Christian/ Richter, Andreas/ Koss, Claus	Die Stiftung Umfassende Erläuterungen, Beispiele und Musterformulare für die Rechtspraxis 2. Auflage Haufe Mediengruppe Freiburg München Berlin 2009 (zit.: *Bearbeiter*, in: Meyn/Richter/Koss Die Stiftung)
Mugdan, Benno	Die gesamten Materialen zum BGB Band I R. v. Decker Verlag Berlin 1899 (zit.: Mugdan Band I)
Müller, Hans-Friedrich	Haftung des Stiftungsvorstands wegen Insolvenzverschleppung in ZIP 2010, 153–159.
Münchener Handbuch des Gesellschaftsrechts	Gesellschaft mit beschränkter Haftung Band 2 3. Auflage C. H. Beck Verlag München 2009 (zit.: *Bearbeiter*, in: Münchener Handbuch II)
Münchener Handbuch des Gesellschaftsrechts	Gesellschaft mit beschränkter Haftung Band 3 3. Auflage C. H. Beck Verlag München 2009 (zit.: *Bearbeiter*, in: Münchener Handbuch III)

Münchener Handbuch des Gesellschaftsrechts — Verein, Stiftung bürgerlichen Rechts
Band 5
3. Auflage
C. H. Beck Verlag München 2009
(zit.: *Bearbeiter*, in: Münchener Handbuch V)

Münchener Kommentar — zum Aktiengesetz
Band 4 §§ 179–277
3. Auflage
C. H. Beck Verlag München 2011
(zit.: *Bearbeiter*, in: MünchenerKommAktG)

Münchener Kommentar — zum Bürgerlichen Gesetzbuch
Band 1 Allgemeiner Teil
5. Auflage
C. H. Beck Verlag München 2006
(zit.: *Bearbeiter*, in: MünchenerKomm)

Münchener Kommentar — zum Bürgerlichen Gesetzbuch
Band 1 Allgemeiner Teil
6. Auflage
C. H. Beck Verlag München 2012
(zit.: *Bearbeiter*, in: MünchenerKomm)

Münchener Kommentar — zum Bürgerlichen Gesetzbuch
Band 2 Schuldrecht Allgemeiner Teil
5. Auflage
C. H. Beck Verlag München 2007
(zit.: *Bearbeiter*, in: MünchenerKomm)

Münchener Kommentar — zum Bürgerlichen Gesetzbuch
Band 3 Schuldrecht Besonderer Teil
5. Auflage
C. H. Beck Verlag München 2008
(zit.: *Bearbeiter*, in: MünchenerKomm)

Münchener Kommentar — zum Bürgerlichen Gesetzbuch
Band 5 Schuldrecht Besonderer Teil III
5. Auflage
C. H. Beck Verlag München 2009
(zit.: *Bearbeiter*, in: MünchenerKomm)

Münchener Kommentar	zum Bürgerlichen Gesetzbuch Band 10 Internationales Privatrecht 5. Auflage C. H. Beck Verlag München 2010 (zit.: *Bearbeiter*, in: MünchenerKomm)
Münchener Kommentar	zum Bürgerlichen Gesetzbuch Band 8 Familienrecht 6. Auflage C. H. Beck Verlag München 2012 (zit.: *Bearbeiter*, in: MünchenerKomm)
Münchener Kommentar	zum Bürgerlichen Gesetzbuch Band 9 Erbrecht 5. Auflage C. H. Beck Verlag München 2010 (zit.: *Bearbeiter*, in: MünchenerKomm)
Muscheler, Karlheinz	Erbrecht Band I Mohr Siebeck Tübingen 2010 (zit.: Muscheler/Erbrecht I)
Muscheler, Karlheinz	Erbrecht Band II Mohr Siebeck Tübingen 2010 (zit.: Muscheler/Erbrecht II)
Muscheler, Karlheinz	Stiftungsrecht Gesammelte Beiträge 2. Auflage Nomos-Verlag 2011 (zit.: Muscheler/Stiftungsrecht)
Muscheler, Karlheinz	Stiftung und Gemeinwohlgefährdung in NJW 2003, 3161–3166.
Muscheler, Karlheinz	Vorrang des Bundesstiftungsrechts vor dem Landesstiftungsrecht in NJW 2004, 713–716.

Muscheler, Karlheinz	Der Zuwendungsvertrag zwischen Stiftung und Destinatär in NJW 2010, 341–344.
Muscheler, Karlheinz	Stiftungsautonomie und Stiftereinfluss in Stiftungen der öffentlichen Hand in ZSt 2003, 67–78.
Muscheler, Karlheinz	Bundesrechtliche Vorgaben und Grenzen für eine Reform der Landesstiftungsrechte in ZSt 2004, 3–10.
Muscheler, Karlheinz	Das vertragliche Stiftungsgeschäft in ZEV 2003, 41–49.
Muscheler, Karlheinz	Die Rechtsstellung der Stiftungsdestinatäre in WM 2003, 2213–2256.
Muscheler, Karlheinz	Die Unternehmensstiftung, besser: Die unternehmensverbundene Stiftung Teil 1, in ErbR 2008, 134–143.
Muscheler, Karlheinz	Nachträgliche Änderung der Stiftungssatzung in ZErb 2005, 4–10.
Muscheler, Karlheinz	Stiftung und Schenkung – Zum Kausalverhältnis in den Beziehungen zwischen Stifter, Stiftung, Destinatären, Anfallberechtigten – in AcP 203 (2003), 469–510.
Muscheler, Karlheinz	Die unselbstständige Stiftung Die Stiftung – Jahreshefte zum Stiftungswesen 2007, 59.
Muscheler, Karlheinz/ Arnold, Jonas/ Gantenbrink, Matthias	Der Fall Beisheim – rechtliche Überlegungen zur „Prof. Dr. Otto Beisheim Stiftung Tegernsee“ in ZErb 2007, 211–215.
Neuhoff, Klaus	Grundsätzliches zur Anfechtung einer Statutenänderung bei der Carl-Zeiss-Stiftung Urteil des LG Ellwangen vom 17.05.2002, Az.: 2 O 313/01 in ZSt 2003, 56–61.

Nerlich, Jörg/ Römermann, Volker	Insolvenzordnung Kommentar 22. Ergänzungslieferung C. H. Beck Verlag München 2012 (zit.: *Bearbeiter*, in: Nerlich/RömermannInsO)
Nietzer, Wolf M./ Stadie, Volker	Die Familienstiftung & Co. KG – eine Alternative für die Nachfolgeregelung bei Familienunternehmen in NJW 2000, 3457–3461.
Oetker, Hartmut	Der Wandel vom Ideal- zum Wirtschaftsverein in NJW 1991, 385–392.
Pahlke, Armin/ Koenig, Ulrich	Abgabenordnung Kommentar 2. Auflage C. H. Beck Verlag München 2009 (zit.: *Bearbeiter*, in: Pahlke/Koenig Abgabenordnung)
Palandt, Otto	BGB Kommentar 59. Auflage C. H. Beck Verlag München 2000 (zit.: *Bearbeiter*, in: Palandt)
Palandt, Otto	BGB Kommentar 72. Auflage C. H. Beck Verlag München 2013 (zit.: *Bearbeiter*, in: Palandt)
Passarge, Malte	Zu den Anforderungen an die Ausgestaltung des Rechtsverhältnisses zwischen Stiftung und Destinatär in NZG 2009, 1424–1423.
Passarge, Malte	Haftung des Vereinsvorstandes für in der Krise geleistete Zahlungen gem. §§ 92 Abs. 3, 93 Abs. 3 Nr. 6 AktG analog in ZInsO 2005, 176.
Peters, Fokke/ Herms, Carolin	Die Fusion bürgerlich-rechtlicher Stiftungen in ZSt 2004, 323–329.

Prütting, Hanns/ Wegen, Gerhard/ Weinrich, Gerd — BGB Kommentar
6. Auflage
Luchterhand 2011
(zit.: *Bearbeiter*, in: PWW)

Planker, Markus — Das Vereinsverbot in der verwaltungsgerichtlichen Rechtsprechung
in NVwZ 1998, 113–118.

Pues, Lothar/ Scheerbarth, Walter — Gemeinnützige Stiftungen im Zivil- und Steuerrecht
3. Auflage
C. H. Beck Verlag München 2008
(zit.: Pues/Scheerbarth/Gemeinnützige Stiftungen)

Putzke, Holm/ Morber, Guido — Die Preußische Treuhand – Adressat einer vereinsrechtlichen Verbotsverfügung?
in NWVBl 2007, 211–218.

Reichert, Bernhard — Vereins- und Verbandsrecht
12. Auflage
Luchterhand 2010
(zit.: Reichert/Vereins- und Verbandsrecht)

Reuter, Dieter — Vereins- und Genossenschaftsrecht
in ZHR 151 (1987), 355–395.

Reuter, Dieter — Die Reform des Vereinsrechts – Zum Referentenentwurf zur Änderung des Vereinsrechts vom 25.08. 2004
in NZG 2005, 738–746.

Reuter, Dieter — Der Vorbehalt des Stiftungsgeschäfts
in NZG 2004, 939–944.

Richter, Andreas/ Sturm, Sebastian — Stiftungsrechtsreform und Novellierung der Landesstiftungs-gesetze
in NZG 2005, 655–659.

Richter, Andreas/ Sturm, Sebastian — Die Unternehmensstiftung nach der Stiftungsrechtsreform
in ZErb 2006, 75–82.

Risch, Ben Michael — Konstanz und Wandel des Rechts der kirchlichen Stiftungen
in ZSt 2006, 21–37.

RGRK — BGB-Gesetz Kommentar
Band I
12. Auflage
Walter de Gruyter Berlin New York 1982
(zit.: *Bearbeiter*, in: RGRK)

Roth, Gregor/ — Die Stiftung in Krise und Insolvenz
Knof, Béla Saenger, Ingo/ — in KTS 2009, 163–198.
Veltmann, Till — Reichweite und Haftung der Aufsicht über kirchliche Stiftungen – am Beispiel des neu gefassten StiftG NRW
in ZSt 2006, 16–20.

Saenger, Ingo — Zusammenlegung von Stiftungen
in ZSt 2007, 81–87.

Sauter, Eugen/ — Der eingetragene Verein
Schweyer, Gerhard/ — 19. Auflage
Waldner, Wolfram — C. H. Beck Verlag München 2010
(zit.: Sauter/Schweyer/Waldner)

Schauhoff, Stephan — Handbuch der Gemeinnützigkeit
Verein, Stiftung, GmbH
3. Auflage
C. H. Beck Verlag München 2010
(zit.: *Bearbeiter*, in: Schauhoff/Handbuch der Gemeinnützigkeit)

Schellhammer, Kurt — Erbrecht nach Anspruchsgrundlagen
3. Auflage
C. F. Müller 2010
(zit.: Schellhammer/Erbrecht)

Schewe, Markus — Die Errichtung der rechtsfähigen Stiftung von Todes wegen
Dissertation, Reihe II Rechtswissenschaften
Peter Lang Verlag Frankfurt am Main 2004
(zit.: Schewe/Diss)

Schiffer, K. Jan — Fortsetzung der Diskussion zur unternehmensverbundenen Stiftung trotz des neuen Stiftungszivilrechts? – Ein Ruf aus der Praxis
in ZSt 2003, 252–254.

Schiffer, K. Jan — Die kirchliche Stiftung des Privatrechts unter besonderer Beachtung des neuen StiftG NRW
in ZSt 2005, 199–203.

Schiffer, K. Jan — Die Entwicklung des Stiftungszivilrechts in den Jahren 2004 bis 2006
in NJW 2006, 2528–2531.

Schiffer, K. Jan — Kommentar zum Urteil des BGH vom 07.10.2009 – Xa ZR 8/08
„Genau betrachtet: Nichts Neues!"
in BB 2010, 79–80.

Schlüter, Andreas/ Stolte, Stefan — Stiftungsrecht
Erscheinungsformen und Errichtung der Stiftung, Stiftungsaufsicht, Verwaltung des Stiftungsvermögens, Besteuerung von Stiftung und Stifter, Internationales Stiftungsrecht
1. Auflage
C. H. Beck Verlag München 2007
(zit.: Schlüter/Stolte/Stiftungsrecht)

Schmalz- Brüggemann, Gernot — Die Rechtsstellung des Bezugsberechtigten aus einem Lebens-versicherungsvertrag nach testamentarischem Widerruf der Bezugsberechtigung
in ZEV 1996, 84–90.

Schmidt, Karsten — Erlöschen eines eingetragenen Vereins durch Fortfall aller Mitglieder?
in JZ 1987, 394–400.

Schmidt, Karsten — Liquidationszweck und Vertretungsmacht der Liquidatoren
in AcP 174 (1974), 55–77.

Schmidt, Karsten — Ultra-vires-Doktrin: tot oder lebendig
– Bemerkungen zur Organvertretungsmacht –
in AcP 184 (1984), 529–540.

Schmidt, Karsten — Gesellschaftsrecht
3. Auflage
Carl Heymanns Verlag Köln, Berlin, Bonn, München 1997
(zit.: K. Schmidt/Gesellschaftsrecht)

Schmidt, Karsten — Verbandszweck und Rechtsfähigkeit im Vereinsrecht
R. v. Decker & C.F. Müller Heidelberg 1984
(zit.: K. Schmidt/Verbandszweck)

Schmidt, Karsten — Zur Gläubigersicherung im Liquidationsrecht der Kapitalgesellschaften, Genossenschaften und Vereine
in ZIP 1981, 1–9.

Schmidt, Karsten — Gesetzlicher Handlungsbedarf im Insolvenzverschleppungsrecht – eine Depesche an das Bundesjustizministerium
in ZIP 2009, 1551–1554.

Schmitt, Joachim/Hörtnagel, Robert/Stratz, Rolf-Christian — Kommentar Umweltgesetz
Umwandlungssteuergesetz
5. Auflage
C.H. Beck Verlag München 2009
(zit.: *Bearbeiter*, in: Schmitt/Hörtnagel/Stratz)

Schmoeckel, Mathias/Rückert, Joachim/Zimmermann, Reinhard — Historisch-kritischer Kommentar zum BGB
1. Auflage
Band I Allgemeiner Teil §§ 1 – 240
Mohr Siebeck 2003
(zit.: *Bearbeiter*, in: HKK)

Schnorr, Gerhard — Öffentliches Vereinsrecht
Kommentar zum Vereinsgesetz
Carl Heymanns Verlag Köln, Berlin, Bonn, München 1965
(zit.: Schnorr/VereinsG)

Schokenhoff, Martin — Vereinsautonomie und Autonomie kirchlicher Vereine
in NJW 1992, 1013–1018.

Scholz, Franz	Kommentar GmbHG Band III 10. Auflage Dr. Otto Schmidt Köln 2010 (zit.: *Bearbeiter*, in: Scholz)
Schuck, Frank	Die Doppelstiftung. Instrument zur Gestaltung der Unternehmensnachfolge Bochumer Studien zum Stiftungswesen Dissertation Peter Lang-Verlag Frankfurt am Main 2009 (zit.: Schuck/Diss)
Schwarz, Günter Christian	Zur Neuregelung des Stiftungsprivatrechts Teil I, in DStR 2002, 1718–1725.
Schwarz, Günter Christian	Zur Zulässigkeit landesrechtlicher Vorschriften über die Familien- und Unternehmensstiftung in ZEV 2003, 306–313.
Seifart, Werner	Vermögensverwaltung bei Stiftungen in BB 1987, 1889–1896.
Seifart, Werner/ von Campenhausen, Axel	Stiftungsrechts-Handbuch 3. Auflage C. H. Beck Verlag München 2009 (zit.: *Bearbeiter*, in: Seifart/v. Campenhausen)
Semler, Johannes/ Stengel, Arndt	Kommentar Umwandlungsgesetz 3. Auflage C. H. Beck Verlag München 2012 (zit.: *Bearbeiter*, in: Semler/Stengel)
Soergel, Hans Theodor	BGB Kommentar Band 1 Allgemeiner Teil 13. Auflage W. Kohlhammer Stuttgart 1999 (zit.: *Bearbeiter*, in: Soergel)
Sorg, Martin H.	Hat die Familienstiftung jetzt noch eine Überlebenschance? in BB 1983, 1620–1627.

Sorg, Martin H. | Die Familienstiftung. Wesen, Probleme, Gestaltungsvorschläge für die Praxis
Dissertation Nomos-Verlag 1984
(zit.: Sorg/Diss)

Staudinger, J. von | BGB Kommentar
Buch 1 Allgemeiner Teil
12. Auflage Sellier de Gruyter Neubearbeitung 2005
(zit.: *Bearbeiter*, in: Staudinger)

Staudinger, J. von | BGB Kommentar
Buch 2 Recht der Schuldverhältnisse
12. Auflage
Sellier de Gruyter Neubearbeitung 2006
(zit.: *Bearbeiter*, in: Staudinger)

Staudinger, J. von | BGB Kommentar
Buch 4 Familienrecht
12. Auflage
Sellier de Gruyter Neubearbeitung 2006
(zit.: *Bearbeiter*, in: Staudinger)

Staudinger, J. von | BGB Kommentar
Buch 5 Erbrecht
12. Auflage
Sellier de Gruyter Neubearbeitung 2003
(zit.: *Bearbeiter*, in: Staudinger)

Steinbeck, Anja | Vereinsautonomie und Dritteinfluß
Walter de Gruyter Berlin New York 1999
(zit.: Steinbeck/Vereinsautonomie)

Stengel, Arndt | Stiftung und Personengesellschaft
Die Beteiligung einer Stiftung an einer Personengesellschaft des Handelsrechts
Dissertation Nomos-Verlag 1993
(zit.: Stengel/Diss)

Stintzing, Wolfgang | Über das Stiftungsgeschäft nach dem Bürgerlichen Gesetzbuch
in AcP 88 (1898), 392–465.

Stöber, Kurt/ Otto, Dirk-Ulrich — Handbuch zum Vereinsrecht
10. Auflage
Dr. Otto Schmidt 2012
(zit.: Stöber/Otto/Vereinsrecht)

Stumpf, Christoph/ Suerbaum, Joachim/ Schulte, Martin/ Pauli, Rudolf — Stiftungsrecht
Kommentar
1. Auflage
C. H. Beck Verlag München 2011
(zit.: *Bearbeiter*, in: Stumpf/Suerbaum/Schulte/Pauli/Stiftungs-recht)

Tiedtke, Klaus — Erbschaftssteuer- und Schenkungssteuergesetz
Kommentar
1. Auflage
Erich Schmidt Verlag Berlin 2009
(zit.: *Bearbeiter*, in: Tiedtke/ErbStG)

Tilch, Horst/ Arloth, Frank — Deutsches Rechts-Lexikon
Band 1 A-F
3. Auflage
C. H. Beck Verlag München 2001
(zit.: Tilch/Arloth/Deutsches Rechts-Lexikon)

Tilch, Horst/ Arloth, Frank — Deutsches Rechts-Lexikon
Band 2 G-P
3. Auflage
C. H. Beck Verlag München 2001
(zit.: Tilch/Arloth/Deutsches Rechts-Lexikon)

Tipke, Klaus/ Lang, Joachim — Steuerrecht
21. Auflage
Dr. Otto Schmidt Köln 2013
(zit.: *Bearbeiter*, in: Tipke/Lang Steuerrecht)

Trappe, Sebastian — Die Zweckverfolgung und unentgeltliche Zuwendung von Stiftungserträgen – Die Stiftungssatzung als causa?
Die Stiftung – Jahreshefte zum Stiftungswesen 2010, 69.

Trappe, Sebastian — Unternehmensmitbestimmung und unternehmensverbundene Stiftungen
Dissertation Peter Lang-Verlag Frankfurt am Main 2010
(zit.: Trappe/Diss)

Troll, Max/
Gebel, Dieter/
Jülicher, Marc — Erbschaftsteuer- und Schenkungsteuergesetz
Kommentar
44. Auflage
H. Beck Verlag München 2012
(zit.: *Bearbeiter*, in: Troll/Gebel/Jülicher/ErbStG)

Twehues, Margit — Rechtsfragen kommunaler Stiftungen
Deutscher Gemeindeverlag 1996
(zit.: Twehues/Rechtsfragen kommunaler Stiftungen)

Uhlenbruck, Wilhelm — Insolvenzordnung Kommentar
13. Auflage
C. H. Beck Verlag München 2010
(zit.: *Bearbeiter*, in: Uhlenbruck/InsO)

Ulmer, Peter/
Habersack, Mathias/
Winter, Martin — GmbHG Großkommentar
Band III
Mohr Siebeck Tübingen 2008
(zit.: *Bearbeiter*, in: Ulmer/Habersack/Winter)

Viskorf, Hermann-Ulrich/
Knobel, Wolfgang/
Schuck, Stephan — Erbschaftsteuer- und Schenkungsteuergesetz, Bewertungsgesetz Kommentar
3. Auflage
nwb Kommentar 2009
(zit.: *Bearbeiter*, in: Viskorf/Knobel/Schuck/ErbStG)

von Oertzen, Christian/
Stein, Thomas — Deutsch-US-amerikanische Nachfolgeplanung: Steuervorteile im ErbStG durch Verwendung von Trusts
in ZEV 2010, 500–504.

Walkenhorst, Peter — Erfolge und Herausforderungen
Zehn Jahre Bürgerstiftungen in Deutschland – Zwischenbilanz und Perspektiven
in Stiftung & Sponsoring 2007, 22–23.

Wassermeyer, Franz — Anwendung des § 20 Abs. 1 Nr. 9 EStG auf Auskehrungen von Stiftungen
in DStR 2006, 1733–1736.

Wentzel, Ulrich — Auswirkungen des Insolvenzverfahrens auf das Vereinsregister
in Rpfleger 2001, 334–336.

Werner, Olaf — Gründen und Stiften
Festschrift zum 70. Geburtstag des Jenaer Gründungsdekans und Stiftungsrechtlers Olaf Werner
Nomos, 2009 (zit.: *Bearbeiter*, in: FS O. Werner)

Werner, Olaf/ Saenger, Ingo — Die Stiftung
1. Auflage
BWV Berliner Wissenschaftsverlag 2008
(zit.: *Bearbeiter*, in: Werner/Saenger/Die Stiftung)

Westermann, Harry/ Gursky, Harm Peter/ Eickmann, Dieter — Sachenrecht
8. Auflage
C.F. Müller 2011
(zit.: Westermann/Gursky/Eickmann/Sachenrecht)

Wiedemann, Herbert — Gesellschaftsrecht
Band II
C. H. Beck Verlag München 2004
(zit.: Wiedemann/Gesellschaftsrecht)

Wilburg, Walter — Festschrift zum 60. Geburtstag von Walter Wilburg
Leykam, 1965
(zit.: *Bearbeiter*, in: FS Wilburg)

Wischemeyer, Markus — Die Vorstandshaftung wegen Insolvenzverschleppung in der
Insolvenz des Vereins
In DZWiR, 2005, 230–234.

Wochner, Georg — Stiftungen und stiftungsähnliche Körperschaften als Instrumente dauerhafter Vermögensbindung
in MittRhNotK 1994, 89–112.

Wochner, Georg — Die unselbständige Stiftung
in ZEV 1999, 125–132.

Zickgraf, Arnd — Vereine müssen kooperieren
oder kapitulieren in ZeitOnline 30.07.2010, abrufbar unter: http: //www.zeit.de/gesellschaft/familie/2010-07/vereine-ganztagsschulen

Zimmermann, Friedrich | Erläuterungsbuch zum Erbschaftssteuergesetz
4. Auflage
Schweitzer Verlag München, Berlin, Leipzig 1925
(zit.: Zimmermann/ErbStG 1925)

Zimmermann, Klaus | Aktueller Überblick über das deutsche Stiftungsrecht
in NJW 2011, 2931–2937.

A. Einleitung

Die ersten Zeilen einer Dissertation können und sollen den Leser in die nachfolgenden Seiten einsteigen lassen. Um diesen Einstieg bewusst etwas anders zu wählen, beginnt die Arbeit mit einem Gedicht von Wilhelm Busch, welches nicht nur als zeitlos bewertet werden, sondern auch zum Nachdenken über bürgerliches Engagement in Vereinen und Stiftungen anregen kann:

»Willst Du froh und glücklich leben,
laß kein Ehrenamt Dir geben!
Willst Du nicht zu früh ins Grab,
lehne jedes Amt gleich ab.
So ein Amt bringt niemals Ehre,
denn der Klatschsucht scharfe Schere
schneidet boshaft Dir, schnipp schnapp,
Deine Ehre vielfach ab.
Wieviel Mühe, Sorgen, Plagen,
wieviel Ärger mußt Du tragen:
gibst viel Geld aus, opferst Zeit -
und der Lohn? Undankbarkeit:
Drum, so rat' ich Dir im Treuen:
Willst Du Weib und Kind erfreuen,
soll Dein Kopf Dir nicht mehr brummen,
laß das Amt doch and'ren Dummen!« Wilhelm Busch

Da sich dieser doch sehr ironischen Empfehlung nicht viele Menschen angeschlossen haben, nehmen Vereine und auch Stiftungen in der heutigen Gesellschaft eine wichtige Funktion ein. Dabei kann bürgerliches Engagement durch vielfältigste Art und Weise zum Ausdruck gebracht werden. Eines jedoch vereinigt alle Beteiligten in ihrem Engagement: die Freiwilligkeit.

Trotz alledem stehen insbesondere sowohl Vereine als auch Stiftungen in der heutigen Zeit unter einem enormen Existenzdruck. Verschiedenste gesellschaftliche Strukturveränderungen zwingen auch Institutionen wie Vereine und Stiftungen zu existenzverändernden Entscheidungen.[1] Aus diesem Grund befasst sich diese

1 Vgl. in diesem Zusammenhang den lesenswerten Artikel „Vereine müssen kooperieren oder kapitulieren" von Arnd Zickgraf, veröffentlicht in Zeit*Online*, abrufbar unter: www.zeit.de/

Arbeit mit dem Vermögensanfall bei Verein und Stiftung. Durch die Schnelllebigkeit der heutigen Gesellschaft gerät oftmals in Vergessenheit, dass bestimmte in der Gesellschaft verankerte Institutionen wie Vereine und Stiftungen in ihrer Existenz teilweise zeitlich begrenzt sind.

Diese Arbeit wird sich daher mit dem Erlöschen eines Vereins und einer Stiftung und den damit verbundenen Rechtsfolgen befassen. Der Vermögensanfall wird dabei für Verein und Stiftung eruiert. Beginnend mit dem Vermögensanfall für den Verein stellt der Verfasser die verschiedenen Auflösungsgründe und die daraus resultierenden Fragestellungen anhand von Fallkonstellationen dar. Die vorangestellte Darstellung und Prüfung des Vereins hat dabei denklogisch zu erfolgen, da eine umfassende Verweisung im Stiftungsrecht auf die Grundvorschriften des Vereinsrechts im BGB vorgesehen ist.

Daran anschließend setzt sich die Arbeit mit dem Vermögensanfall bei der Stiftung auseinander, wobei unmittelbar an die bereits zuvor für den Verein erarbeiteten Grundsätze und Problemstellungen angeknüpft werden kann. Dabei soll insbesondere die Rechtsstellung des Anfallberechtigten berücksichtigt werden. Wie auch beim Verein ist zu unterscheiden, ob der Vermögensanfall zugunsten des Fiskus eintritt oder ob in der Satzung eine bestimmte Person als Anfallberechtigter vorgesehen ist. Die Arbeit wird aufzeigen, welche unterschiedlichen Rechtsfolgen sich aus dieser Unterscheidung ergeben. Zudem sollen die materiell-rechtlichen und verfahrensrechtlichen Voraussetzungen eines Liquidationsverfahrens dargestellt werden. Die Darstellung des Liquidationsverfahrens bei Verein und Stiftung wird verdeutlichen, dass sich die jeweiligen Problemkreise in vielen Bereichen überschneiden, was nicht zuletzt dadurch bedingt ist, dass die stiftungsrechtlichen Regelungen umfassend auf die Liquidationsvorschriften des Vereinsrechts verweisen.

Zuletzt werden die steuerrechtlichen Folgen des Vermögensanfalls untersucht, da insbesondere bei großen Vereins- und Stiftungsvermögen die steuerrechtlichen Folgen des Vermögensanfalls für den Anfallberechtigten gravierend sein können. Vor diesem Hintergrund sollen die steuerrechtlichen Auswirkungen für den Anfallberechtigten im Einzelnen herausgearbeitet werden. Ein besonderes Augenmerk soll dabei auf die erbschaftssteuerlichen Be-stimmungen gelegt werden, da insbesondere die steuerrechtliche Behandlung des Vermögensübergangs (Vermögensanfall) für den Fall der Aufhebung einer Stiftung und der Auflösung eines Vereins in § 7 Abs. 1 Nr. 9 ErbStG explizit geregelt wird.

---

gesellschaft/familie/2010-07/vereine-ganztagsschulen, der die existenzbedrohenden Auswirkungen für einen Verein aufgrund gesellschaftlichen Wandels thematisiert.

B. Der Vermögensanfall bei dem Verein

Wenn man sich der grundsätzlichen Fragen des Vermögensanfalls bei einem Verein annimmt, bedarf es zunächst einer Auseinandersetzung mit den gesetzlichen Grundlagen des Vereinsrechts. Dabei sollen die rechtlichen Charakteristika des Vereins kurz skizziert werden. Im darauffolgenden Schritt kann sodann der Vermögensanfall nach den gesetzlichen Bestimmungen und Auflösungsgründen rechtsdogmatisch sinnvoll erfasst werden.

I. Allgemeines

1. Definition Vereinsbegriff

Begriff und Wesen des Vereins sind im Bürgerlichen Gesetzbuch nicht definiert. Lediglich die Rechtsverhältnisse des Vereins werden in den §§ 21ff. BGB geregelt. Diese Regelungen enthalten Bestimmungen über die Rechtsfähigkeit, Verfassung, insbesondere die Rechte des Vorstandes, die Mitgliederrechte, die Haftung, die Eintragung in das Vereinsregister und zudem die Auflösung (§ 45 BGB) verbunden mit der Liquidation.

Im Bereich des öffentlichen Rechts sind für den Verein das Grundrecht aus Art. 9 GG und das Vereinsgesetz von Bedeutung. Im Vereinsgesetz wird der Vereinsbegriff dabei, anders als im bürgerlichen Recht, näher definiert. Verein im Sinne dieses Gesetzes ist ohne Rücksicht auf die Rechtsform jede Vereinigung, zu der sich eine Mehrheit natürlicher oder juristischer Personen für längere Zeit zu einem gemeinsamen Zweck freiwillig zusammengeschlossen und einer organisierten Willensbildung unterworfen hat, § 2 Abs. 1 VereinsG. Unter § 2 Abs. 2 VereinsG werden Vereine negativ abgegrenzt von politischen Parteien im Sinne des Art. 21 GG oder den Fraktionen des Deutschen Bundestages und den Parlamenten der Bundesländer.

Das Bürgerliche Gesetzbuch enthält dagegen keine dementsprechenden Bestimmungen, so dass sich bezüglich des Vereinsbegriffs im bürgerlichen Recht ähnliche Merkmale herausentwickelt haben.[2] Zunächst bedarf es ebenfalls eines auf Dauer

---

2 Vgl. Kurzübersicht in Stöber/Otto/Vereinsrecht, Rn. 7.

angelegten freiwilligen Zusammenschlusses mehrerer Personen. Der Zusammenschluss muss mit dem Ziel erfolgen, einen gemeinsamen nichtwirtschaftlichen oder wirtschaftlichen Zweck zu verfolgen. Der Verein muss zudem nach seiner Satzung körperschaftlich organisiert sein, einen Gesamtnamen führen und in seiner Existenz vom wechselnden Mitgliederbestand unabhängig sein.[3] Träger des Vereins sind die Mitglieder. Mitglieder können Einzelpersonen (natürliche Personen) oder juristische Personen des privaten oder öffentlichen Rechts sowie nichtrechtsfähige Vereine sein. Das für den Verein erforderliche personelle Element unterscheidet diesen von den Anstalten und Stiftungen, bei denen das sachliche Element im Vordergrund steht.[4]

2. Rechtsfähiger und nichtrechtsfähiger Verein

Grundlegendes Merkmal eines Vereins ist sein Rechtsstatus. Hier ist zu unterscheiden zwischen dem rechtsfähigen und dem nichtrechtsfähigen Verein.[5] Nach der eingeleiteten Gründung eines Vereins ist jeder Verein zunächst einmal ein nichtrechtsfähiger Verein.[6] Das Stadium zwischen Gründung und Erlangung der Rechtsfähigkeit wird als sog. Vorverein bezeichnet.[7] Letztendlich können Vereine die Rechtsfähigkeit erlangen, sobald sie die gesetzlich angeordneten Mindestvoraussetzungen der §§ 56 bis 59 BGB erfüllen, so dass mit der Eintragung in das Vereinsregister die Rechtsfähigkeit eintritt.

Der nichtrechtsfähige Verein besteht somit immer im Falle einer fehlenden Eintragung, insbesondere, wenn es sich um einen wirtschaftlichen Verein handelt. Wirtschaftliche Vereine werden erst durch Konzessionierung seitens der zuständigen staatlichen Behörde rechtsfähig, § 22 BGB. Bleibt es bei einem nichtrechtsfähigen Verein, so finden die Vorschriften über die Gesellschaft (§§ 705ff. BGB) Anwendung, § 54 BGB. Dabei hat der Gesetzgeber bewusst die Gleichsetzung zur Gesellschaft bürgerlichen Rechts gewählt. So wollte der Gesetzgeber die Bildung von Korporationen mit politischer, sozialpolitischer oder religiöser Zwecksetzung unter staatliche Kontrolle bringen oder zumindest erschweren.[8] Durch die vorgenannte

---

3 RGZ 143, 212, 213; übernommen in BGH LM Nr. 11 zu § 31.

4 Reichert/Vereins- und Verbandsrecht, Rn. 4.

5 Eine Vielzahl von interessanten Erscheinungsformen werden in Reichert/Vereins- und Verbandsrecht, Rn. 5073ff. exemplarisch benannt, auf dessen Aufzählung hier verwiesen wird.

6 RGZ 85, 256, 258; BGH WM 1978, 115, 116, BGH NJW 1999, 1467.

7 Vgl. *Weick* in: Staudinger § 21 BGB, Rn. 17.

8 BGH NJW 1965, 29, 31.

Gleichsetzung des nichtrechtsfähigen Vereins mit der BGB-Gesellschaft sollte Druck auf die Korporationen ausgeübt werden, sich ins Vereinsregister eintragen zu lassen, um damit eine staatliche Beobachtung möglich zu machen.[9]

3. Annäherung des nichtrechtsfähigen Vereins an den rechtsfähigen Verein

Trotz des uneingeschränkten Verweises auf die Vorschriften über die BGB-Gesellschaft hat die Rechtsprechung wegen der körperschaftlichen Struktur eines nichtrechtsfähigen Vereins einige Vorschriften der Gesellschaft bürgerlichen Rechts für nicht anwendbar erklärt. So wurde etwa im Falle eines Austrittes aus dem Verein die Auseinandersetzungsvorschrift des § 738 Abs. 1 BGB für nicht anwendbar erklärt.[10] Durch die heutige Rechtsprechung ist eine weitgehende entsprechende Geltung des Rechts des rechtsfähigen Vereins herbeigeführt worden, so dass auf den nichtrechtsfähigen Verein die für den rechtsfähigen Verein geltenden Vorschriften entsprechende Anwendung finden, soweit nicht die fehlende allgemeine Rechtsfähigkeit und der nicht abdingbare Anwendungsbereich des § 54 S. 2 BGB über die Haftung des für den nichtrechtsfähigen Verein Handelenden entgegenstehen.[11]

II. Auflösung und Liquidation des Vereins

1. Allgemeine Grundsätze

Die Auflösung und Liquidation des Vereins ist in den §§ 41, 42, 45 bis 53 BGB geregelt. Dabei muss strikt zwischen der Auflösung und dem Erlöschen des Vereins unterschieden werden.

a) Auflösung des Vereins

Die Auflösung stellt die Beendigung des dem Vereinszweck dienenden Vereinslebens dar. Mit der Auflösung verändert sich automatisch der in der Satzung

9 BGH NJW 1965, 29, 31; BGH NJW 1968, 1830; Stöber/Vereinsrecht 9. Auflage, Rn. 1232 spricht von einer von Anfang an nicht glücklichen Regelung.

10 RGZ 113, 125, 135.

11 BGHZ 50, 325, 329; BGH NJW 1979, 2304, 2305; OLG Frankfurt WM 1985, 1466, 1468.

festgelegte aktiv werbende Zweck des Vereins, da dessen Tätigkeit einem Ende zugeführt werden soll.[12] Die Auflösung führt dabei das Ende des Vereins noch nicht unmittelbar herbei. Der Verein besteht bis zur Abwicklung seiner Vermögensangelegenheiten als Liquidationsverein[13] rechtsfähig fort, § 49 Abs. 2 BGB. Zweck des Vereins ist daher nunmehr, seine Vermögensangelegenheiten abzuwickeln.[14]

Um diesen Zweck zu erreichen, ist es kraft Gesetzes Aufgabe des Liquidators, die Beendigung der laufenden Geschäfte, die Verwertung des Vermögens, die Erfüllung der bestehenden Verpflichtungen des Vereins und die Ausantwortung des Restvermögens an die Anfallberechtigten herbeizuführen, § 49 Abs. 1 BGB. Die Liquidation hat folgerichtig den Zweck, die Rechte der Vereinsgläubiger zu sichern und eine „Gewähr für eine angemessene Überleitung des Vermögens" auf die Anfallberechtigten zu schaffen.[15]

In der Literatur wird die Frage diskutiert, ob ein Liquidationsgebot für einen Verein besteht, der seine Rechtsfähigkeit verloren hat. Nach dem an sich eindeutigen Wortlaut der §§ 45, 47 BGB ist zunächst von einer Liquidation auszugehen. Obwohl aber der Wortlaut eindeutig erscheint, wird ein solches Liquidationsgebot „heute nur noch von einer Minderansicht ernst genommen".[16] So soll einzig nach *Flume* sowohl für den Fall der Auflösung als auch für den Fall des Verlustes der Rechtsfähigkeit die Umwandlung des werbenden Vereins in einen Liquidationsverein vorliegen. „Wollen die Mitglieder den Verein als nichtrechtsfähigen fortsetzen, so müssen sie ihn neu gründen."[17] Deutlich einschränkender wird zudem vertreten, dass gar keine Liquidationspflicht besteht, sondern lediglich vorgegeben wird, dass „eine Vermögensverteilung anders als im Liquidationswege nicht erfolgen darf."[18]

---

12 Reichert/Vereins- und Verbandsrecht, Rn. 4122.

13 Vgl. Gutzwiller/Einleitung und Prozessrecht in Schweizerisches Privatrecht, S. 509, der festhält, dass Liquidation im spätmittelalterlichen Latein Klarmachung, Schuldabrechnung bedeutete; die Problematik der Rechtsfähigkeit des Vereins in Liquidation wird gesondert geprüft, vgl. hierzu die Ausführungen unter Teil B II. 4. a) aa).

14 *Hadding* in: Soergel vor § 49 Rn. 1; BGH NJW 1986, 1604.

15 Vgl. Mot I S. 112, 113; die Vorschriften des BGB über die Liquidation sind denen des HGB in Bezug auf die Liquidation der OHG (§§ 145ff.) und anderen bundes- (z. B. §§ 264ff. AktG, 66ff. GmbHG, 83ff. GenG) und landesrechtlichen Liquidationsnormen nachgebildet (vgl. Mot I S. 113) *Weick* in: Staudinger § 47 BGB, Rn. 7.

16 *Reuter* in: MünchKomm § 41 BGB, Rn. 2.

17 Flume/Juristische Person, S. 182; dem folgen Sauter/Schweyer/Waldner, Rn. 401, im Ansatz, jedoch mit dem Unterschied, dass sich eine Durchführung der Liquidation aufgrund der analogen Anwendung des § 49 Abs. 1 S. 3 BGB im Wesentlichen erübrigt.

18 K. Schmidt/Verbandszweck, S. 296.

Im Ergebnis ist jedoch davon auszugehen, dass zwingend eine Liquidation jedenfalls für den Idealverein nicht stattfinden muss.[19] Ein im Interesse der Gläubiger bestehendes Liquidationsgebot, basierend auf dem an sich bestehenden Unterschied zwischen nichtrechtsfähigem und rechtsfähigem Verein, ist durch die Angleichung[20] dieser beiden Rechtsformen obsolet. Das Bedürfnis nach Gläubigerschutz ist in diesem Bereich zusammengefallen und nicht größer als bei einem nichtrechtsfähigen Verein.

b) Erlöschen des Vereins

Tatsächlich erloschen ist ein Verein erst, wenn die Abwicklung (Liquidation) des Vereinsvermögens beendet ist.[21] Dies bedeutet, dass von den Liquidatoren die Schlussverteilung an die Anfallberechtigten vorgenommen worden sein muss. Umstritten ist die Frage, ob der Verein bereits ipso iure erloschen ist oder noch zu liquidieren ist, wenn er keine Mitglieder mehr hat. Dieses Sonderproblem unter dem Begriff „der mitgliederlose Verein" gilt es nun im Folgenden zu erörtern.

aa) Der mitgliederlose Verein

Ein mitgliederloser Verein liegt bei einem vollständigen Mitgliederverlust durch Ausscheiden, Tod oder Austritt der Mitglieder vor, wenn der Verein sein letztes Mitglied verloren hat. Das Gesetz regelt einen solchen Fall nicht. Die Rechtsfolgen sind daher umstritten. Bei der Beratung zum BGB wurde diese Fallkonstellation ausdrücklich offengelassen. Man erachtete diese Konstellation wegen ihrer geringen Bedeutung als nicht regelungsbedürftig.[22]

bb) Herrschende Meinung

Nach der herrschenden Meinung ist ein Verein nach dem Wegfall seines letzten Mitgliedes erloschen; eine Liquidation findet nicht mehr statt.[23] Diese Ansicht

---

19 Vgl. *Reuter* in: MünchKomm § 41 BGB, Rn. 3, 4; vgl. auch *Reuter* NZG 2005, 738, 745.

20 Unter anderem Folge der Rspr. BGHZ 43, 316, 319; BGHZ 50, 325, 328, siehe auch unter Punkt B. I.

21 Zum Teil wird dies auch als Vollbeendigung bezeichnet, so *Grziwotz* DStR 1992, 1404, 1405.

22 Mot. I S. 92.

23 BGHZ 19, 51, 57; BGH WM 1965, 1132 und 1976, 686; BAG NJW 1967, 1437; BVerwG NJW 1997, 474, 476; *Weick* in: Staudinger § 41 BGB, Rn. 12; *Ellenberger* in: Palandt § 41 BGB, Rn. 3.

wird damit begründet, dass der Verein mangels personalen Substrats über kein handlungsfähiges Organ mehr verfüge, ein solches auch nicht mehr bestellt und daher selbst im Liquidationsverfahren von niemanden mehr rechtswirksam repräsentiert werden könne.[24] Ein Verein ohne Mitglieder könne schlichtweg nicht bestehen.[25] Komme es zu einer Vermögensabwicklung, sei gemäß § 1913 BGB ein Pfleger zu bestellen, der gleich einem Liquidator die Vermögensangelegenheiten des erloschenen Vereins abzuwickeln habe. Dies hat zur Konsequenz, dass der Pfleger nach Liquidationsgrundsätzen verfährt und die an der Vermögensabwicklung Beteiligten vertritt, nicht jedoch den erloschenen Verein.[26]

cc) Minderheitsmeinung

Die herrschende Meinung trifft auf Kritik und ist erheblichen dogmatischen wie pragmatischen Einwänden ausgesetzt. So wird die Gegenansicht vertreten, dass der Verein mit dem Wegfall des letzten Mitgliedes faktisch aufgelöst sei und vorhandenes Vermögen, falls es nicht dem Fiskus zufalle, liquidiert werden müsse. Jedoch bleibe die juristische Persönlichkeit des Vereins bestehen.[27] Solange jedenfalls noch Vereinsvermögen vorhanden sei, könne der Verein gleich einer Anstalt oder Stiftung als rechtlich verselbstständigte Vermögensmasse zum Zwecke ihrer Verwaltung weiterhin Bestand haben und im Wege des regulären vereinsrechtlichen Liquidationsverfahrens abgewickelt werden.[28] Dabei wird der herrschenden Meinung vorgehalten, dass sie mit dem Postulat, Körperschaften ohne persönliches Substrat seien undenkbar, in eine Begriffsjurisprudenz verfalle, die an den tatsächlichen Gegebenheiten vorbeigehe.[29] Wie sich am Beispiel öffentlichrechtlicher Anstalten oder privatrechtlicher Stiftungen zeige, seien Körperschaften,

---

24 BGHZ 19, 51, 57; BGH WM 1965, 1132 und 1976, 686; BAG NJW 1967, 1437; BVerwG NJW 1997, 474, 476; *Weick* in: Staudinger § 41 BGB, Rn. 12; *Ellenberger* in: Palandt § 41 BGB, Rn. 3; *Korte* in: Münchener Handbuch V § 65, Rn. 119; Stöber/Otto/Vereinsrecht, Rn. 1184.

25 *Weick* in: Staudinger § 41 BGB, Rn. 12, der gar davon spricht, dass ein Verein ohne Mitglieder ein Phantom wäre und nach der Rspr. als Personenvereinigung ohne Mitglieder „undenkbar“ ist.

26 *Weick* in: Staudinger § 41 BGB, Rn. 12; *Ellenberger* in: Palandt § 41 BGB, Rn. 3; *Korte* in: Münchener Handbuch V § 65, Rn. 119; Stöber/Otto/Vereinsrecht, Rn. 1184.

27 *K. Schmidt* JZ 1987, 394, 399; *Reuter* ZHR 1987, 355, 391; *Westermann* in: Erman § 41, Rn. 7; *Reuter* in: MünchKomm § 41 BGB, Rn. 5; *Beitzke* in: FS Wilburg, S. 19ff.; *Lieder* ZSt 2004, 330, 332.

28 *Beitzke* in: FS Wilburg, S. 19ff.; *Korte* in: Münchener Handbuch V § 65, Rn. 120.

29 *K. Schmidt* JZ 1987, 394, 396.

die sich primär aus ihrem Zweck und der zu dessen Verwirklichung zur Verfügung stehenden Vermögensmasse heraus konstituierten, keineswegs undenkbar.[30]

Ein gewichtiges Argument der Gegenansicht ist die Rechtsvergleichung bei rechtsfähigen Vereinen alten Rechts nach Art. 163 EGBGB, also solchen Vereinen, die vor dem 01.01.1900 entstanden sind.[31] Für diese Vereine bestimmt § 317 S. 2 UmwG, dass solche juristischen Personen, für den Fall ihrer Mitgliederlosigkeit, nach den für Stiftungen geltenden Vorschriften umgewandelt werden sollen. Dies hat zur Folge, dass die Vorschriften über die Ausgliederung aus dem Vermögen rechtsfähiger Stiftungen des Privatrechts zur Anwendung kommen. Der Gesetzgeber lässt somit zu, dass ein mitgliederloser „altrechtlicher" rechtsfähiger Verein Beteiligter im Sinne des Umwandlungsrechts sein kann. Folgerichtig ist ein solcher Verein als juristische Person nicht untergegangen.[32]

Dieser Grundsatz solle daher auch entsprechend für Vereine gelten, die nach dem 01.01.1900 entstanden sind.[33] Begründet wird dies damit, dass die Eröffnung eines Insolvenzverfahrens gegen den Verein gleichwohl auch dann möglich sei, wenn sich der Verein zum Beispiel in einer wirtschaftlichen Krise befinde. Würden in einem solchen Fall alle Mitglieder nach der Eröffnung des Insolvenzverfahrens über das Vermögen des Vereins aus ihm austreten, so würde das Insolvenzverfahren fortgesetzt. Hätte der Verein keinen Vorstand, so müsste das Amtsgericht auf Antrag des Insolvenzverwalters einen Notvorstand nach § 29 BGB bestellen, welcher dann den Verein vertrete. Eines Pflegers nach § 1913 BGB bedürfte es daher nicht.[34] Darüber hinaus weise die Konstruktion über die Bestellung eines Pflegers auch in materieller Hinsicht Schwächen auf.[35] Nach § 1913 BGB kann ein Pfleger nur für die Besorgung von Angelegenheiten eines Rechtssubjekts bestellt werden, dessen Existenz oder Identität unbekannt oder ungewiss ist. Als Beteiligte im Sinne des § 1913 BGB kommen aber lediglich die Gläubiger des Vereins in Betracht, die keineswegs stets unbekannt oder ungewiss sein müssen.[36] Bei sowohl

30 *Korte* in: Münchener Handbuch V § 65, Rn. 121.

31 Reichert/Vereins- und Verbandsrecht, Rn. 4032.

32 Reichert/Vereins- und Verbandsrecht, Rn. 4032.

33 Ablehnend *Lieder* ZSt 2004, 330, 334, der den Anwendungsbereich aufgrund des Wortlautes und Normzweckes auf vor Inkrafttreten des BGB errichtete Vereine beschränkt.

34 Reichert/Vereins- und Verbandsrecht, Rn. 4032.

35 Hierzu *Lieder* ZSt 2004, 330, 332; *A. Roth* in: Erman § 1913, Rn. 2; *Reuter* in: MünchKomm § 41 BGB, Rn. 5; *Beitzke* in: FS Wilburg, S. 19ff.

36 *Lieder* ZSt 2004, 330, 332; *Reuter* in: MünchKomm § 41 BGB, Rn. 5.

unbekannten wie auch bekannten Vereinsgläubigern ist jedoch lediglich für die unbekannten Gläubiger ein Pfleger zu bestellen.[37]

Des Weiteren verweist die Gegenansicht darauf, dass die h.M. prozessuale Schwierigkeiten in Form der fehlenden Parteifähigkeit hervorruft. Erlischt ein rechtsfähiger Verein während eines Rechtsstreits, so ist die gegen ihn gerichtete Klage als unzulässig abzuweisen.[38] Die Mitglieder eines verklagten Vereins hätten es demnach in der Hand, durch kollektiven Austritt einem Unterliegen im Prozess zuvorzukommen und dem Kläger die Verfahrensgebühren aufzubürden.[39]

dd) Stellungnahme

Im Ergebnis ist der herrschenden Meinung nicht zu folgen. Der Verein wird mit dem Wegfall des letzten Mitgliedes noch nicht gänzlich aufgelöst. So muss der Verein vielmehr, bei Vorhandensein von Vermögen, liquidiert werden. Zutreffend entfällt dies, falls das Vermögen dem Fiskus zufällt. Ist dies nicht der Fall, besteht die juristische Persönlichkeit des Vereins bis zu ihrer vollständigen Abwicklung fort.

Dabei sind unterschiedliche Fallkonstellationen denkbar, in denen ein mitgliedsloser Verein liquidiert werden muss. Unproblematisch ist zunächst die Fallkonstellation, dass ein bestehender Verein den Beschluss fasst, sich mittels Mitgliederversammlung aufzulösen. Der Verein gibt den zuvor beschriebenen werbenden Zweck auf und wandelt sich dadurch in einen Liquidationsverein um. Dieser agiert nur noch zum Zwecke der Vermögensabwicklung. Fällt das Vereinsvermögen nicht dem Fiskus an, beginnt der Liquidator mit der Vermögensabwicklung. Treten nun alle Mitglieder aus dem Verein aus,[40] müsste nach der h.M. dieser sich in Liquidation befindende Verein sofort erlöschen. Eine etwaige, auch von der h.M. vorgesehene Liquidation, müsste abgebrochen werden und würde

---

37 *Bienwald* in: Staudinger § 1913 BGB, Rn. 7; *Schwab* in: MünchKomm § 1913 BGB, Rn. 16.

38 BGHZ 74, 212ff.

39 *Korte* in: Münchener Handbuch V § 65, Rn. 126.

40 Diese Möglichkeit besteht weiterhin, da sie auch nach Auflösungsbeschluss Mitglieder des Vereins bleiben. Dies wird deutlich in der Konstellation der Fortsetzung nach einem Auflösungsbeschluss. Hier können die Mitglieder durch eine Mitgliederversammlung beschließen, dass der Auflösungsbeschluss aufgehoben und die Vereinstätigkeit in werbender Form weitergeführt wird; siehe auch *Hadding* in: Soergel vor § 41, Rn. 23. Da dieses Recht nur den Mitgliedern zusteht, besteht also auch die Mitgliedschaft nach Auflösungsbeschluss fort.

gänzlich entfallen. Genau in dieser Fallkonstellation erlischt der Verein jedoch aufgrund § 49 Abs. 2 BGB erst mit Beendigung der Liquidation.[41]

Dies ist letztendlich nur konsequent, da auch bei anderen juristischen Personen ein Austritt aller „Mitglieder" nicht zum Erlöschen der Körperschaft führt. Dies wird deutlich, wenn man die Parallele zum Recht der Kapitalgesellschaften zieht.[42] Dort besteht Einigkeit darüber, dass mitgliedlose Kapitalgesellschaften als Rechtsträger in Liquidation bis zur endgültigen Vermögensabwicklung fortbestehen.[43] Bei einer GmbH führen der Austritt des letzten Gesellschafters und der Erwerb des letzten Geschäftsanteils durch die Gesellschaft somit nicht automatisch zum Erlöschen der Gesellschaft.[44] Diese wird zwar aufgelöst, besteht jedoch bis zu ihrer endgültigen Vermögensabwicklung als „Keinmann-GmbH" fort.[45]

Erkennt man nun aber den Fortbestand einer mitgliedslosen „Keinmann-GmbH" bis zu ihrer vollständigen Vermögensabwicklung an, kann man schwerlich argumentieren, dass eine Vermögensabwicklung des mitgliedslosen Vereins mangels personalen Substrats nicht stattfinden könne (s.o.). Ganz im Gegenteil: Als Grundtypus aller Gesellschaften bildet der Verein auch die Grundlage für die GmbH. Insofern müssen die im GmbH-Recht anerkannten Grundsätze zur „Keinmann-GmbH" erst recht für den mitgliedslosen Verein gelten. Ob man infolgedessen eher als richtige Bezeichnung von einem „Keinmann-Verein" ausgehen möchte, kann dahinstehen, jedenfalls führt der Wegfall sämtlicher Mitglieder nicht zum automatischen Erlöschen des Vereins.

Auch der Fall der sog. Inaktivität eines Vereins lässt keinen anderen Schluss zu. Eine solche Inaktivität liegt immer dann vor, wenn der Verein unter Umständen jahrelang in seiner Zweckverfolgung, der werbenden Tätigkeit, untätig geblieben

---

41 M. Bayer/Diss, S. 35; *Ellenberger* in: Palandt § 49 BGB, Rn. 4.

42 So auch *Reuter* ZHR 1987, 355, 391.

43 Flume/Juristische Person, S. 187; *K. Schmidt/Bitter* in: Scholz § 60 GmbHG, Rn. 65; *Hueck/Fastrich* in: Baumbach/Hueck § 33, Rn. 19; *Casper* in: Ulmer/Habersack/Winter § 60, Rn. 107.

44 Beachte, dass streitig ist, ob der Erwerb sämtlicher Anteile durch die Gesellschaft die Unwirksamkeit des Erwerbs, die sofortige oder spätere Auflösung oder deren dauerhaftes Fortbestehen als Keinmann-GmbH zur Folge hat; *K. Schmidt/Bitter* in: Scholz § 60 GmbHG, Rn. 65; *Hueck/Fastrich* in: Baumbach/Hueck § 33, Rn. 19; *Casper* in: Ulmer/Haber-sack/Winter § 60, Rn. 107; *K. Schmidt/Bitter* in: Scholz § 60 GmbHG, Rn. 65; *Hueck/Fastrich* in: Baumbach/Hueck § 33, Rn. 19; *Casper* in: Ulmer/Habersack/Winter § 60, Rn. 107. Diese Problematik ist hier jedoch für das Vereinsrecht nicht abschließend zu lösen und sei deshalb dahingestellt.

45 *K. Schmidt/Bitter* in: Scholz § 60 GmbHG, Rn. 65; *Hueck/Fastrich* in: Baumbach/Hueck § 33, Rn. 19; *Casper* in: Ulmer/Habersack/Winter § 60, Rn. 107.

ist. In dieser Situation kann ebenfalls keine automatische Auflösung des Vereins stattfinden, da Mitglieder und somit das personale Substrat noch vorhanden sind.[46] Solange Mitglieder im Verein verblieben sind und keine endgültige Aufgabe des Vereinszwecks vorliegt, ist ein automatisches Erlöschen des Vereines, also eine Gleichsetzung mit dem Fall des mitgliederlosen Vereins, nicht angebracht.[47]

2. Auflösungsgründe

Die Auflösung eines Vereins kann auf unterschiedlichen Gründen beruhen. Das Vereinsrecht enthält, im Gegensatz zu anderen Regelungen im Gesellschaftsrecht,[48] auch keine Auflistung der einzelnen Auflösungsgründe. Für die Frage, welcher konkrete Auflösungsgrund vorliegt, ist es auch ohne Bedeutung, ob es sich bei dem aufzulösenden Verein um einen rechtsfähigen oder nichtrechtsfähigen Verein handelt, da die Auflösungsgründe für einen rechtsfähigen und nichtrechtsfähigen Verein gleich sind.[49] Im Folgenden werden die einzelnen Auflösungsgründe aufgezeigt und ihre jeweiligen rechtlichen Besonderheiten herausgearbeitet.

a) Vereinsauflösung durch Beschluss der Mitgliederversammlung

Nach § 41 S. 1 BGB kann der Verein durch Beschluss der Mitgliederversammlung aufgelöst werden. Da der Verein nach den Grund-sätzen der Privatautonomie durch freie Willensbetätigung seiner Mitglieder gegründet wurde, kann er durch Beschluss seiner Mitglieder auch wieder aufgelöst werden. Das Recht zur Vereinsauflösung steht nicht zur Disposition des Satzungsgebers und wird daher

---

46 Beachte: *Korte* in: Münchener Handbuch V § 61, Rn. 60 nimmt eine Abgrenzung von dem Fall des Austritts sämtlicher Mitglieder vor, indem er auf die objektive Sicht eines Betrachtes abstellt mit der Frage, ob die Inaktivität nur vorübergehend oder dauerhaft ist; OLG München JFG 18, 183, 186 und *Weick* in: Staudinger § 41 BGB, Rn. 11, lassen auch ein jahrelanges Ruhen der Vereinstätigkeit nicht von selbst zum Erlöschen oder zur Auflösung des Vereins führen.

47 Bei der endgültigen Aufgabe der Vereinstätigkeit wird dieser Fall teilweise mit dem Ausscheiden sämtlicher Mitglieder gleichgesetzt, so BGHZ 19, 51, 61; BGH WM 1965, 1132 und 1976, 686, 687; BAG NJW 1967, 1437; BVerwG NJW 1997, 474, 476; OLG Köln NJW 1996, 989; dagegen Reichert/Vereins- und Verbandsrecht, Rn. 4037.

48 §§ 131 HGB, 262 AktG, 60 GmbHG.

49 *Hadding* in: Soergel § 54 BGB, Rn. 8; Reichert/Vereins- und Verbandsrecht, Rn. 5270.

allgemein als unentziehbares Recht der Vereinsmitglieder angesehen.[50] Wird der Kern des Rechts auf Selbstauflösung nicht angetastet, so kann das Selbstauflösungsrecht jedoch durch die Satzung erschwert werden.[51] Zwingend erforderlich ist, dass gemäß § 41 S. 1 BGB die Entscheidung über die Vereinsauflösung von der Mitgliederversammlung getroffen wird. Eine schriftliche einstimmige Beschlussfassung nach § 32 Abs. 2 BGB scheidet indes aus. Da § 41 BGB nicht von der Satzungsdisposition des § 40 BGB erfasst ist, kann die Entscheidung über die Vereinsauflösung nicht schriftlich im Wege des § 32 Abs. 2 BGB geschehen.[52]

aa) Voraussetzungen für die Auflösung durch Beschluss der Mitgliederversammlung

Voraussetzung für den Auflösungsbeschluss ist nach § 41 S. 2 BGB, dass die Mitgliederversammlung mit einer Mehrheit von drei Vierteln der gültig abgegebenen Stimmen über die Vereinsauflösung entschieden hat.[53] Dabei kann die Satzung von dieser gesetzlichen Vorgabe abweichen, indem sie durch Festlegung einer geringeren Mehrheit die Auflösung erleichtert oder durch ein höheres Mehrheitserfordernis erschwert. Ist der Verein in der Satzung als unauflöslich bezeichnet, so ist gleichwohl eine Auflösung möglich; es müssen in diesem Fall aber alle Mitglieder zustimmen.[54]

bb) Übertragung der Auflösungskompetenz und Zustimmungserfordernis außenstehender Dritter

Im Zusammenhang mit den Voraussetzungen der Vereinsauflösung durch Beschluss der Mitgliederversammlung wird auch die Frage diskutiert, ob die

---

50 *Korte* in: Münchener Handbuch V § 61, Rn. 4; BayObLGZ 1979, 303, 306; *Hadding* in: Soergel § 41 BGB, Rn. 3; Steinbeck/Vereinsautonomie, S. 119.

51 Reichert/Vereins- und Verbandsrecht, Rn. 3988.

52 Reichert/Vereins- und Verbandsrecht, Rn. 3989; *Weick* in: Staudinger § 41 BGB, Rn. 17; a.A. *Korte* in: Münchener Handbuch V § 61, Rn. 10, der auf die Gesetzessystematik verweist und auch eine schriftliche Zustimmung aller Mitglieder für ausreichend hält; ebenso Stöber/Otto/Vereinsrecht, Rn. 1118.

53 Beachte, dass nach BGHZ 83, 35, 36 bei der Beschlussfassung im Verein die Mehrheit nur nach der Zahl der abgegebenen Ja- und Nein-Stimmen zu berechnen ist, Enthaltungen sind nicht mitzuzählen.

54 Reichert/Vereins- und Verbandsrecht, Rn. 4001; der einen Verweis in das GmbH-Recht vornimmt. Dort wird diskutiert, ob ein solcher Beschluss den Anforderungen an eine Satzungsänderung genügt; bejahend *Weitbrecht* in: Münchener Handbuch III § 62, Rn. 5; verneinend *Schulze-Osterloh/Fastrich* in: Baumbach/Hueck § 60, Rn. 18.

Auflösung eines Vereins auf einen außenstehenden Dritten übertragen oder von der Zustimmung eines außenstehenden Dritten abhängig gemacht werden darf. Im Einzelfall könnte zwar einem Außenstehenden eine unmittelbare Entscheidungskompetenz übertragen werden, jedoch ist nach herrschender Meinung[55] eine vollständige und ausschließliche Übertragung auf einen außenstehenden Dritten nicht möglich. Einer so weit gehenden Übertragung von Kompetenzen steht entgegen, dass die fundamentale Zuständigkeit der Mitgliederversammlung in § 41 S. 1 BGB ausdrücklich nicht zu den in § 40 BGB dispositiv gestellten Vorschriften gehört. Auch die in § 41 S. 2 Hs. 2 BGB bestimmte Satzungsdispositivität bezieht sich allein auf den vorangehenden Halbsatz, so dass die Kompetenz zur Auflösung des Vereins als ein durch die Satzung nicht entziehbares Mitgliedschaftsrecht einzustufen ist.[56]

Dagegen soll es nach teilweise vertretener Auffassung zulässig sein, außenstehenden Dritten *neben* der Mitgliederversammlung eine Auflösungskompetenz zu erteilen. Dies wird mit der Begründung gebilligt, der Mitgliederversammlung bleibe es unbenommen, das konkurrierende Auflösungsrecht des Dritten durch Satzungsänderung zu beseitigen. Es bestehe zudem die Möglichkeit, über die Mitgliederversammlung nach Auflösung des Vereins im darauffolgenden Liquidationsverfahren jederzeit die Fortsetzung des Vereins zu beschließen und so eine von den Mitgliedern nicht erwünschte Auflösung des Vereins abzuwehren.[57]

Dieser Ansicht ist jedoch nicht zu folgen. Die Übertragung der Auflösungskompetenz auf einen außenstehenden Dritten bedeutet einen zu weitreichenden Eingriff in die Vereinsautonomie. Es ist auch nicht nachvollziehbar, warum ein außenstehender Dritter die Mitgliederversammlung bei der Wahrnehmung der ausschließlich ihr zustehenden Kompetenz, einen Auflösungsbeschluss zu fassen, einschränken können sollte. Das der Mitgliederversammlung übertragene Selbstbestimmungsrecht würde hier in seinem Kernbereich verletzt.[58] Zudem übersieht die Gegenansicht, dass in den Fällen, in denen vor der Auflösung kein

---

55 BayObLGZ 1979, 303, 306; KG OLGZ 1974, 385, 388; OLG Stuttgart 1986, 257, 259; *Hadding* in: Soergel § 41 BGB, Rn. 3; *Steffen* in: RGRK § 41, Rn. 2; Stöber/Otto/Vereinsrecht, Rn. 1120; *Böttcher* Rpfleger 1988, 169, 171; a.A. OLG Karlsruhe 1936, 3266; KG DJ 1936, 1948; OLG Stuttgart Recht 1936, 151.

56 *Korte* in: Münchener Handbuch V § 61, Rn. 12; Steinbeck/Vereinsauto-nomie, S. 119.

57 BVerfGE 83, 341, 360, der sog. „Bahai-Beschluss"; *Reuter* in: MünchKomm 5. Auflage § 41 BGB, Rn. 82, der von seiner Einschätzung bzgl. des „Bahai-Beschlusses" in der 6. Auflage nunmehr abrückt, vgl. *Reuter* in: MünchKomm 6. Auflage § 41 BGB, Rn. 24.

58 So auch *Korte* in: Münchener Handbuch V § 61, Rn. 13.

Liquidationsverfahren durchzuführen ist (etwa weil der Fiskus Anfallberechtigter geworden ist), den Mitgliedern die Möglichkeit der Rekonstituierung des Vereins gerade nicht mehr zusteht.[59]

Unbedenklich ist hingegen, die Wirksamkeit eines von der Mitgliederversammlung gefassten Auflösungsbeschlusses an die Zustimmung eines Dritten zu knüpfen. Insbesondere in kirchlichen Vereinen wird eine solche Verknüpfung geduldet, indem die Zustimmung zur Auflösung der zuständigen Diözese von der Zustimmung des Bischofs bzw. der Bischofskonferenz abhängig gemacht wird.[60] Zu weitreichend wäre es jedoch, aufgrund der besonderen, für kirchliche Vereine geltenden Entscheidungen, auf ein allgemeines vereinsrechtliches Prinzip zu schließen, welches es erlaubt, einen Auflösungsbeschluss generell von der Zustimmung eines Dritten abhängig zu machen.[61]

Vielmehr scheint es angebracht, nicht von einem vereinsrechtlichen Prinzip auszugehen, sondern eine solche Satzungsklausel letztendlich, gerade in Hinblick für die Bedeutung in der Praxis, als mögliches Instrumentarium zu akzeptieren. Zwar ist es zutreffend, dass auch das Erfordernis der Zustimmung zu einem Auflösungsbeschluss einen tiefgehenden Eingriff in die Willensherrschaft der Mitglieder über den Bestand des Vereins, also einen Eingriff in das Selbstbestimmungsrecht, darstellt. Aber dieses Hindernis ist aufgrund der Möglichkeit, den Zustimmungsvorbehalt mit einer für den Auflösungsbeschluss notwendigen gleichzeitigen satzungsändernden Mehrheit zu beseitigen, hinnehmbar.[62] Das Selbstbestimmungsrecht der Mitglieder wird hierdurch nicht in seinen Grundsätzen erschüttert.[63]

cc) Meldepflicht

Abschließend ist zu beachten, dass die Vereinsauflösung dem Registergericht zu melden ist. Nach § 74 Abs. 2 S. 1 BGB hat der Vorstand die Auflösung zur

---

59 Steinbeck/Vereinsautonomie, S. 120; *Oetker* NJW 1991, 385, 389.

60 So die Rspr. BayOblGZ 1979, 303, 308; *Schokenhoff* NJW 1992, 1013, 1018; LG Aachen DVBl. 1976, 914.

61 *Korte* in: Münchener Handbuch V § 61, Rn. 14; für ein solches Prinzip *Reuter* in: MünchKomm 5. Auflage § 41 BGB, Rn. 82.

62 So auch Steinbeck/Vereinsautonomie S. 124; vgl. *Korte* in: Münchener Handbuch V § 61, Rn. 14.

63 Beachte: Reichert/Vereins- und Verbandsrecht, Rn. 3993, akzeptiert dies gar als Ausnahmefälle, wenn ein Außenstehender Dritter durch Zurverfügungstellung seiner finanziellen Mittel das Vereinsleben erst ermöglicht, also insbesondere bei Vereinen, die von einem finanzkräftigen Mäzen weitgehend gesponsert werden.

Eintragung anzumelden. Der Anmeldung ist eine Abschrift des Auflösungsbeschlusses beizufügen, § 74 Abs. 2 S. 2 BGB. Die Anmeldung hat auch zu erfolgen, wenn der Verein durch Vermögensanfall an den Fiskus nicht mehr existiert und die Organstellung des Vorstandes ebenfalls beendet ist. Trotzdem besteht eine Anmeldungspflicht für den Vorstand, weil es sich dabei um eine nachwirkende öffentlich-rechtliche Registerpflicht handelt, die sich aus der bisherigen Amtsstellung ergibt.[64]

b) Vereinsauflösung durch Beschluss über Sitzverlegung ins Ausland

Die Mitgliederversammlung kann für den Verein als juristische Person grundsätzlich eine Verlegung des Vereinssitzes ins Ausland beschließen. Die Verlegung kann sich auf den tatsächlichen Verwaltungssitz, den Satzungssitz oder auf eine Verlegung sowohl des Verwaltungs- als auch des Satzungssitzes beziehen.

Die Rechtsfolge einer solchen Entscheidung ergibt sich aus dem deutschen internationalen Privatrecht. Grundsätzlich ist dabei zunächst zu beachten, dass das deutsche internationale Privatrecht das Sachstatut einer juristischen Person maßgeblich an den tatsächlichen Sitz ihrer Verwaltung knüpft, sog. Sitztheorie.[65] Für den Fall einer Verlegung des Verwaltungssitzes des Vereins ins Ausland hat dies zur Folge, dass der Verein aufgelöst wird. Das gilt auch, wenn die Auflösung nicht dem Willen der Vereinsmitglieder entspricht.[66]

Zudem lässt das deutsche Recht keine isolierte Verlegung des Satzungssitzes zu, so dass mit einem Wegfall des inländischen Satzungssitzes – ohne einen damit einhergehenden Statutenwechsel – eine zwingende Voraussetzung für die Anerkennung der juristischen Person entfällt. Die Folge ist wiederum die Auflösung des Vereins.[67] Eine Verlagerung des Satzungs- oder des tatsächlichen Verwaltungssitzes eines Vereins ins Ausland ist somit grundsätzlich nur im Wege der Liquidation bei gleichzeitiger Neugründung einer dem Recht des Zuzugsstaates entsprechenden Vereinigung möglich.[68]

---

64 Reichert/Vereins- und Verbandsrecht, Rn. 4012.

65 Wiedemann/Gesellschaftsrecht § 1 IV, S. 48; *Sonnenberger* in: MünchKomm BGB Einl.Band 10, Rn. 727; *Thorn* in: Palandt Anh. Art. 12 EGBGB, Rn. 2.

66 BGHZ 25, 134, 144; BayObLG NJW-RR 1993, 43, 44; OLG Hamm ZIP 1997, 1696, 1697.

67 *Korte* in: Münchener Handbuch V § 61, Rn. 52; RGZ 107, 94, 97; BGHZ 19, 102, 105; 29, 320, 328; BayObLGZ 2004, 24, 26; *Hoffmann* ZHR 2000, 43, 46.

68 *Korte* in: Münchener Handbuch V § 61, Rn. 53.

c) Vereinsauflösung kraft Satzungsbestimmung, § 74 Abs. 2 BGB

Nach § 74 Abs. 2 S. 1 BGB kann der Verein durch den Ablauf der für die Dauer des Vereins bestimmten Zeit aufgelöst werden. Dies setzt voraus, dass bereits entweder in der Gründungssatzung oder durch eine spätere Satzungsänderung der Vereinszweck, also seine werbende Tätigkeit, zeitlich beschränkt worden ist. Ausreichend ist, dass die Satzung dabei eine objektiv bestimmbare Zeit festlegt. Dies hat zur Folge, dass der Verein aufgelöst wird, wenn die festgelegte oder bestimmbare Zeitdauer erreicht ist. Sieht dabei die Satzung den Anfall des Vereinsvermögens an den Fiskus vor, so verliert der Verein nicht nur seine Rechtsfähigkeit als juristische Person, sondern auch seinen Bestand als Personenverband. Ist nicht der Fiskus, sondern ein Dritter Anfallberechtigter, wird das vorbeschriebene Liquidationsverfahren durchgeführt. In diesem Fall bleibt der Verein als Liquidationsverein bis zur endgültigen Abwicklung bestehen (s.o.).

Zur Vermeidung der Auflösung des Vereins infolge Zeitablaufs obliegt es den Mitgliedern, die satzungsgemäß festgelegte Zeitdauer vor deren Ablauf durch Satzungsänderung aufzuheben oder den Zeitablauf zu verändern. Ist die Zeitdauer abgelaufen, kann die Fortsetzung der werbenden Tätigkeit des Vereins mittels Satzungsänderung nachträglich erreicht werden. Wird auch diese Möglichkeit nicht wahrgenommen und liegt letztendlich der Auflösungstatbestand des Vereins infolge Zeitablaufs vor, besteht nach § 74 Abs. 2 S. 1 BGB für den Vorstand eine Registeranmelde- und Mitteilungspflicht.

d) Vereinsauflösung durch Erreichung des satzungsgemäß bestimmten Vereinszwecks

In der Satzung eines Vereins kann festgelegt sein, dass unter bestimmten Voraussetzungen der Verein aufgelöst wird. Die Erreichung des satzungsgemäß bestimmten Vereinszwecks kann zum Beispiel bei einem Erfolgseintritt einer Bürgerinitiative vorliegen oder durch den Abschluss eines Projektes, für welches ein Verein während der Durchführungszeit des Projekts gegründet worden ist.

Die Auflösung des Vereins erfolgt aber nicht ipso iure. Mit Rücksicht auf das Interesse Dritter an einem klar erkennbaren Rechtszustand ist es vielmehr notwendig, einen Auflösungsbeschluss durch die Mitgliederversammlung als zwingende Auflösungsvoraussetzung zu fordern.[69] Solange kein Beschluss der

69 So auch *Weick* in: Staudinger § 41 BGB, Rn. 7; *Hadding* in: Soergel vor § 41 BGB, Rn. 21; *Steffen* in: RGRK § 41, Rn. 3; a.A. *Reuter* in: MünchKomm 5. Auflage § 41

Mitgliederversammlung vorliegt, bleibt der ursprüngliche Vereinszweck reduziert auf die noch durchzuführenden Restaufgaben, unter die insbesondere die Verwaltung des Vereinsvermögens fällt.[70]

e) Vereinsauflösung durch Eröffnung des Insolvenzverfahrens

Der Gesetzgeber hat mit § 42 BGB eine eigene Regelung für den Insolvenzfall des Vereins geschaffen. Im Folgenden werden die sich daraus ergebenden besonderen Probleme und Fallkonstellationen eruiert und zusammenfassend dargestellt. Besondere Aufmerksamkeit gilt dabei dem neugefassten Wortlaut und der teilweise immer noch umstrittenen rechtlichen Wirkung des § 42 BGB.

aa) Regelung des § 42 Abs. 1 BGB n.F.

Nach dem derzeitigen Wortlaut des § 42 Abs. 1 BGB wird der Verein durch die Eröffnung des Insolvenzverfahrens und mit Rechtskraft des Beschlusses, durch den die Eröffnung des Insolvenzverfahrens mangels Masse abgewiesen worden ist, aufgelöst. Entsprechend der gesetzlichen Regelung des § 42 Abs. 1 S. 3 HS. 1 BGB kann durch die Satzung bestimmt werden, dass der Verein im Falle der Eröffnung des Insolvenzverfahrens als nicht rechtsfähiger Verein fortbesteht.[71] Hierdurch soll den Vereinen in eigener freier Entscheidung ermöglicht werden, ihre Vereinstraditionen als nicht rechtsfähige Vereine aufrecht zu erhalten, ohne dass es hierzu der Gründung eines neuen Vereines bedarf.[72]

bb) Insolvenzgründe

Als Gründe für die Insolvenz des Vereins sind die Zahlungsunfähigkeit und die Überschuldung zu nennen. Nach § 17 Abs. 2 S. 1 InsO liegt Zahlungsunfähigkeit vor, wenn der Verein nicht in der Lage ist, die fälligen Zahlungspflichten zu erfüllen. Für eine vorliegende Zahlungsunfähigkeit spricht nach § 17 Abs. 2 S. 2 InsO

BGB, Rn. 84, der nur die Fälle der satzungsmäßig bestimmten Zeit, den Wegfall sämtlicher Mitglieder und die Untätigkeit über lange Zeit als automatisch wirkenden Auflösungsgrund zulässt, da ein Rechtsvergleich zum Aktien- und Genossenschaftsrecht zeigen würde, dass dort das Gesetz nur eine festgelegte Zeit als automatisch wirkenden satzungsmäßigen Auflösungsgrund anerkennt (§§ 262 AktG, 78, 79 GenG).

70 BGHZ 49, 175, 179.

71 Dies entspricht in der Umsetzung der alten Rspr. zu § 42 BGB a.F. nach BGH NJW 1986, 1604, 1605.

72 BT-Drucks. 12/3803, S. 124ff.

bereits die Zahlungseinstellung. Überschuldung liegt nach § 19 Abs. 2 S. 1 InsO vor, wenn das Vermögen des Schuldners die Verbindlichkeiten nicht mehr deckt.[73]

cc) Wirkung der Eröffnung des Insolvenzverfahrens

Die Eröffnung des Insolvenzverfahrens hat für den Verein nicht zur Folge, dass eine sofortige und vollständige Beendigung des Vereins als juristische Person eintritt. Durch die Eröffnung des Insolvenzverfahrens wird der Verein aufgelöst. Dies bedeutet nach heute h.M., dass der Verein trotz Auflösung als rechtsfähiger Liquidationsverein weiter existiert.[74] Die h.M. verweist dabei zu Recht auf den Wortlaut des § 42 BGB, der nach seiner Neufassung besagt, dass der Verein durch die Eröffnung des Insolvenzverfahrens aufgelöst wird, während es in der bis zum 31.12.1998 geltenden Fassung des § 42 Abs. 1 BGB hieß, dass der Verein durch die Eröffnung des Konkurses die Rechtsfähigkeit verliert.[75] Zieht man die Parallele zu anderen juristischen Personen im Liquidationsstadium, die ihre rechtliche Identität und Rechtsfähigkeit ebenfalls behalten, so ist das Ergebnis nur folgerichtig. Als Beispiel sei hier die AG i.L. genannt, welche im Liquidationsstadium weiter rechtsfähig ist und nicht nur für die Zwecke der Abwicklung als rechtsfähig behandelt wird.[76]

Im Ergebnis bedeutet dies, dass der Verein mit der Auflösung gemäß § 42 Abs. 1 BGB ins Liquidationsstadium übergeht. Allerdings tritt an die Stelle der vereinsrechtlichen Liquidation die Abwicklung im Insolvenzverfahren nach Maßgabe der insolvenzrechtlichen Vorschriften. Für die Beitragspflicht der Mitglieder hat dies zur Folge, dass diese Pflicht mit der Eröffnung des Insolvenzverfahrens über das Vermögen des Vereins endet. Damit vermag der Verein seinen Vereinszweck, gleich ob er nicht wirtschaftlicher oder wirtschaftlicher Art ist,

---

73 Zu beachten ist dabei, dass nach OLG Köln NJW-RR 1998, 686, die Gegenstände des Schuldnervermögens grundsätzlich zu Liquidationswerten zu veranschlagen sind.

74 Vgl. h.M. *Weick* in: Staudinger § 42 BGB, Rn. 5; *Reuter* in: MünchKomm § 42 BGB, Rn. 8; *Ellenberger* in: Palandt § 42 BGB, Rn. 1; K. Schmidt/Gesellschaftsrecht § 11 VI, S. 334; a.A. *Westermann* in: Erman § 42, Rn. 4, danach verliert der Verein die Rechtsfähigkeit, doch gilt diese als fortbestehend, soweit der Abwicklungsanspruch dies erfordert.

75 Mit Inkrafttreten der Insolvenzordnung wurde auch der Wortlaut des § 42 BGB mit Wirkung zum 1.1.1999 neu gefasst, vgl. Art. 33 des Einführungsgesetzes zur Insolvenzordnung (EGInsO) vom 5.10.1994.

76 Vgl. *Weick* in: Staudinger § 42 BGB, Rn. 5, der die Gegenansicht nur durch den alten „unglücklichen Wortlaut“ gestärkt sah; vgl. dazu auch BGH NJW-RR 2001, 1552, 1553.

rechtlich nicht mehr dauerhaft zu verwirklichen. Seinen Mitgliedern ist es darum nicht mehr möglich, an den Vorteilen der Vereinstätigkeit teilzuhaben.[77] Ansprüche des Vereins auf rückständige Beiträge fallen in die Insolvenzmasse.

Entscheidet sich der Verein für die gesetzliche Möglichkeit des § 42 Abs. 2 S. 3 BGB, nämlich für seine Fortsetzung als nichtrechtsfähiger Verein, so ist aus dogmatischer Sicht der Insolvenzverein mit dem nicht rechtsfähigen Fortsetzungsverein identisch.[78] Dies hat wiederum zur Folge, dass die im Insolvenzverfahren nicht befriedigten Gläubigeransprüche bestehen bleiben, sich jedoch dann gegen den nichtrechtsfähigen Verein richten. Es ist somit möglich, dass sich dem Insolvenzverfahren über das Vermögen des rechtsfähigen Vereins noch ein weiteres Insolvenzverfahren über das Vermögen des nichtrechtsfähigen Fortsetzungsvereins anschließt.[79] Von der Möglichkeit des § 42 Abs. 2 S. 3 BGB, den Verein als nichtrechtsfähigen Verein fortzusetzen, wird daher in der Praxis regelmäßig abzuraten sein.[80] Eine solche Vorgehensweise ist schon deshalb ratsam, weil die Mitglieder die Möglichkeit haben, die Beendigung des Liquidationsvereins abzuwarten und erst im darauffolgenden Schritt, eine unbelastete und ungefährdete Neugründung vorzunehmen.

Die in § 42 Abs. 1 BGB angeordnete Auflösung des Vereins tritt indes nicht ein, wenn eine gegen den Eröffnungsbeschluss nach § 34 Abs. 2 InsO eingelegte sofortige Beschwerde erfolgreich war.[81] In diesem Fall ist bei eingetragenen Vereinen gemäß § 75 Abs. 1 S. 2 Nr. 1 BGB die Aufhebung des Eröffnungsbeschlusses von Amts wegen in das Vereinsregister einzutragen.

dd) Haftung

Nach § 42 Abs. 2 S. 2 BGB begründet eine schuldhafte Verletzung der Insolvenzantragspflicht eine Schadensersatzpflicht gegenüber den Vereinsgläubigern.[82]

---

77 BGH NJW-RR 2007, 1346; BGHZ 96, 253.

78 *Reuter* in: MünchKomm § 42 BGB, Rn. 9.

79 Vgl. Reichert/Vereins- und Verbandsrecht, Rn. 4406, der jedoch die Möglichkeit für nicht mit der Fortsetzung einverstandene Mitglieder aufzeigt, ihre Mitgliedschaft im Fortsetzungsverein aus wichtigem Grund mit sofortiger Wirkung kündigen zu können.

80 So auch *Reuter* in: MünchKomm § 42 BGB, Rn. 9; *van Randenborgh* in: Schauhoff Handbuch der Gemeinnützigkeit § 2, Rn. 180.

81 *Korte* in: Münchener Handbuch V § 61, Rn. 45; *Weick* in: Staudinger § 42 BGB, Rn. 10; *Wentzel* Rpfleger 2001, 334, 335.

82 Beachte, dass auch vereinzelt daneben eine Haftung wegen masseschmälernder Handlungen analog §§ 92 Abs. 3, 93 Abs. 3 Nr. 6 AktG, so Passarge ZInsO 2005, 176,

Der Vorstand haftet dabei für den durch die schuldhafte Verletzung der Insolvenzantragspflicht kausal verursachten Schaden.[83] Zu beachten ist jedoch, dass für ein ehrenamtlich tätiges Vorstandsmitglied ein reduzierter Sorgfaltsmaßstab anzuwenden ist.[84] Entsprechend § 31a Abs. 1 S. 1 BGB n.F. haftet ein Vorstand, der unentgeltlich tätig ist oder für seine Tätigkeit nur eine Vergütung von nicht mehr als 720 Euro[85] pro Jahr erhält, dem Verein gegenüber für einen in Wahrnehmung seiner Vorstandspflichten verursachten Schaden nur noch bei Vorsatz oder grober Fahrlässigkeit. Gleiches gilt nach § 31a Abs. 1 S. 2 BGB n.F. auch für eine Haftung gegenüber den Vereinsmitgliedern. Soweit ein Organmitglied nach § 31a Abs. 1 BGB von seiner Haftung gegenüber dem Verein freigestellt ist, kann es nach § 31a Abs. 2 BGB auch verlangen, dass es von dem Verein von seiner Haftung gegenüber Dritten freigestellt wird. Dies allerdings nur, soweit der Schaden nicht vorsätzlich oder grob fahrlässig verursacht wurde, § 31a Abs. 2 S. 2 BGB.

Anspruchsinhaber sind die geschädigten Vereinsgläubiger. Geschädigte Gläubiger können auch Vereinsmitglieder oder Angestellte sein, soweit sie dem Verein – neben dem Mitgliedschaftsverhältnis – vertraglich verbunden sind.[86] Bei Vereinsgläubigern ist wiederum zu unterscheiden zwischen sog. Altgläubigern, also solchen, die schon bei Eintritt der Insolvenzreife vorhandenen waren, und sog. Neugläubigern, etwa solchen, die nach Eintritt der Insolvenzreife hinzugekommenen sind. Die Altgläubiger können einen sog. Quotenschaden ersetzt verlangen, nämlich den Schaden, um den die Insolvenzquote, die sie bei rechtzeitiger Antragstellung erhalten hätten, durch die Verzögerung der Antragstellung gemindert ist, insbesondere durch neue Verbindlichkeiten.[87] Der Schadensersatz der Neugläubiger ist hingegen nicht an den sog. Quotenschaden gebunden. Der

---

oder in Gesamtanalogie zu diesen Vorschriften und §§ 64 Abs. 2 GmbHG aF/§ 64 S. 1 n.F. GmbHG, 99 Abs. 2 GenG, so *Wischemeyer* DZWiR 2005, 230, 233ff, vertreten wird, jedoch mangels Regelungslücke abzulehnen ist, vgl. *Schöpflin* in: Bamberger/Roth § 42, Rn. 9.

83 OLG Hamburg ZIP 2009, 757, 759.

84 Durch das Gesetz zur Begrenzung der Haftung von ehrenamtlich tätigen Vereinsvorständen vom 28.9.2009 (BGBl I, S 3161) wurde der Sorgfaltsmaßstab zur Haftung für ehrenamtlich tätige Vorstandsmitglieder mit Wirkung vom 29.9.2009 geändert.

85 Durch das Gesetz zur Stärkung des Ehrenamtes (EhrAmtStG) vom 21.3.2013 wurde mit Wirkung zum 29.3.2013 die Vergütungsgrenze von 500 EUR auf 720 EUR angehoben, vgl. Art. 6 Nr. 2 EhrAmtStG.

86 OLG Köln NJW-RR 1998, 686; AG Bergisch-Gladbach NJW-RR 2001, 400, 402.

87 *Schöpflin* in: Bamberger/Roth § 42, Rn. 10; BGH NJW-RR 2010, 1047; BGHZ 126, 181, 190.

Neugläubiger kann verlangen, so gestellt zu werden, als hätte er nicht mit dem insolventen Verein kontrahiert.[88]

Eine auf § 42 Abs. 2 S. 2 BGB gestützt Inanspruchnahme der Vorstandsmitglieder ist ab dem Zeitpunkt nicht mehr möglich, ab dem ein Gläubiger, der fortlaufend an den Verein Leistungen erbracht hat, wusste, dass der Verein sich in erheblichen Zahlungsschwierigkeiten befindet und ein Ausgleich der erheblichen Zahlungsrückstände nicht zu erwarten ist.[89] Gänzlich außerhalb des Schutzbereiches des § 42 Abs. 2 BGB liegt gar, wer sich in Kenntnis der schwierigen wirtschaftlichen Lage des Vereins zu weiteren Leistungen verpflichtet und dabei bewusst das Risiko eingeht, seine eigenen wirtschaftlichen Interessen zu gefährden.[90]

f) Vereinsauflösung durch behördliche Maßnahmen

Für die zuständige Verwaltungsbehörde besteht die Möglichkeit, einen Verein nach den Vorschriften des BGB oder des Vereinsgesetzes aufzulösen. Hierbei müssen die nachfolgend beschriebenen Voraussetzungen und Besonderheiten beachtet werden.

aa) Privates Vereinsrecht

Nach § 43 BGB kann dem Verein die Rechtsfähigkeit entzogen werden, wenn er einen anderen als den in der Satzung bestimmten Zweck verfolgt. Dabei ist zu beachten, dass diese Vorschrift unlängst im Hinblick auf das seit dem 30.09.2009 geltende Gesetz zur Erleichterung elektronischer Anmeldungen zum Vereinsregister und anderer vereinsrechtlicher Änderungen[91] neugefasst wurde. Dies hatte maßgeblich zur Folge, dass die Entziehung der Rechtsfähigkeit durch die Verwaltungsbehörde spiegelbildlich zur Konzessionierung nur noch bezüglich wirtschaftlicher Vereine Anwendung findet.[92]

Konnte nach § 43 Abs. 1 BGB a.F. einem Verein bei gesetzwidrigen Beschlüssen bzw. bei einem entsprechenden Vorstandsverhalten zur Wahrung des öffentlichen Interesses die Rechtsfähigkeit entzogen werden, ist dies auf Grund der zum 30.09.2009 eingetretenen Rechtsänderung nicht mehr möglich. Begründet wird

---

88 *Schöpflin* in: Bamberger/Roth § 42, Rn. 10; BGH NJW 1994, 2220, 2222; BGH NJW 2005, 3137, 3140; *Ellenberger* in: Palandt § 42 BGB, Rn. 4.

89 So LG Duisburg NJW-Spezial 2008, 471.

90 OLG Köln WM 2006, 2006, 2007.

91 VereinRÄndG vom 24.09.2009 (BGBl. I S. 3145)

92 *Schöpflin* in: Bamberger/Roth § 43, Rn. 1.

dies damit, dass die Entziehung der Rechtsfähigkeit kein geeignetes Mittel darstelle, um Gemeinwohlgefährdungen durch Vereine wirksam entgegenzutreten. Gemeinwohlgefährdungen könne effektiv nur mit den Mitteln des öffentlichen Vereinsrechts begegnet werden.[93] Nach der bis zum 30.09.2009 geltenden Fassung des § 43 Abs. 2 BGB konnte einem nichtwirtschaftlichen Verein bei satzungswidriger Verfolgung eines wirtschaftlichen Zwecks die Rechtsfähigkeit entzogen werden. Dies war immer dann der Fall, wenn die Satzung zum einen nach Erlangung der Rechtsfähigkeit als Hauptzweck eine wirtschaftliche Betätigung aufführt und zum anderen, wenn – der insoweit in der Praxis häufigere Fall – der wirtschaftliche Hauptzweck sich aus einem vom Vereinswillen getragenen Gesamtgebaren ergab. Nach Neufassung dieser Vorschrift liegt die Kompetenz zur Entziehung der Rechtsfähigkeit entsprechend der allgemeinen verfahrensrechtlichen Vorschrift des § 395 des Gesetzes über das Verfahren in Familiensachen und in den Angelegenheiten der freiwilligen Gerichtsbarkeit (FamFG) insoweit allein bei den Registergerichten.[94]

Durch die Entziehung der Rechtsfähigkeit nach § 43 BGB verliert der Verein seine Rechtfähigkeit ex nunc. Sowohl die Entziehung der Rechtsfähigkeit als auch die Auflösung des Vereins führen damit zum Ende des Vereins, wenn das Vereinsvermögen an den Fiskus fällt, ohne dass ein Liquidationsverfahren durchgeführt werden muss. Ist ein Dritter anfallberechtigt, muss sowohl im Falle der Entziehung der Rechtsfähigkeit nach § 43 BGB als auch im Falle der Auflösung ein Liquidationsverfahren durchgeführt werden, bevor das Vereinsvermögen an den oder die Anfallberechtigten verteilt wird. Auch ein Verein, dem seine Rechtsfähigkeit nach § 43 BGB entzogen worden ist, gilt im Sinne des § 49 Abs. 2 BGB für die Zwecke der Liquidation als fortbestehend. Dies ist nur folgerichtig, da ansonsten der für die Abwicklung des Vereins erforderliche Rechtsträger fehlen würde.[95]

bb) Öffentliches Vereinsrecht

Die Auflösung eines Vereins[96] aufgrund eines sog. Vereinsverbots richtet sich im öffentlichen Vereinsrecht nach dem VereinsG, namentlich nach den §§ 3ff.

93 *Schöpflin* in: Bamberger/Roth § 43, Rn. 1; BT-Drucks. 16/12813, S. 11.

94 So die Beschlussempfehlung und der Bericht des Rechtsausschusses des Deutschen Bundestags zum Entwurf des Gesetzes zur Erleichterung elektronischer Anmeldungen zum Vereinsregister und anderer vereinsrechtlicher Änderungen, BT-Drucks. 16/13542, S. 14.

95 Reichert/Vereins- und Verbandsrecht, Rn. 3986.

96 Verein im Sinne des öffentlichen Vereinsrechts (§ 2 Abs. 1 VereinsG) ist, wie bereits festgestellt, anders als im bürgerlichen Recht, ungeachtet seiner Rechtsform, jeder

VereinsG. Nach § 3 Abs. 1 VereinsG darf ein Verein erst dann als verboten (Art. 9 Abs. 2 GG) behandelt werden, wenn durch Verfügung der Verbotsbehörde festgestellt ist, dass seine Zwecke oder seine Tätigkeit den Strafgesetzen zuwiderlaufen oder er sich gegen die verfassungsmäßige Ordnung oder den Gedanken der Völkerverständigung richtet.

Zuständig für die Verfügung des Verbotes sind bei Vereinen die sog. Verbotsbehörden, die nach § 3 Abs. 2 Nr. 1 VereinsG die oberste Landesbehörde oder die nach Landesrecht zuständige Behörde für Vereine und Teilvereine sein können. Dabei muss sich die erkennbare Organisation und Tätigkeit eines Vereins auf das Gebiet eines Landes beschränken. Andernfalls kommt für Vereine und Teilvereine als zuständige Verbotsbehörde nach § 3 Abs. 2 Nr. 2 VereinsG der Bundesminister des Innern in Betracht. Hierfür muss sich die Organisation oder Tätigkeit des Vereins über das Gebiet eines Landes hinaus erstrecken.

Das für die Verbotsbehörde maßgebende Verbotsverfahren bestimmt sich grundsätzlich nach den Vorschriften des VwVfG.[97] Die Verbotsbehörde *kann* ein Ermittlungsverfahren jederzeit einleiten, sobald sie einen Verdacht schöpft, dass ein Verein einen Verbotstatbestand verletzt. Sobald jedoch Ermittlungshandlungen gegen den Verein selbst, seine Organe, Mitglieder oder Hintermänner erforderlich werden, sind diese Ermittlungshandlungen nur zulässig, wenn ein konkreter auf bestimmte Tatsachen gestützter Verdacht eines Verstoßes gegen die Tatbestände des Vereinsverbotes besteht.[98] Vor Verfügung eines Vereinsverbotes darf die Verbotsbehörde von der nach § 28 Abs. 1 VwVfG grundsätzlich vorgeschriebenen Anhörung der Vereinigung entsprechend § 28 Abs. 2 Nr. 1 VwVfG absehen, wenn bei kurzer Fristbemessung durch die mit der Anhörung verbundene Unterrichtung der Betroffenen der Zweck des Verbotsverfahrens einschließlich der Sicherstellung des Vereinsvermögens gefährdet würde.[99]

(1) Verbot strafrechtswidriger Vereine

Ein Verein ist nach § 3 Abs. 1 VereinsG strafgesetzwidrig, wenn „seine Zwecke oder seine Tätigkeit den Strafgesetzen zuwiderlaufen." Da ein Verein selber

---

freiwillige zweckbezogene Zusammenschluss natürlicher oder juristischer Personen unter einer organisierten Willensbildung. Siehe Punkt B I. Allgemeines.

97 U.U. in der jeweiligen landesgesetzlichen Ausprägung, soweit eine Landesbehörde agiert.

98 VGH Kassel NJW 1993, 2826, 2827.

99 BVerwGE 80, 299, 303.

nicht straffähig sein kann, richtet sich die Beantwortung der Frage nach der Strafgesetzwidrigkeit einer Vereinigung danach, ob ihr das Verhalten ihrer Mitglieder zurechenbar ist.[100]

Das BVerwG hat hierzu festgestellt, dass die Strafgesetzwidrigkeit nicht den Hauptzweck oder die Haupttätigkeit der Vereinigung ausmachen muss. Um den Rückschluss auf einen entsprechenden Vereinszweck zuzulassen, muss strafgesetzwidriges Mitgliederverhalten den Charakter der Vereinigung „prägen".[101] Ein Vereinsverbot kann danach zulässig sein, wenn ein Verhalten von Mitgliedern oder Organen vorliegt, das in einem inneren Zusammenhang mit dem Verein als Organisation steht.[102] Im inneren Zusammenhang mit dem Verein stehen strafbare Handlungen von Vereinsmitgliedern dann, wenn sie entweder von den Vereinsorganen angeordnet oder wenn sie mit deren Wissen und Billigung begangen werden, mithin nach außen den Eindruck erwecken, Vereinsaktivitäten darzustellen.[103] Dabei hat das sog. Funktionärsverhalten aufgrund seiner stärkeren Indizwirkung für die Repräsentation des Gesamtwillens der Vereinsmitglieder höheres Gewicht für einen inneren Zusammenhang mit dem Verein und ist folgerichtig dem Verein zuzurechnen.[104]

Darüber hinaus kann ein Verbot ausgesprochen werden, wenn der Verein seine Mitglieder bei deren Straftaten unterstützt. Dies kann u. a. dadurch geschehen, dass der Verein strafbares Verhalten seiner Mitglieder deckt oder gar durch Anerkennung in der Vereinsgemeinschaft fördert.[105] Vereine, die einen solchen inneren Zusammenhang aufweisen, müssen sich von dem strafbaren Verhalten ihrer Mitglieder distanzieren und strafbares Verhalten auch vereinsintern – ggf. durch Ausschluss des Mitglieds – sanktionieren.

(2) Verbot verfassungswidriger Vereine

Ein Verein ist nach § 3 Abs. 1 VereinsG verfassungswidrig, wenn „er sich gegen die verfassungsmäßige Ordnung" richtet. Das BVerfG definiert die verfassungsmäßige Ordnung als eine Ordnung, „die unter Ausschluss jeglicher Gewalt- und Willkürherrschaft eine rechtsstaatliche Herrschaftsordnung auf der Grundlage der Selbstbestimmung des Volkes nach dem Willen der jeweiligen Mehrheit und

---

100 BVerwGE 80, 299, 306.

101 *Planker* NVwZ 1998, 113, 114; BVerwGE 80, 299, 306.

102 BGHSt 33, 16, 17.

103 VGH München NJW 1990, 62, 63.

104 *Korte* in: Münchener Handbuch V § 61, Rn. 25; *Planker* NVwZ 1998, 113, 115.

105 So auch *Planker* NVwZ 1998, 113, 114.

der Freiheit und Gleichheit darstellt."[106] Konkretisierend führt das BVerfG aus, dass als Minimalprinzipien „die Achtung vor den im Grundgesetz konkretisierten Menschenrechten, vor allem vor dem Recht der Persönlichkeit auf Leben und freie Entfaltung, die Volkssouveränität, die Gewaltenteilung, die Verantwortlichkeit der Regierung, die Gesetzmäßigkeit der Verwaltung, die Unabhängigkeit der Gerichte, das Mehrparteiensystem und die Chancengleichheit für alle politischen Parteien mit dem Recht auf verfassungsmäßige Bildung und Ausübung einer Opposition zu gelten haben."[107]

Ob ein Verstoß gegen die verfassungsgemäße Ordnung nach § 3 Abs. 1 VereinsG vorliegt und dem Verein letztendlich auch zugerechnet werden kann, beurteilt sich nach dem Tatbestandsmerkmal des „sich richtens". Diese Voraussetzung muss wiederum näher konkretisiert und ausgefüllt werden. Nach der Rechtsprechung benötigt dieses Tatbestandsmerkmal im Zeitpunkt des Verbots das Vorliegen von Tatsachen, die eine Tätigkeit der Vereinigung mit dem Ziel der Verwirklichung ihrer verfassungswidrigen Absichten ergeben.[108] Maßgebend ist hierfür, dass sich die Tätigkeit der Vereinigung „kämpferisch-aggressiv gegen die verfassungsmäßige Ordnung wendet, d. h. diese Ordnung fortlaufend untergraben will."[109] Ausreichend ist hierfür jedoch nicht, dass die Vereinigung die verfassungsmäßige Ordnung lediglich ablehnt und ihr andere Grundsätze entgegenstellt.[110] Sie muss vielmehr in ihrer Zielrichtung dahingehend ausgerichtet sein, die demokratische Grundordnung in ihrer Verankerung zu erschüttern und durch diametrale eigene Prinzipien letztendlich zu ersetzen.[111]

In der rechtlichen Konsequenz kann dabei das Vereinsverbot nach § 3 Abs. 5 VereinsG, wie beim Verbot strafrechtswidriger Vereine,[112] auf Handlungen von Mitgliedern des Vereins gestützt werden, wenn ein Zusammenhang zur Tätigkeit im Verein oder zu seiner Zielsetzung besteht oder die Handlungen auf einer organisierten Willensbildung beruhen und nach den Umständen anzunehmen ist, dass sie vom Verein geduldet werden.

---

106 BVerfGE 2, 1, 12.

107 BVerfGE 2, 1, 12.

108 BVerwGE 37, 344, 359.

109 BVerwG NJW 1981, 1796.

110 BVerwG NJW 1995, 2505.

111 Das OVG Berlin in OVGE 5, 46, 52, wählt sogar die Formulierung: „Zustände im politischen Leben herbeizuführen, die die Geltung der Verfassungsgrundsätze in Frage stellen und zur Folge haben, dass die Verfassungsgrundsätze nicht mehr im politischen Leben wirken können."

112 Insofern gilt das bereits vorgenannte unter Punkt B II. 2. f) bb) (1).

(3) Verbot von gegen die Völkerverständigung gerichteten Vereinen

Unter das Vereinsverbot fallen auch solche Vereine, die nach § 3 Abs. 1 S. 1 VereinsG gegen den Gedanken der Völkerverständigung gerichtet sind. Auch in diesem Fall entspricht die Ausgestaltung des Vereinsverbots im Vereinsgesetz den Vorgaben des Art. 9 Abs. 2 GG.

Als problematisch erweist ist hier jedoch das Erfordernis, den gesetzlichen Wortlaut, mithin die Begriffswahl „gegen Gedanken der Völkerverständigung", richtig erfassen und bestimmen zu können. Die Rechtsprechung hat sich dabei in der Vergangenheit bemüht, für diesen Begriff eine juristisch umfassende Definition zu finden. Dementsprechend soll ein völkerverständigungswidriges Verhalten vorliegen, wenn „die Tätigkeit oder der Zweck der Vereinigung geeignet ist, den Gedanken der Völkerverständigung zu beeinträchtigen. Das ist nicht nur dann der Fall, wenn ihr Zweck oder ihre Tätigkeit darauf gerichtet ist, das friedliche Zusammenleben der Völker i.S. von Art. 26 Abs. 1 S. 1 GG zu stören".[113]

Dies wird dahingehend verstanden, dass gegen den Gedanken der Völkerverständigung gearbeitet wird, wenn der Frieden unter den Völkern gestört werden soll.[114] Dass eine solche weitfassende Begriffsbestimmung, teils nicht näher konkretisierende Bestimmung, für den juristischen Sprachgebrauch nicht unmissverständlich genug ist, mag zutreffend sein,[115] jedoch lässt sich keine einfache juristisch „griffige" Formel für den vom Gesetzgeber vorgegebenen Begriff der „Gedanken der Völkerverständigung" herleiten, zumal es einer juristisch vorgenommenen Begriffsinterpretation fast schon immanent ist, eine verwaschene Kontur aufzuzeigen. Bleibt es doch für den Interpreten immer das Ziel, eine Vielzahl von Fallkonstellationen unter die Begriffsbestimmung subsumieren zu können.

Für die Praktikabilität und für den im Vereinsrecht relevanten Verbotstatbestand hat dies immerhin zur Folge, dass die Rechtsprechung umso deutlicher in jedem Einzelfall klar zusammenfassen und zusammentragen muss, ob die Aktivitäten der Vereinigung gegen eben diesen Gedanken der Völkerverständigung gerichtet sind

---

113 BVerwG NVwZ 2005, 1435, 1436.

114 In diesem Sinne *Scholz* in: Maunz/Dürig GG Art. 9, Rn. 119; *Wache* in Erbs/Kohlhasse § 3 VereinsG, Rn. 16; VG Düsseldorf, Urteil vom 27.06.2003, Az.: 1 K 7261/00, Rn. 102, versucht es folgendermaßen zu erfassen: „Schutzgut des Begriffs der Völkerverständigung sind die elementaren, für ein friedliches Miteinander der Völker unverzichtbaren Regelungen des Völkerrechts".

115 So *Putzke/Morber* NWVBl 2007, 211, 213, die einen Versuch der Begriffsbestimmung vornehmen und über das Zwischenergebnis der Unbestimmtheit, auf einer systematisch gestützten Argumentation den Begriff auslegen.

und was unter dem Begriff der Völkerverständigung letztendlich gefasst werden soll. Ein darauf gestütztes Vereinsverbot sollte daher nur erfolgen, wenn zuvor eine Begriffsbestimmung mit dem zu mindestens hier aufgezeigten Inhalt vorgetragen worden ist. Auch wenn dies ein für die Praxis vielleicht unbefriedigendes Ergebnis darstellt, zumal dieser Verbotstatbestand schon in seiner Anwendung am wenigsten zu tragen kommt, so zwingt es die Verbotsbehörde und gegebenenfalls auch die Gerichte, bei einem Verbot aus diesem Verbotstatbestand die Schwere des Vergehens, mithin des Vorwurfs, die Zielrichtung der Handlungen und/oder Ausrichtung des Vereins vorzutragen und durch umfangreiche Recherche im Ermittlungsverfahren zu belegen.[116]

(4) Rechtsfolgen

Ein Vereinsverbot, das aufgrund eines der vorgenannten Verbotsgründe nach § 3 VereinsG ausgesprochen wird, ist dem Verein mittels Verfügung durch die Verbotsbehörde zu verkünden. Dabei muss dem Verein mitgeteilt werden, auf welchen Verbotsgrund das Verbot gestützt wird.[117]

Mit der Verbotsverfügung wird zum einen als Rechtsfolge die Auflösung des Vereins angeordnet, zum anderen regelmäßig zugleich nach § 3 Abs. 1 S. 2 VereinsG die Beschlagnahme und die Einziehung des Vereinsvermögens und anderer, den strafrechts- bzw. verfassungswidrigen Zwecken dienender Gegenstände ausgesprochen. Durch das Instrumentarium der Einziehung kann verhindert werden, dass es zu einer Vermögensauseinandersetzung nach bürgerlichem Recht kommt, bei der das Vereinsvermögen erneut zu verfassungsfeindlichen Zwecken verwendet werden könnte. Dabei können sogar nach § 12 Abs. 1 VereinsG Forderungen Dritter eingezogen werden, wenn „sie aus Beziehungen entstanden sind, die sich nach Art, Umfang oder Zweck als eine vorsätzliche Förderung der verfassungswidrigen Bestrebungen des Vereins darstellen, oder sie begründet wurden, um Vermögenswerte des Vereins dem behördlichen Zugriff zu entziehen oder den Wert des Vereinsvermögens zu mindern."

Zur Sicherung der eingezogenen Vermögensgegenstände hat die Beschlagnahme des Vereinsvermögens nach § 3 Abs. 1 S. 2 VereinsG die Wirkung eines Veräußerungsverbots, § 10 Abs. 1 S. 1 VereinsG. Werden die Verbotsverfügung

116 So zum Beispiel geschehen im Verfahren BVerwG NVwZ-RR 2009, 803–807, Vereinsverbot „Heimattreue Deutsche Jugend", in dem eine Vielzahl von Belegen und Beweisen angeführt werden, um die feindliche Willensrichtung gegen den Gedanken der Völkerverständigung dokumentieren und bestimmen zu können.

117 BVerwGE NJW 1978, 2164, 2165.

und die Einziehungsanordnung bestandskräftig, geht nach § 11 Abs. 2 S. 1 VereinsG das Vereinsvermögen als besondere Vermögensmasse auf den Einziehungsbegünstigten, mithin auf den Bund oder das Land, zu deren Gunsten die Einziehung erfolgt, über.

Ist das Vermögen auf den Einziehungsbegünstigten übergegangen, besteht kein Grund mehr, den Verein rechtlich weiterbestehen zu lassen.[118] Deshalb bestimmt § 11 Abs. 2 S. 3 VereinsG, dass der Verein erlischt. Er wird daher im Einziehungsverfahren nach § 13 VereinsG abgewickelt. Zuständig für die Abwicklung ist die Einziehungsbehörde, die die wirtschaftlichen Verhältnisse der aufgelösten Vereinigung bereinigt. Die Abwicklung stellt insoweit die letzte Stufe des Verbotsverfahrens dar.[119] Etwaige Mitgliedschaftsrechte und -pflichten der Vereinsmitglieder sowie die Organstellung – einschließlich der Anstellungsverträge der Vereinsfunktionäre – erlöschen erst mit dem Eintritt der Unanfechtbarkeit der Verbotsverfügung.[120]

Entscheidet sich die Verbotsbehörde nach § 11 Abs. 4 S. 1 VereinsG, von der Einziehung des Vermögens abzusehen, findet für den Verein ein Liquidationsverfahren nach den Vorschriften des bürgerlichen Rechts statt. Sollte dabei für die Verbotsbehörde ersichtlich sein, dass im Liquidationsverfahren die vom betroffenen Verein gestellten Liquidatoren kein ausreichendes Vertrauen für eine ordnungsgemäße Abwicklung erwecken, kann sie nach § 11 Abs. 4 S. 2 VereinsG Liquidatoren bestellen.

Die Verbotsbehörde kann von der Möglichkeit der Einziehung des Vereinsvermögens absehen, wenn das Vereinsvermögen aus Gegenständen von unerheblichem Wert besteht und die Kosten der Einziehung eben diesen Wert im Wesentlichen übersteigen würden.[121] Dagegen hat die Einziehung des Vermögens zwingend zu erfolgen, wenn von dem Einziehungsgegenstand eine erhebliche Gefahr ausgeht, die eine Einziehung ungeachtet seines Wertes und der mit der Einziehung verbundenen Kosten erforderlich macht. Das gilt insbesondere dann, wenn wirtschaftlich geringwertige Gegenstände für etwaige Versuche, die verfassungswidrige Tätigkeit des verbotenen und aufgelösten Vereins fortzusetzen, missbraucht werden.[122]

Um eine Aufspaltung des Verfahrens in ein Liquidationsverfahren nach den Regelungen des BGB einerseits und in ein Einziehungsverfahren nach den

118 *Wache* in Erbs/Kohlhasse § 11 VereinsG, Rn. 7.
119 Schnorr/VereinsG § 13 S. 214, Rn. 1.
120 *Korte* in: Münchener Handbuch V § 61, Rn. 34; Schnorr/VereinsG § 3 S. 122, Rn. 39.
121 BT-Drucks. IV/2145, S. 3.
122 BT-Drucks. IV/2145, S. 3.

Bestimmungen des Vereinsgesetzes andererseits zu vermeiden, kann die Behörde nicht lediglich die Einziehung einzelner Gegenstände anordnen. Insoweit gilt das Prinzip „Entweder, oder". Die Behörde muss also entscheiden, ob im Falle eines Vereinsverbotes die Einziehung des Vereinsvermögens insgesamt angeordnet wird oder ob sich die Abwicklung des Vereins nach bürgerlichem Recht richten soll.[123]

g) Vereinsauflösung durch Umwandlung

Nach dem Umwandlungsgesetz[124] können Rechtsträger mit Sitz im Inland, hierunter fällt auch der Verein, umgewandelt werden durch Verschmelzung, Spaltung, Vermögensübertragung und Formwechsel, § 1 Abs. 1 UmwG. Unter Umwandlung im Sinne des Gesellschaftsrechts versteht man die Änderung der Rechtsform einer Gesellschaft i. w. S. unter Wahrung ihrer Identität oder durch Übertragung ihres Vermögens auf einen anderen Rechtsträger.[125] Die Umwandlung eines Vereins erfasst dabei drei Varianten des UmwG: die Verschmelzung, die Spaltung und den Formwechsel. Hierdurch hat der Gesetzgeber die Umwandlungsfähigkeit[126] des Vereins abschließend geregelt und klargestellt, dass es im Zuge einer Umwandlung keiner (Teil-)Liquidation und Neugründung mit Einzelübertragung des nach Befriedigung der Gläubiger verbliebenen Vermögens bedarf.

Im Folgenden werden die für den Verein nach dem UmwG entscheidenden Varianten der Verschmelzung, Spaltung und des Formwechsels mit Blick auf die rechtliche Konsequenz für einen möglichen Vermögensanfall herausgearbeitet und dargestellt.

aa) Verschmelzung

Verschmelzung ist gem. § 2 UmwG die Übertragung des gesamten Vermögens eines Rechtsträgers auf einen anderen, entweder schon bestehenden oder neu zu gründenden Rechtsträger im Wege der Gesamtrechtsnachfolge unter Auflösung

---

123 BT-Drucks. IV/430, S. 20.

124 Vom 28. Oktober 1994 (BGBl. I S. 3210; 1995 I S. 428), das zuletzt geändert wurde durch Artikel 1 des Gesetzes vom 11. Juli 2011 (BGBl. I S. 1338).

125 Vgl. *Bezzenberger/Keul* in: Münchener Handbuch II § 87, Rn. 9, wonach bei der gesetzlichen Terminologie des Umwandlungsbegriffs zu unterscheiden ist zwischen: Verschmelzung, Spaltung, Vermögensübertragung sowie Formwechsel.

126 Der Verein ist nunmehr als eingetragener Idealverein nach §§ 3 Abs. 1 Nr. 4, 124 Abs. 1, 191 Abs. 1 Nr. 4 UmwG umfassend umwandlungsfähig. Mögliche Einschränkungen der Umwandlungsfähigkeit werden in den jeweiligen folgenden Unterpunkten erörtert.

ohne Abwicklung, wobei den Anteilsinhabern des übertragenden und erlöschenden Rechtsträgers im Wege des Anteilstausches eine Beteiligung an dem übernehmenden oder neuen Rechtsträger gewährt wird.[127]

Ein rechtsfähiger Verein kann sich somit im Wege der Gesamtnachfolge mit einem anderen rechtsfähigen Verein verschmelzen.[128] Dies gilt sowohl für eingetragene Vereine nach § 21 BGB als auch für wirtschaftliche Vereine nach § 22 BGB. Dabei trifft § 3 Abs. 2 Nr. 1 UmwG für den wirtschaftlichen Verein eine einschränkende Sonderregelung, wonach er nur als übertragender, nicht aber als übernehmender Rechtsträger an einer Verschmelzung beteiligt sein kann. Der wirtschaftliche Verein soll also nicht *Ziel* einer Verschmelzung sein.[129] Intention des Gesetzgebers war es, auf diese Weise eine Vergrößerung oder Neugründung eines wirtschaftlichen Vereins im Wege einer Verschmelzung verhindern zu können, da er den wirtschaftlichen Verein nur in Ausnahmefällen als geeigneten Träger eines Unternehmens ansieht.[130]

Dagegen darf ein eingetragener Verein nicht mit einem wirtschaftlichen Verein oder Rechtsträgern anderer Rechtsform zu einem eingetragenen Verein verschmelzen; auch darf er nicht durch Verschmelzung von Rechtsträgern anderer Rechtsform entstehen, § 99 Abs. 2 UmwG.[131]

bb) Spaltung

Die Spaltung kann als „Gegenstück“ zur Verschmelzung aufgefasst werden. Das UmwG unterscheidet in § 123 UmwG drei Arten der Spaltung, namentlich die Aufspaltung, Abspaltung und Ausgliederung.

Nach § 123 Abs. 1 UmwG kann sich der Verein auf mehrere übernehmende Rechtsträger *aufspalten* mit der Folge, dass er erlischt, sein Vermögen auf die übernehmenden Rechtsträger jeweils in Teilen übergeht und seine Mitglieder auch Mitglieder bzw. Anteilsinhaber der übernehmenden Rechtsträger werden. Des Weiteren bestimmt § 123 Abs. 2 UmwG, dass ein Verein sein Vermögen auf einen oder mehrere übernehmende Rechtsträger *abspalten* kann mit der Folge, dass er bestehen bleibt, die Vermögensteile auf den oder die übernehmenden Rechtsträger

127 *Reuter* in: MünchKomm 5. Auflage § 41 BGB, Rn. 17.

128 Vgl. §§ 3 Abs. 1 Nr. 4, Abs. 2 Nr. 1, §§ 99–104a UmwG.

129 *Stratz* in: Schmitt/Hörtnagl/Stratz, UmwG § 3, Rn. 37.

130 Vgl. BR-Drs. 75/94 zu § 3 UmwG; beachte *Stengel* in: Semler/Stengel UmwG § 3, Rn. 30, der den wirtschaftlichen Verein gegenüber besonderen Rechtsformen in Gestalt von Kapitalgesellschaften und Genossenschaften grundsätzlich als subsidiär einstuft.

131 *Weick* in: Staudinger § 41 BGB, Rn. 9.

übergehen und seine Mitglieder auch Mitglieder bzw. Anteilsinhaber der übernehmenden Rechtsträger werden.

Eine *Ausgliederung* des Vermögens nach § 123 Abs. 3 UmwG auf einen oder mehrere übernehmende Rechtsträger hat zur Folge, dass der übertragende Rechtsträger bestehen bleibt, die Vermögensteile auf den oder die übernehmenden Rechtsträger übergehen und er selbst Mitglied bzw. Anteilsinhaber des oder der übernehmenden Rechtsträger(s) wird.[132] In § 123 Abs. 4 UmwG hat der Gesetzgeber klargestellt, dass Spaltungen zur Aufnahme und zur Neugründung miteinander kombiniert werden können. Dabei ergibt sich aus § 124 Abs. 1 UmwG ebenfalls, dass wirtschaftliche Vereine eine Sonderstellung einnehmen, indem sie ausschließlich als übertragende Rechtsträger an einer Spaltung beteiligt sein können.

cc) Formwechsel

Im Gegensatz zu den o.g. Umwandlungsmöglichkeiten der Verschmelzung und Spaltung beschränkt sich ein Formwechsel auf die Änderung der Rechtsform eines Rechtsträgers unter Wahrung seiner rechtlichen Identität und Beibehaltung seiner bisherigen Anteilseigner. Für Vereine sieht das UmwG auch hier eine Einschränkung vor: Nach § 272 UmwG kann ein rechtsfähiger Verein auf Grund eines Umwandlungsbeschlusses lediglich die Rechtsform einer Kapitalgesellschaft oder einer eingetragenen Genossenschaft erlangen. Dem Gesetzesentwurf der Bundesregierung zum UmwG lässt sich entnehmen, dass man offenbar die Auffassung vertrat, dass es „Schein-Idealvereine" gibt, „die in Wahrheit wirtschaftliche Zwecke verfolgen und deshalb zu Unrecht im Vereinsregister eingetragen sind".[133] Ein Wechsel von der Kapitalgesellschaft hin zum eingetragenen Verein ist dagegen grundsätzlich nicht möglich.[134]

h) Vereinsauflösung durch Unterschreiten der Mindestmitgliederzahl

Das Ende eines rechtsfähigen Vereins kann nach § 73 BGB auch durch eine Unterschreitung seiner Mindestmitgliederzahl herbeigeführt werden. Bei der Formulierung dieser Bestimmung ist der Gesetzgeber offensichtlich davon ausgegangen, dass bei einer Unterschreitung des Mitgliederbestandes von unter drei Mitgliedern keine mehrheitliche Willensbildung mehr möglich ist.[135] Infolgedessen soll der Verein auch keine Rechtsfähigkeit mehr besitzen.

---

132 Vgl. zusammenfassend *Reuter* in: MünchKomm 5. Auflage § 41 BGB, Rn. 57.

133 BT-Drucks. 12/6699, S. 138.

134 *Reuter* in: MünchKomm § 41 BGB, Rn. 70.

135 So Reichert/Vereins- und Verbandsrecht, Rn. 4071.

Ist gemäß § 59 Abs. 3 BGB für die Eintragung des Vereins notwendige Voraussetzung, dass mindestens sieben Mitglieder die Satzung unterzeichnen, so hat das Amtsgericht dem Verein entsprechend § 73 BGB die Rechtsfähigkeit zu entziehen, wenn die Zahl der Vereinsmitglieder unter drei herabsinkt. Voraussetzung für ein Tätigwerden des Amtsgerichts ist ein Antrag des Vorstands, der binnen drei Monaten gestellt sein muss. Wird ein entsprechender Antrag innerhalb dieser Frist nicht gestellt, hat das Gericht von Amts wegen nach Anhörung des Vorstands dem Verein die Rechtsfähigkeit zu entziehen.

Das bedeutet jedoch nicht, dass der Verein bereits mit dem Zeitpunkt, in dem er die gesetzliche Mindestmitgliederzahl unterschreitet, automatisch seine Rechtsfähigkeit verloren hat.[136] Vielmehr soll dies nach dem Willen des Gesetzgebers erst geschehen, nachdem der Vorstand des Vereins hierzu einen entsprechenden Antrag beim Amtsgericht gestellt hat. Ohne einen entsprechenden Antrag soll dies sogar erst nach einer dreimonatigen Wartefrist erfolgen. Daraus folgt, dass die Rechtsfähigkeit unangetastet bleibt, bis ein Antrag i.S. des § 73 BGB gestellt wurde oder ggf. die dreimonatige Wartefrist abgelaufen ist.

Die auch von der h.M. vertretene Auffassung, dass ein Verein mit lediglich einem Mitglied seine Rechtsfähigkeit bis zu ihrer Entziehung durch das Amtsgericht behält, steht im Gegensatz zu der zuvor erläuterten Problematik[137] des mitgliederlosen Vereins, der nach dem Wegfall seines letzten Mitgliedes erloschen ist und damit auch seine Rechtsfähigkeit verloren hat. Während bei einem (erloschenen) mitgliederlosen Verein eine Liquidation nach § 45 BGB nicht stattfindet, folgt sie bei einem Verein, der seine Rechtsfähigkeit wegen Unterschreitung der Mindestmitgliederzahl verloren hat, als nächster Schritt nach gerichtlicher Feststellung des Verlusts der Rechtsfähigkeit. Als Alternative zur fehlenden Rechtsfähigkeit und im Gegensatz zum mitgliederlosen Verein kann der unter die Mindestmitgliederzahl abgesunkene Verein jedoch versuchen, in der Folgezeit die Rechtsfähigkeit durch Zutritte neuer Mitglieder wieder zu erlangen und so die Liquidation abzuwenden.

3. Anfallberechtigte

In § 45 Abs. 1 BGB ist bestimmt, dass mit der Auflösung des Vereins oder der Entziehung seiner Rechtsfähigkeit das Vermögen an die in der Satzung bestimmten Personen fällt. Diese Personen bezeichnet das Gesetz als „Anfallberechtigte“,

---

136 *Habermann* in: Staudinger § 73 BGB, Rn. 2.

137 Ausführlich unter dem Punkt B. II. 1. b) erläutert.

§ 45 Abs. 2 BGB, ohne den Begriff des Anfallberechtigten weiter zu definieren. Betrachtet man die Bestimmungen des Vermögensanfalls im BGB näher, namentlich die §§ 45, 46 BGB, fällt Folgendes auf: Während § 45 Abs. 1 und Abs. 2 BGB dem Verein bzw. den Vereinsmitgliedern die Möglichkeit bietet, durch entsprechende Satzungsgestaltung eine *Anfallrichtung* zu wählen, regelt § 45 Abs. 3 BGB die Vermögensverteilung für den Fall, dass *kein Anfallberechtigter* bestimmt wurde. Daneben bestimmt § 46 BGB, die *Art und Weise*, wie das Vermögen an den Fiskus fällt, ohne ihn als Anfallberechtigten i.S.d. § 45 Abs. 2 BGB zu bezeichnen. Genau genommen dürfte der Fiskus vor dem Hintergrund dieser Regelungssystematik gar nicht als Anfall*berechtigter* bezeichnet werden. Zur Verdeutlichung der dogmatischen Einordnung des „Anfallberechtigten" soll hier dennoch der Fiskus als „Anfallberechtigter" i.w.S. bezeichnet werden, um im weiteren darzustellen, welche Unterschiede zwischen dem Fiskus und den in der Satzung bestimmten Personen als Anfallberechtigte bestehen.

Wie bereits aufgezeigt, bestimmt sich die *Anfallrichtung* beim Vermögensanfall danach, ob in der Satzung ein Einzelner bzw. mehrere Personen als Anfallberechtigte(r) bestimmt worden ist/sind oder ob eine solche Bestimmung fehlt. Nur im Falle anfallberechtigter nicht-fiskaler Personen findet ein Liquidationsverfahren statt. Ob ein solcher Fall vorliegt, wird durch eine bestimmende Regelung innerhalb der Satzung festgelegt. Eine solche Regelung kann dabei schon von den Vereinsgründern quasi als Urform bestimmt und dem Verein in seinem weiteren Bestand mit auf dem Weg gereicht worden oder nachträglich bestimmt bzw. gar erstmalig mittels satzungsändernden Mitgliederbeschlusses festgelegt worden sein.

Für die rechtliche Einordnung, also für die Bestimmung der causa der Anfallberechtigung, spielt diese Unterscheidung zunächst keine Rolle. Die Bestimmung und Festlegung des Anfallberechtigten ist ein satzungsändernder bzw. -bestimmender Akt. Ob der Anfallberechtigte bereits bei der Gründung von den Gründungsvätern benannt wurde oder durch Beschluss mittels Mitgliederversammlung festgelegt wird, ist lediglich eine unterschiedliche Entstehungsgeschichte der Festlegung. In beiden Fällen ist die Anfallberechtigung durch eine Mehrheitsbildung, entweder bei den Gründungsvätern oder später bei den an der Mitgliederversammlung mitwirkenden Mitgliedern, zustande gekommen.

a) Analyse der Gesetzesgrundlage

Eine Analyse der Gesetzesgrundlage für den Vermögensanfall und eine Auswertung der Gesetzesmaterialen bieten die Möglichkeit, herauszuarbeiten, welcher Rechtsgrund dem Vermögensanfall zugrunde liegt.

Der historische Gesetzgeber hat im Rahmen des Gesetzgebungsverfahrens die Frage nach dem Vermögensanfall bei den Rechtsfolgen des Erlöschens einer Körperschaft verortet. Nach den Vorstellungen des Gesetzgebers konnte das Erlöschen einer Körperschaft „nicht zur Folge haben, dass die in dem Körperschaftsvermögen zusammengeschlossenen Rechte und Verbindlichkeiten untergehen und die zu diesem Vermögen gehörenden Sachen herrenlos werden."[138] Der Gesetzgeber machte zudem noch die klare Vorgabe, dass „die Rechtsordnung dafür zu sorgen hat, dass eine geeignete, die Interessen der Gläubiger wahrende Überleitung des Vermögens auf andere Personen eintritt."[139] Insofern findet sich diese Intention, im Falle des Erlöschens einer Körperschaft das Körperschaftsvermögen zu erhalten, in dem heutigen Wortlaut des § 45 BGB wieder. Dieser Vorgabe folgend eröffnet der Gesetzgeber in § 45 Abs. 1 BGB dem Verein auf der Grundlage der Satzungsautonomie die Möglichkeit, eine Person oder mehrere Personen als Anfallberechtigte(n) zu benennen, auf den bzw. auf die das Vereinsvermögen im Falle des Erlöschens des Vereins übergehen soll. Erst in den folgenden zwei Absätzen des § 45 BGB bestimmt der Gesetzgeber die Mitgliederversammlung als Instrument zur Regelung der Anfallberechtigung und legt die Voraussetzungen fest, nach denen in einer klar vorgegebenen Abstufung die Mitglieder Anfallberechtigte sein können. Aus dieser Rangfolge ergibt sich, dass das Vereinsvermögen immer an den Fiskus fallen soll, soweit kein vorrangig Berechtigter vorhanden ist.

Der Gesetzgeber hat in § 47 BGB für den Fall, dass das Vereinsvermögen nicht an den Fiskus fällt, bestimmt, dass grundsätzlich eine Liquidation des Vereins stattfinden muss. In § 49 Abs. 2 BGB ist zudem geregelt, dass der Verein bis zur Beendigung der Liquidation als fortbestehend gilt, soweit es der Zweck der Liquidation erfordert. Insoweit bedurfte es Regelungen, die gewährleisten, dass das Vermögen eines Vereins nicht untergeht und die die Voraussetzungen für die Übertragung des Vereinsvermögens schaffen, bevor der Verein erlischt. Das Erfordernis, diesen Vermögenserhalt durch die Anordnung einer Liquidation zu gewährleisten, wurde von dem historischen Gesetzgeber zunächst hinterfragt. So heißt es in den Protokollen zum Allgemeinen Teil des BGB: „Dem mutmaßlichen Willen aller Beteiligten wie dem natürlichen Gefühle entspreche es vielmehr, das Vereinsvermögen nach Auflösung des Vereines ähnlichen Zwecken zu erhalten. Man könnte daran denken, zu diesem Behufe zu bestimmen, daß das Vermögen eines erloschenen Vereines den Charakter eines Stiftungsvermögens annehmen solle, diese Regelung würde aber, von anderen Bedenken abgesehen, das Mißliche

138 Vgl. Mot I S. 109, 110; so auch herausarbeitend K. Schmidt/Verbands-zweck, S. 293.
139 Vgl. Mot I S. 110.

im Gefolge haben, daß eine Stiftung entstehe, welcher es an jeder Organisation gebreche und welche ihres oft sehr geringfügigen Vermögens wegen den Anforderungen nicht entsprechen werde, die man an eine selbstständige Stiftung stelle."[140] Dies zeigt, dass der Gesetzgeber eine rechtliche Verselbstständigung des Vereinsvermögens nicht wollte und damit in der Konsequenz nur noch die Möglichkeit einer Vermögensübertragung auf Personen blieb.

Die zitierten Erwägungen des Gesetzgebers verdeutlichen somit, dass alternativ zu der Möglichkeit einer Vermögensübertragung auf dritte Personen auch die rechtliche Verselbstständigung des Vereinsvermögens diskutiert, im Ergebnis aber abgelehnt wurde.

Für die Frage, welcher Rechtsgrund dem Vermögensanfall zugrunde gelegt wird, ist in diesem Zusammenhang die Entstehungsgeschichte der §§ 45ff. BGB beachtenswert. Für den historischen Gesetzgeber war eine der maßgebenden Fragen, ob der Anfall des Vereinsvermögens an die Anfallberechtigten ipso iure oder mittels Rechtsgeschäft geschehen solle. So finden sich in den Motiven des Gesetzgebers verschiedene Ansätze zur rechtlichen Ausgestaltung des Vermögensanfalls.

Zunächst wurde erörtert, ob das Erlöschen des Vereins eintreten solle und zudem mittels Parallele zum Erbrecht eine Gesamtrechtsnachfolge wünschenswert wäre. Die bei dem Erlöschen des Vereins durchzuführende Auseinandersetzung könnte ersetzt werden, „wenn die zwischen dem Erlöschen einer Körperschaft und dem Tode eines Menschen in Ansehung des Fiskus als Bezugsberechtigten bereits gezogene Parallele hier ebenmäßig zur Geltung gebracht und die für den Erbübergang sowie für die Rechtsstellung des Erben maßgebenden Vorschriften in der gleichen Weise und mit denselben Besonderheiten, wie bei dem Fiskus, übertragen werden."[141] Dieser Ansatz wurde jedoch nicht weiter verfolgt, da dem Anfallberechtigten bei dieser Konstruktion kein Ausschlagungsrecht zustehe und die Interessen der Gläubiger nicht hinreichend geschützt seien.[142] Nur soweit das Vereinsvermögen dem Fiskus anfiel, verblieb es im Hinblick auf seine fehlende Möglichkeit, sich dem Vermögensanfall nach Beendigung des Vereins zu entziehen, bei der Parallele zum Anfall einer Erbschaft an den Fiskus als gesetzlichen Erben. Die ihm als gesetzlichem Erben angefallene Erbschaft kann der Fiskus gem. § 1942 Abs. 2 BGB ebenfalls nicht ausschlagen.[143]

---

140 Protokolle zum Allgemeinen Theile, Mugdan Band I S. 631.

141 Motive zum Allgemeinen Theile, Mugdan Band I S. 414.

142 Protokolle zum Allgemeinen Theile, Mugdan Band I S. 631, 632; *Lieder* ZSt 2005, 16, 21.

143 Motive zum Allgemeinen Theile, Mugdan Band I S. 414, K. Schmidt/Verbandszweck, S. 294.

Weiterhin wurde die Möglichkeit diskutiert, den Vermögensanfall bei einer Vereinsbeendigung dahingehend auszugestalten, „daß das vor dem Erlöschen der Körperschaft personifizierte Vermögen nach Eintritt des Erlöschens und des damit verbundenen Wegfalles des vorgestellten Trägers subjektlos unter Vertretung durch Liquidatoren fortbesteht."[144] Ohne dass es den Gesetzesmaterialen zu entnehmen ist, wurde diese Möglichkeit jedoch wieder verworfen.

Im Ergebnis einigte man sich schließlich darauf, für die Fälle, in denen das Vermögen nicht dem Fiskus anfällt, die Durchführung eines Liquidationsverfahrens vorzuschreiben mit der Folge, dass der Verein bis zur Beendigung der Liquidation weiter fortbesteht. Die Möglichkeit, mittels Liquidationsverfahrens den Verein abzuwickeln, war bereits für andere Rechtsformen wie die OHG und KG bekannt[145] und zudem erwünscht. So findet sich in den Motiven die Bemerkung, dass „eine wirkliche Sicherheit für die Rechte der Gläubiger und zugleich eine Gewähr für eine angemessene Überleitung des Vermögens auf die bezugsberechtigten Mitglieder nur geboten wird durch die Anordnung eines besonderen, mit den erforderlichen Garantien umgebenen Liquidationsverfahrens, wie solches bereits dem bestehenden Rechte geläufig ist."[146] Der Gesetzgeber hat daher eindeutig dem Liquidationsverfahren Vorrang eingeräumt, dies jedoch nur in den Fällen, in denen das Vermögen nicht an den Fiskus fällt.[147]

Im Weiteren kann daher nunmehr auf Grundlage der vorgenannten Ausführungen die Rechtsstellung der Anfallberechtigten erfasst und der Frage der causa der Anfallberechtigung nachgegangen werden.

b) Der Vermögensanfall an den Fiskus

Der Vermögensanfall an den Fiskus tritt aufgrund einer Bestimmung der Vereinssatzung bzw. eines Beschlusses der Mitgliederversammlung oder aufgrund des Gesetzes, § 45 Abs. 3 BGB, ein. Folge des Vermögensanfalls an den Fiskus ist nach § 46 BGB, dass der Fiskus als Gesamtrechtsnachfolger, also über die entsprechende Anwendung der erbrechtlichen Vorschriften, als gesetzlicher Erbe, wie bei einem Anfall einer Erbschaft behandelt wird. Dies bedeutet, dass das

---

144 Motive zum Allgemeinen Theile, Mugdan Band I S. 416.

145 So für die OHG und die KG §§ 146ff. HGB als Personengesellschaften sowie die AG §§ 262ff. AktG.

146 Motive zum Allgemeinen Theile, Mugdan Band I S. 415.

147 Jedoch wird teilweise angenommen, dass aus rechtspolitischer Prämisse die Anerkennung eines Liquidationsverfahrens nur erfolgt, wenn es für den Gesetzgeber unumgänglich ist, vgl. K. Schmidt/Verbandszweck, S. 295; *Lieder* ZSt 2005, 16, 22.

Vereinsvermögen als „Ganzes“ im Wege der Universalsukzession gemäß §§ 1922 Abs. 1, 1936 Abs. 1 S. 1 BGB auf den Fiskus übergeht.

Wie bereits ausgeführt, hat im Falle des Vermögensanfalls an den Fiskus eine vereinsmäßige Liquidation nicht stattzufinden. Insbesondere vor dem Hintergrund der Gesamtrechtsnachfolge des Fiskus ist ein hinreichender Gläubigerschutz bereits dadurch gewährt, dass „der Fiskus als Universalsukzessor in die Schulden des Vereins eintrete und den Erwerb des angefallenen Vermögens auszuschlagen nicht befugt sei.“[148] Hierdurch wird zum Ausdruck gebracht, dass der Gesetzgeber den Gläubigerschutz nicht vernachlässigen wollte und gleichermaßen Vertrauen in eine staatlich kontrollierte Abwicklung des Vereins durch die zuständige Fiskalverwaltung hat, die mit der gleichen Sachkunde ausgestattet ist wie ein Liquidator.[149]

Dies bedeutet jedoch nicht, dass der Umfang der Schuldenhaftung des Fiskus unbeschränkt ist. Er kann die Haftung für die Verbindlichkeiten nach Maßgabe der §§ 1975ff., 2011 BGB auf das angefallene Vermögen beschränken.[150] Dies verneint hingegen *Hadding*, der grundsätzliche eine unbeschränkte Haftung mit einer Begünstigung durch die §§ 1975ff, 2011 BGB sieht.[151] Im Ergebnis dürfte diese Unterscheidung jedoch belanglos sein: Da dem Fiskus keine Inventarfrist gesetzt werden kann (nach §§ 2011, 1994 Abs. 1 S. 2 BGB), haftet er im Endergebnis ohnehin nur mit dem angefallenen Vermögen.[152] Der Fiskus kann sich gemäß § 780 Abs. 2 ZPO selbst dann noch auf die Beschränkung seiner Haftung berufen, wenn die Beschränkung im Urteil nicht vorbehalten ist.

Für die Feststellung des Anfallrechts des Fiskus hat das Nachlassgericht von Amts wegen das Verfahren zur Feststellung des Anfallrechts des Fiskus einzuleiten, § 1964 BGB. Dabei hat der Fiskus zu beachten, dass er als gesetzlicher Erbe gegenüber dem Grundbuchamt den Anfall des Vereinsvermögens durch Erbschein nachzuweisen hat.[153] Es lässt sich festhalten, dass der Fiskus nicht

148 Prot. I S. 547; Protokolle zum Allgemeinen Theile, Mugdan Band I S. 632; *Weick* in: Staudinger § 46 BGB, Rn. 1.

149 Reichert/Vereins- und Verbandsrecht, Rn. 4113; a.A. *Hadding* in: Soergel § 46 BGB, Rn. 2, der die stets gewährleistete Zahlungsfähigkeit des Fiskus als Grund ausreichen lässt.

150 *Reuter* in: MünchKomm 5. Auflage § 45–47 BGB, Rn. 9; BGH DtZ 1996, 343, 344; *Ellenberger* in: Palandt § 46 BGB, Rn 1; *Schöpflin* in: Bamberger/Roth § 46, Rn. 3.

151 *Hadding* in: Soergel § 46 BGB, Rn. 2.

152 Reichert/Vereins- und Verbandsrecht, Rn. 4115.

153 OLG Hamm OLGZ 1966, 109, 111; BayObLG NJW-RR 1994, 914; *Weick* in: Staudinger § 46 BGB, Rn. 4; *Hadding* in: Soergel § 46 BGB, Rn. 2; Demharter/GBO § 35 GBO, Rn. 10; Reichert/Vereins- und Verbandsrecht, Rn. 4119.

nur nach materiellem Recht, sondern auch nach formellem Recht als Erbe zu behandeln ist.[154]

Dies bedeutet wiederum für die Frage, welche causa dem Anfall des Vermögens an den Fiskus zu Grunde liegt, dass der Fiskus diese Rechtsstellung durch *Gesetz* erlangt. Die entscheidende Vorschrift ist dabei § 45 Abs. 3 BGB. Auch wenn der Gesetzgeber im systematischen Aufbau den Vermögensanfall an nicht-fiskale Personen vor den Vermögensanfall an den Fiskus gestellt hat, stellt der Anfall an den Fiskus ipso iure den *Grundfall*, mithin den gesetzlichen Ausgangsfall dar. Der Gesetzgeber geht also davon aus, dass, soweit sich nichts anderes aus der Satzung ergibt, jedenfalls der Fiskus als Erbe für den Vermögensanfall bereit steht. Fehlt es an einer entsprechenden Bestimmung in der Satzung, fällt das Vereinsvermögen eines *wirtschaftlichen* Vereins nach § 45 Abs. 3 BGB als Ausnahme von der Grundregel zu gleichen Teilen an die Vereinsmitglieder und erst „anderenfalls an den Fiskus."

Indem der Gesetzgeber den Fiskus als gesetzlichen Erben installiert hat, tritt das Anfallrecht auch ein, wenn der durch Satzung oder Vereinsbeschluss benannte Anfallberechtigte nicht mehr vorhanden oder wenn der Verein keine Mitglieder mehr hat.[155] Hier wird das vom Gesetzgeber verankerte Grundmodell besonders deutlich.

Die causa des Vermögensanfalls an den Fiskus wird auch nicht geändert, wenn der Fiskus durch die Satzung zum Anfallberechtigten bestimmt wurde. Die Satzung, mithin das Statut, kann nicht als causa für die Rechtsstellung als Anfallberechtigten fungieren. Zwar kann die Satzung den Anfallberechtigten bestimmen und somit als Weichenstellung die Richtung des Vermögensanfalls vorgeben, doch kann der Verein als juristische Person nicht wie eine natürliche Person für die Übertragung des eigenen Vermögens mittels letztwilliger Verfügung einen Berufungsgrund schaffen. Demgemäß ist auch die Motivlage des Gesetzgebers zu verstehen, der eindeutig vorgibt, dass „die Verfassung nur die inneren Verhältnisse der Körperschaft regelt. Sie tritt mit Erlöschen außer Kraft und kann deshalb nicht mit rechtlicher Wirkung Verfügungen treffen, durch welche Rechte Dritter in Ansehung des nach dem Erlöschen der Körperschaft verbleibenden Vermögens begründet werden sollen."[156]

Die vorgenannten Ausführungen und die daraus resultierenden Ergebnisse treffen für den Anfall an den Fiskus zu, so dass als Ergebnis folgendes festgehalten

154 So zutreffend in der Konsequenz *Weick* in: Staudinger § 46 BGB, Rn. 4.

155 So Reichert/Vereins- und Verbandsrecht, Rn. 4104, der zudem vorgibt, dass Gleiches gelte, wenn die Satzungsvorschrift oder der Vereinsbeschluss über die Bestimmung des Anfallberechtigten nichtig, diese Rechtsfolge irreparabel ist und auch die Hilfsbestimmung des § 45 Abs. 3 Fall 1 BGB nicht eingreift.

156 Mot I S. 111.

werden kann: Die causa für den Anfall des Vermögens an den Fiskus liegt im Gesetz. Dabei stellt der Anfall an den Fiskus ipso iure den Grundfall, mithin den gesetzlichen Ausgangsfall dar.

Die vorgenannten Aussagen sind für die nun folgende Untersuchung, welche causa für den Vermögensanfall an Personen vorliegt und ob unter Umständen die bereits gefundenen Ergebnisse auch in dieser Konstellation ihre Berechtigung haben, beachtenswert.

c) Der Vermögensanfall an Personen

Fällt das Vereinsvermögen an eine nicht-fiskale Person, so findet, wie bereits dargestellt, eine Liquidation nach § 47 BGB statt. Der mittels Liquidationsverfahren ermittelte Überschuss ist dem Anfallberechtigten „auszuantworten", § 49 Abs. 1 S. 1 BGB. Der Anfallberechtigte erlangt infolgedessen einen schuldrechtlichen Anspruch auf Aushändigung/Auskehr des Liquidationserlöses.[157]

aa) Begriffsunterscheidung

Zunächst erlangt die bereits zuvor angeführte genaue Begriffsunterscheidung zwischen dem Fiskus und einer nicht-fiskalen Person als Anfallberechtigter Bedeutung. Wie bereits eingangs erwähnt, kann der Fiskus streng genommen nicht als Anfall*berechtigter* tituliert werden. Die Stellung eines Anfallberechtigten steht nur einer nicht-fiskalen Person zu. Da der Fiskus kraft Gesetzes in diese Stellung einrückt und der Verein erlischt, wird er zu keinem Zeitpunkt Berechtigter im Sinne eines Anspruchsinhabers. Im Wege der Gesamtrechtsnachfolge wird der Fiskus Rechtsinhaber, jedoch nicht Anspruchsinhaber, so dass der in der Literatur verwendete terminus technicus[158] nicht korrekt ist. Dies wird auch mit Blick auf den vom Gesetzgeber gewählten Wortlaut deutlich. Nur im Zusammenhang mit dem Anfall an Personen spricht der Gesetzgeber von einem Anfallberechtigten. Richtig ist es daher, von dem Anfall *an den* Fiskus begriffstechnisch auszugehen. Gleichwohl ist es sich in der jeweiligen Literatur gängige Praxis, auch den Fiskus als Anfallberechtigten zu bezeichnen.

---

157 Reichert/Vereins- und Verbandsrecht, Rn. 4303; *Weick* in: Staudinger § 45 BGB, Rn. 5; *Hadding* in: Soergel § 45 BGB, Rn. 3; *Schöpflin* in: Bamberger/Roth § 45, Rn. 3; *Otto* in JurisPK BGB § 45, Rn. 14; KG OLGZ 1968, 200, 205; *Reuter* in: MünchKomm 5. Auflage § 45–47 BGB, Rn. 4.

158 Vgl. Reichert/Vereins- u. Verbandsrecht, Rn. 4102; *Weick* in: Staudinger § 46 BGB, Rn. 1; *Reuter* in: MünchKomm 5. Auflage § 45–47 BGB, Rn. 9; *Schöpflin* in: PWW § 46 BGB, Rn. 1.

bb) Der schuldrechtliche Anspruch auf „Ausantwortung"

Für die anfallberechtigte Person bedeutet die Inhaberschaft des schuldrechtlichen Anspruchs nach § 49 Abs. 1 S. 1 BGB, dass das Vereinsvermögen, bestehend aus allen vermögenswerten Rechten und Pflichten, einschließlich der Persönlichkeitsrechte des Vereins, übergehen kann.[159] Gerichtet ist dieser Anspruch gegen den nunmehr bestehenden Liquidationsverein,[160] mithin nimmt dieser die Stellung als Schuldner ein, vertreten durch die Liquidatoren. Der Liquidationsverein ist durch seine Entstehung, das heißt mit Eintritt eines Auflösungsgrundes, Eigentümer und Besitzer der Sachen. Dies beinhaltet alle Vermögenswerte, die zu dem zu liquidierenden Vermögen gehören. Gleichzeitig ist Gläubiger der dazu gehörigen Forderungen und Schuldner wiederum der Vereinsgläubiger.[161] Die Verteilung des Liquidationserlöses wird von den Liquidatoren vorgenommen, sobald nach Ablauf eines Sperrjahres (§ 51 BGB) die Gläubiger befriedigt sind oder die Befriedigung sichergestellt ist.[162]

Problematisch erscheint, zu welchem Zeitpunkt der schuldrechtliche Anspruch auf „Ausantwortung" für den Anfallberechtigten gegen den Liquidationsverein entsteht. So soll nach einer Ansicht unterschieden werden, ob ein „außenstehender Dritter" Anfallberechtigter wird oder ob es sich um anfallberechtigte Vereinsmitglieder handelt. Außenstehende Dritte hätten bis zur tatsächlichen Übertragung des Liquidationserlöses keinen Anspruch, da die Satzung oder der Vereinsbeschluss über den Anfallberechtigten wegen der Regelung in § 311b Abs. 2 BGB keine Drittwirkung im Sinne des § 328 BGB entfalten kann.[163] Der Entstehungszeitpunkt des Anspruchs müsste daher gleichzeitig mit der tatsächlichen Übertragung des Liquidationserlöses entstehen. Dies ist im Ergebnis jedoch nicht haltbar, da § 311b Abs. 2 BGB nicht für die Bestimmung in der Satzung eines rechtsfähigen Vereins gilt, wonach mit der Auflösung des Vereins oder der Entziehung der Rechtsfähigkeit das Vermögen an die darin bestimmten Personen fällt. Insofern

---

159 *Ellenberger* in: Palandt § 45 BGB, Rn 2; *Schöpflin* in: Bamberger/Roth § 45, Rn. 4; *Hadding* in: Soergel § 45 BGB, Rn. 4; kritisch *Reuter* in: MünchKomm 5. Auflage § 45–47 BGB, Rn. 2.

160 Dessen rechtliche Entstehung und Bewertung wurde bereits erörtert, vgl. Punkt B. II. 1. a).

161 *Weick* in: Staudinger § 45 BGB, Rn. 5.

162 *Schöpflin* in: Bamberger/Roth § 45, Rn. 11; *Reuter* in: MünchKomm 5. Auflage § 45–47 BGB, Rn. 4; Reichert/Vereins- und Verbandsrecht, Rn. 4305.

163 Reichert/Vereins- u. Verbandsrecht, Rn. 4304; *Schöpflin* in: Bamberger/Roth § 45, Rn. 11; RGZ 169, 65, 82.

geht § 45 Abs. 1 BGB als lex specialis dem § 311b Abs. 2 BGB vor,[164] so dass es auch keiner Unterscheidung zwischen „außenstehenden Dritten“ als Anfallberechtigten und anfallberechtigten Vereinsmitgliedern bedarf.

Der Anspruch auf Ausantwortung des Vereinsvermögens entsteht, wenn das Sperrjahr gem. § 51 BGB abgelaufen, die Vereinsgläubiger befriedigt sind oder die Befriedigung sichergestellt ist. Erst zu diesem Zeitpunkt kann der Anspruch rechtsverbindlich festgestellt und seinem Inhalt nach bestimmt werden.[165] Während des laufenden Liquidationsverfahrens liegen diese Voraussetzungen nicht vor. Es besteht nämlich während des Liquidationsverfahrens zum einen noch die Möglichkeit, die Bestimmung des Anfallberechtigten zu ändern, und zum anderen die Möglichkeit, den Liquidationsverein durch Fortsetzungsbeschluss als werbenden Verein wieder fortzuführen. Erst mit dem Ende der Liquidation erlischt „der Vorbehalt entgegenstehender, von den Mitgliedern kraft ihrer Herrschaft über den Satzungsinhalt autonom bestimmbarer Vereinsbelange“.[166] Eine frühere Ausantwortung des Vereinsvermögens als nach der Beendigung des Liquidationsverfahrens kommt daher nicht in Betracht.

cc) Causa

Ferner stellt sich die Frage, welche causa dem Anfall des Vermögens an die nicht-fiskalen Personen zu Grunde liegt. Hierfür kommen mehrere Anknüpfungspunkte in Betracht, die nun im Folgenden aufgezeigt werden sollen.

(1) Satzung

Wie beim Vermögensanfall an den Fiskus kommt auch beim Vermögensanfall an Personen die Vereinssatzung nicht als causa für den Übergang des Vereinsvermögens auf den Anfallberechtigten in Betracht. Die Satzung kann den Anfallberechtigten lediglich bestimmen und benennen, jedoch nicht als Rechtsgrund für die Vermögenszuwendung an den Anfallberechtigten fungieren. Insoweit bleibt es dabei, dass „die Verfassung nur die inneren Verhältnisse der Körperschaft regelt.

---

164 *Wufka* in: Staudinger § 311b BGB, Rn. 7; *Ludwig* in JurisPK BGB § 311b, Rn. 341.

165 BGH NJW 1965, 969, 971; *Schöpflin* in: Bamberger/Roth § 45, Rn. 11; *Reuter* in: MünchKomm 5. Auflage § 47 BGB, Rn. 4; Reichert/Vereins- und Verbandsrecht, Rn. 4305; anders *Hadding* in: Soergel § 45 BGB, Rn. 10; *Weick* in: Staudinger § 45 BGB, Rn. 8, die auf einen bedingten und befristeten Anspruch mit dem Eintritt in das Liquidationsstadium abstellen, jedoch verkennen, dass es sich dabei lediglich um eine Erwerbsaussicht auf den Liquidationsüberschuss handelt.

166 *Reuter* in: MünchKomm 5. Auflage § 47 BGB, Rn 4.

Sie tritt mit Erlöschen außer Kraft und kann deshalb nicht mit rechtlicher Wirkung Verfügungen treffen, durch welche Rechte Dritter in Ansehung des nach dem Erlöschen der Körperschaft verbleibenden Vermögens begründet werden sollen."[167] Die Satzung scheidet daher als causa aus.

(2) Anwartschaft

Ebenso wenig kann von einer Anwartschaft gesprochen werden.[168] Es bedarf für ein Anwartschaftsrecht eines mehraktigen Entstehungstatbestandes eines Rechts, bei dem schon so viele Erfordernisse erfüllt sein müssen, dass der Veräußerer die Rechtsposition des Erwerbers nicht mehr durch einseitige Erklärung zerstören kann.[169] Das allerdings scheint schon auf Grund der Satzungsautonomie fraglich, da die Vereinsmitglieder die Anfallberechtigten nachträglich abändern bzw. neubestimmen können. Jedenfalls hält ein Anwartschaftsinhaber immer den Eintritt der Bedingung in seinen Händen. Der Bedingungseintritt hängt keinesfalls von einem weiteren Verhalten des Anwartschaftsgebers ab.[170] Dies ist in der Konstellation eines Anfallberechtigten jedenfalls nicht der Fall. Damit sein Recht zum „Vollrecht" erstarkt, müsste der Anfallberechtigte als Anwartschaftsinhaber den Bedingungseinstritt, mithin einen Auflösungsgrund, in seinen Händen halten können. Dies ist in der Rechtsposition eines Anfallberechtigten jedoch ausgeschlossen. Der Anfallberechtigte selber kann alleine nicht über den Bedingungseintritt bestimmen. Er kann weder als außenstehender Dritter noch als Vereinsmitglied über den Eintritt des Vermögensanfalls disponieren.

(3) Schenkung

Fraglich erscheint, ob es sich bei der Zuwendung des Vereinsvermögens an den Anfallberechtigten um eine Schenkung im Sinne der §§ 516ff. BGB handeln kann. Für diesen Fall müsste es sich um eine unentgeltliche Zuwendung aus dem Vermögen des Vereines handeln, die den Anfallberechtigten zudem bereichert. Des Weiteren müssten sich beide Seiten, also Verein und Anfallberechtigter, darüber einig sein, dass

---

167 Vgl. Mot I S. 111.

168 So jedoch *Hadding* in: Soergel § 45 BGB, Rn. 10.

169 BGH NJW 1955, 544; Westermann/Gursky/Eickmann/Sachenrecht S. 49, § 4, Rn. 11; *Beckmann* in: Staudinger § 449 BGB, Rn. 61, der einen Überblick der Definitionen in der Rspr. zum Wesen und zur rechtlichen Qualifikation des Anwartschaftsrechts gibt.

170 Larenz/Schuldrecht Band II Halbband 1 BT § 43 S. 115; Baur/Stürner/Sachenrecht § 59, Rn. 3, der die Rechtsposition zwischen Anwartschaftsgeber und Anwartschaftsinhaber näher darstellt.

die Zuwendung unentgeltlich erfolgt. Bei der Ausantwortung des Vereinsvermögens nach Abschluss des Liquidationsverfahrens wird allerdings das gesamte nach der Liquidation vorhandene Vermögen ausgekehrt. Insofern handelt es sich nicht um eine Zuwendung „aus“ dem Vermögen des Vereins, sondern ist vielmehr als letztes verbliebenes „Vereinssubstrat“ Gegenstand der Zuwendung. Daher könnte, wie später noch dargestellt wird, jedenfalls die Form nach § 311b Abs. 3 BGB zu beachten sein.

Unterstellt man das Vorliegen einer Schenkung, wäre zu klären, zu welchem Zeitpunkt sich die Vertragsparteien über die unentgeltliche Zuwendung geeinigt haben. Wird ein außenstehender Dritter als Anfallberechtigter eingesetzt, besteht die Möglichkeit, dass dieser von seinem Anfallsrecht erst im Rahmen der durchgeführten Liquidation erfährt. In der Benachrichtigung durch den Liquidator, dass der Anfallberechtigte in der Satzung als Anfallberechtigter bestimmt ist, könnte ein Angebot für die Schenkung liegen. Nimmt er sodann das Angebot an, etwa indem er seinen schuldrechtlichen Anspruch auf Auskehr des Liquidationserlöses anmeldet und geltend macht, könnte ein Schenkungsvertrag zwischen Verein und Anfallberechtigten zustande gekommen sein.

Die Schenkung als causa scheitert dabei nicht an § 311b Abs. 2 BGB. Mit der Schenkung könnte ein Vertrag vorliegen, durch den sich einer der Vertragsparteien verpflichtet, sein künftiges Vermögen zu übertragen. Dies könnte jedoch nach § 311b Abs. 2 BGB nichtig sein. Dem Normzweck des § 311b Abs. 2 BGB zufolge soll nämlich die wirtschaftliche und persönliche Unabhängigkeit geschützt werden, die durch den Verzicht auf die Erwerbsfähigkeit dazu führt, dass jeder wirtschaftlicher Antrieb verloren geht.[171] Dabei erfasst das Gesetz aus Gründen der Rechtssicherheit auch Verpflichtungen zur Übertragung von Bruchteilen des zukünftigen Vermögens. So soll insbesondere eine Umgehung des Erbrechts verhindert werden.[172] Diese Schlussfolgerung trifft jedoch nicht unter dem Gesichtspunkt einer Schenkung als causa für den Anfall des Vereinsvermögens an eine Einzelperson zu.[173] Die h.M. geht zu Recht davon aus, dass § 311 b Abs. 1 BGB überhaupt nicht für Verpflichtungen zur Grundstücksübertragung in Vereinssatzungen gilt.[174] Eine Ausweitung dieser Regelung ist schlichtweg nicht geboten.

---

171 *Gehrlein* in: Bamberger/Roth § 311b, Rn. 38; *Kanzleiter/Krüger* in: MünchKomm § 311b BGB, Rn. 88; *Wufka* in: Staudinger § 311b BGB, Rn. 1.

172 Vgl. Mot II S. 186, 187.

173 Anders im Ergebnis *Kanzleiter/Krüger* in: MünchKomm § 311b BGB, Rn. 88; *Ludwig* in: JurisPK BGB § 311b, Rn. 341; RGZ 169, 65, 83; *K. Schmidt* in: Scholz § 72 GmbHG, Rn. 5.

174 BGH NJW 1978, 2505; BGHZ 15, 177, 182; BGH LM § 313 Nr. 59; *Grüneberg* in: Palandt § 311 b BGB, Rn 16.

Letztendlich scheidet im Ergebnis eine Schenkung als causa aus. Für die Gültigkeit des Schenkungsvertrages ist die notarielle Beurkundung des Schenkungsversprechens erforderlich, § 518 Abs. 1 BGB. Dieses Formerfordernis dürfte nur in den seltensten Fällen erfüllt werden, da eine Satzungsänderung durch die Mitgliederversammlung i. d. R. nicht notariell beglaubigt wird. Als Konsequenz daraus folgt, dass der in der Satzung bestimmte Anfallberechtigte bis zur Auflösung des Vereins als Beschenkter betrachtet werden könnte, jedoch der Verein ihm gegenüber mangels Formgültigkeit nicht wirksam verpflichtet ist. Der Mangel der Form wird dabei auch nicht durch die Bewirkung der versprochenen Leistung geheilt, § 518 Abs. 2 BGB. Da der Anfallberechtigte als Beschenkter einen schuldrechtlichen Anspruch nur gegen den Liquidationsverein erhält, müsste die Entstehung des schuldrechtlichen Anspruchs auf Ausantwortung des Vereinsvermögens dazu geführt haben, dass die Schenkung vollzogen wurde. Dies ist jedoch gerade nicht der Fall. Die Benennung eines Anfallberechtigten in der Vereinssatzung ist vergleichbar mit der Zuwendung eines Drittbezugsrechts in einem Lebensversicherungsvertrag. Erfolgt die Zuwendung des Drittbezugsrechts schenkungsweise, so gilt die Schenkung vor Eintritt des Versicherungsfalls nur dann als vollzogen, wenn der Bezugsberechtigte unwiderruflich eingesetzt wurde.[175] Zieht man nun die Parallele zur Benennung eines Anfallberechtigten, stellt man fest, dass die Bestimmung des Anfallberechtigten nicht unwiderruflich erfolgt. Vielmehr ist die Bestimmung des Anfallberechtigten im Wege der Satzungsautonomie mittels Mehrheitsbeschluss jederzeit abänderbar. Mit der Auflösung des Vereins tritt auch nicht der „Tod“ des Vereins ein, so dass auch ein wirksamer Auflösungsbeschluss nicht dazu führt, dass die Benennung des Anfallberechtigten in der Satzung unwiderruflich wird. Insoweit ist auch zu berücksichtigen, dass selbst im Liquidationsstadium der Verein durch Mehrheitsbeschluss wieder zum werbenden Verein zurückgewandelt werden kann.[176]

(4) Echter Vertrag zu Gunsten Dritter

Soweit als Rechtsgrund für den Vermögensanfall die Konstruktion eines echten Vertrags zu Gunsten Dritter diskutiert wird, vermag auch dieser Ansatz nicht zu überzeugen. Es mangelt hier bereits an einem Vertragsverhältnis zwischen

---

175 Vgl. *J. Koch* in: MünchKomm § 518 BGB, Rn. 31; *Weidenkaff* in: Palandt § 518 BGB, Rn 15; RGZ 128, 187, 189; BGH NJW 1975 1360, 1361; *Schmalz-Brüggemann* ZEV 1996, 84, 87.

176 Die Problematik des „vereinsrechtlichen Todes“ wird sodann später im Zusammenhang mit einer etwaigen erbrechtlichen causa erörtert.

Versprechendem und Versprechensempfänger, mithin an einem Deckungsverhältnis. Der Begünstigte, hier der Anfallberechtigte, erwirbt nicht im Zuwendungsverhältnis einen Anspruch aufgrund der vertraglichen Vereinbarung der Vereinsmitglieder mit dem Verein.[177] Eine gegenteilige Ansicht ließe zum einen völlig unberücksichtigt, dass schon die „Gründungsväter" den Anfallberechtigten festlegen könnten, und dies zu einem Zeitpunkt, in dem der Verein als juristische Person noch nicht existierte. Somit kann kein Vertragsverhältnis zwischen Versprechendem und Versprechensempfänger entstanden sein. Zum anderen schließen die Vereinsmitglieder bei der Bestimmung eines Anfallberechtigten im Rahmen einer Mitgliederversammlung mit dem Verein keinen Vertrag. Sie fungieren über die Mitgliederversammlung als oberstes Vereinsorgan,[178] mithin sind sie genau in diesem Moment der Verein und können abstrakt keine vertragliche Vereinbarung mit dem Verein als solchen schaffen. Die Vereinsmitglieder in ihrer Person können nicht einzeln für eine vertragliche Bindung herangezogen werden. Dies wäre letztendlich für die Bestimmung der Vertragsparteien zu undifferenziert. Insbesondere bei einer in der Folgezeit zu erwartenden Mitgliederfluktuation scheidet ein bestimmbarer Vertragspartner im Sinne von den „Vereinsmitgliedern" aus. Es fehlt daher im Ergebnis an einem für den Vertag zu Gunsten Dritten notwendigen Dreipersonenverhältnis.

(5) Erbrechtliche Konstruktion

Die causa für den Vermögensanfall könnte jedoch aus einer erbrechtlichen Konstruktion hergeleitet werden. Betrachtet man die Rechtsstellung des Anfallberechtigten, lassen sich Parallelen zum Erbrecht erkennen. Sowohl im Falle des Erlöschens eines Vereins als auch beim Tode einer natürlichen Person, geht das „hinterlassene Vermögen" auf eine dritte Person oder den Fiskus über. Insoweit kommt der Vermögensanfall im Zuge der Auflösung und des Erlöschens eines Vereins im Hinblick auf die vermögensrechtlichen Konsequenzen einem Erbfall sehr nahe.

Auch der historische Gesetzgeber hat seinerzeit eine Parallele zum Erbrecht gezogen. Er berücksichtigte diesen Vergleich offenbar auch im Rahmen der Ausgestaltung der vereinsrechtlichen Regelungen zum Vermögensanfall.[179] Eine erbrechtliche

177 So jedoch die Überlegungen von *Ludwig* in: JurisPK BGB § 311b, Rn. 341, der die Konstruktion eines Vertrages zugunsten Dritter nach § 328 BGB für juristisch möglich hält.

178 Reichert/Vereins- und Verbandsrecht, Rn. 1198.

179 Mot I S. 113.

Komponente in dem Konstrukt des Vermögensanfalls ist damit nicht von der Hand zu weisen. So heißt es in den Motiven im Zusammenhang mit einer durchzuführenden Liquidation, „eine solche Auseinandersetzung wird erzielt, wenn die zwischen dem Erlöschen einer Körperschaft und dem Tode eines Menschen in Ansehung des Fiskus als Bezugsberechtigten bereits gezogene Parallele hier ebenmäßig zur Geltung gebracht und die für den Erbübergang sowie für die Rechtsstellung des Erben maßgebenden Vorschriften in der gleichen Weise und mit denselben Besonderheiten, wie bei dem Fiskus, übertragen werden.“[180]

Von diesem historischen Hintergrund ausgehend kann nunmehr untersucht werden, ob der Anspruch des Anfallberechtigten auf Ausantwortung des Vereinsvermögens tatsächlich erbrechtlicher Natur ist. Sollte dies der Fall sein, dann müssten für diesen Anspruch die Grundvoraussetzungen für einen Erbfall vorliegen.

Will man als Rechtsgrund für den Vermögensanfall einen erbrechtlichen Anspruch annehmen, würde dies zunächst voraussetzen, dass der Verein bereits mit Eintritt eines Auflösungsgrundes als juristische Person "verstorben“ ist. Somit müsste der sich in Liquidation befindende Verein aus erbrechtlicher Sicht tot sein, was man jedoch aufgrund der durchzuführenden Auflösung allenfalls als „vereinsrechtlichen Tod“ ansehen könnte.[181] Behandelt man den aufgelösten Verein wie einen „Erblasser“, so stellt sich die Frage, ob darüber hinaus die Bestimmung eines Anfallberechtigten in der Vereinssatzung mit einer testamentarischen Erbeinsetzung oder Vermächtnisanordnung gleich gesetzt werden kann.[182] Vor dem Hintergrund, dass juristische Personen zwar ihre Rechtsfähigkeit verlieren, aber im eigentlichen Sinne nicht „sterben“ können, erscheint eine solche Konstruktion jedoch bedenklich. Zwar wird in § 46 BGB auf die Bestimmungen des Erbrechts

180 Mot I S. 113.

181 So auch die Überlegungen von *Ludwig* in: JurisPK BGB § 311b, Rn. 341, der jedoch den in der Terminologie nicht geglückten Begriff des „bürgerlichen Tod“ wählt. Dieser Begriff hatte in ganz Europa bis in das 19. Jahr-hundert hinein als Bezeichnung für eine zusätzliche Strafverschärfung gegenüber verurteilten Kapitalverbrechern fungiert. Folge war anfangs, dass die Erbschaft des Verurteilten eröffnet wurde, obwohl er physisch nicht tot war. So sah es sowohl der französische Code Civil von 1804, Art. 22 f., als auch das bayerische Strafgesetzbuch von 1813 vor. In der nationalsozialistischen Zeit wurde gar die Rechtsstellung jüdischer Bürger als „bürgerlicher Tod" bezeichnet; als einen den Erbfall auslösenden und damit „Beerbung bei lebendigen Leibe ermöglichenden Tod“ bezeichnet es Muscheler/Erbrecht I, Rn. 111.

182 Diese rechtliche Konstruktion ist bereits zuvor als reines Innenrecht des Vereines erläutert worden, insofern gilt auch hier das bereits gesagte, vgl. insbesondere Mot I S. 111.

verwiesen, dieser Verweis beschränkt sich jedoch ausdrücklich nur auf „die Vorschriften über eine dem Fiskus als gesetzlichem Erben anfallende Erbschaft" und gilt nur für die Fälle eines Vermögensanfalls an den Fiskus. Dagegen wird die Auflösung und Beendigung einer juristischen Person durch die hierfür geltenden allgemeinen Regelungen und nicht durch die erbrechtlichen Bestimmungen vorgegeben.[183]

Bereits aus den Motiven des Gesetzgebers geht hervor, dass er Bedenken gegen eine erbrechtliche Konstruktion hatte und der Ansicht war, das Erlöschen der Körperschaft kraft Gesetzes, mit der Folge des anteiligen Vermögenübergangs auf die Anfallberechtigten, würde keinen ausreichenden Gläubigerschutz gewährleisten. „Eine wirkliche Sicherheit für die Rechte der Gläubiger und zugleich eine Gewähr für eine angemessene Überleitung des Vermögens auf die bezugsberechtigten Mitglieder wird nur geboten durch die Anordnung eines besonderen, mit den erforderlichen Garantien umgebenen Liquidationsverfahrens, wie solches bereits dem bestehenden Recht geläufig ist."[184]

Dessen ungeachtet kann man für den schuldrechtlichen Anspruch, den der Anfallberechtigte gegen den Liquidationsverein erhält, einen Vermögenserwerb erkennen, der eine gewisse Ähnlichkeit zu dem erbrechtlichen Vermächtnisanspruch im Sinne des § 2174 BGB aufweist. Bei einem Vermächtnis wird ein bestimmter, einzelner Vermögensgegenstand unentgeltlich zugewendet, wobei der Vermächtnisnehmer nicht den vermachten Gegenstand selbst, sondern nur einen schuldrechtlichen Anspruch erwirbt, vom Erben den vermachten Gegenstand, gleich ob es sich um eine Sache, ein Recht oder einen sonstigen Vermögensvorteil handelt, zu fordern.[185]

Auch wenn man in Hinblick auf die Ausgestaltung des schuldrechtlichen Anspruchs des Anfallberechtigten eine Parallele zum Vermächtnisanspruch erkennen mag, kann der Anspruch des Anfallberechtigten trotzdem nicht als erbrechtlicher Vermächtnisanspruch angesehen werden. Der Liquidator ist nicht „Erbe" des aufgelösten Vereins. Nach der Legaldefinition des § 1922 Abs. 1 BGB ist Erbe diejenige Person, auf die mit dem Tode einer natürlichen Person deren Vermögen als Ganzes übergeht. Dies trifft auf den Liquidator nicht zu. Es besteht

183 Vgl. Muscheler/Erbrecht I, Rn. 112; Lange/Erbrecht S. 21, Rn. 6; Lange/Kuchinke/Erbrecht § 4 III S. 78.

184 Mot I S. 113.

185 Vgl. Kipp/Coing/Erbrecht § 53 S. 322; Schellhammer/Erbrecht 15 Teil S. 438; Muscheler/Erbrecht II, Rn. 2590ff., der eine detaillierte Einordnung von bestimmten und unbestimmten Vermögensgegenständen vornimmt.

allenfalls Ähnlichkeit zu dem Amt des Testamentsvollstreckers, auf den jedoch ebenfalls kein Vermögen übergeht. Er hat lediglich das Recht, eine Verwaltung über das Vermögen aus dem Erbfall zu führen.[186] Auch wenn es im Rahmen des § 2203 BGB Aufgabe eines Testamentsvollstreckers ist, Vermächtnisansprüche zu erfüllen, ist der Testamentsvollstrecker nicht mit dem Liquidator gleich zu setzen. So sind die Vorschriften der Liquidatoren abschließend in den §§ 48ff. BGB geregelt. Ein Verweis auf die gesetzlichen Bestimmungen der Testamentsvollstreckung (§§ 2197ff. BGB) ist vom Gesetzgeber nicht vorgenommen worden. Zudem müssten die bereits erwähnten Grundvoraussetzungen für einen Erbfall vorliegen, an denen es hier ebenfalls fehlt (s.o.).

Auch eine analoge Anwendung der erbrechtlichen Bestimmungen auf den Vermögensanfall scheidet aus, da es bereits an einer erforderlichen Planwidrigkeit der Regelungslücke mangelt. Dies zeigt sich bereits daran, dass der Gesetzgeber, obwohl er die Parallele zum Erbrecht sah, bewusst davon abgesehen hat, bei dem Vermögensanfall an Personen die Anwendung der erbrechtlichen Vorschriften anzuordnen, so wie er es im Falle des § 46 BGB getan hat.

(6) Anspruch sui generis

Die vorangegangenen Ausführungen haben gezeigt, dass als Rechtsgrund für den Vermögensanfall eine Schenkung oder ein Vertrag zugunsten Dritter nicht in Betracht kommt. Darüber hinaus wurde deutlich, dass der Vermögensanfall auch kein Vermächtnisanspruch i.S.d. § 2174 BGB ist und mangels einer planwidrigen Regelungslücke eine analoge Anwendung des § 2174 BGB ausscheidet. Das entscheidende Kriterium für die Frage nach der causa für den Vermögensanfall ist folglich in der Regelung des § 45 BGB selbst zu suchen.[187] Die vereinsrechtliche Vorschrift des § 45 BGB als solche gewährt dem Anfallberechtigten seine Rechtsstellung und stellt für die spätere Ausantwortung den Rechtsgrund dar. Insoweit wurde das Anfallsrecht bei der Auflösung eines Vereins vom Gesetzgeber gegenüber den erb- und schenkungsrechtlichen Vorschriften als lex specialis konzipiert.

---

186 Vgl. Muscheler/Erbrecht I, Rn. 116.

187 Vgl. Reichert/Vereins- und Verbandsrecht, Rn. 4335, der jedoch anders den Rechtsgrund in § 49 Abs. 1 S. 1 BGB sieht, indem die Anfallberechtigten durch die Pflicht der Liquidatoren zur Vermögensverteilung, mithin zur Ausantwortung, das Vermögen erlangt haben sollen. § 49 BGB steht jedoch als partiell gleich lautende Parallele zu den §§ 268 AktG, 70 GmbHG, 88 GenG, 149 HGB. § 49 Abs. 1 BGB beschreibt in Abs. 1 lediglich den Inhalt der Liquidation, schafft hierfür jedoch keinen Rechtsgrund.

Trotz der Parallele zum erbrechtlichen Vermächtnisanspruch in seiner Ausgestaltung als schuldrechtlicher Anspruch des Anfallberechtigten, ist daher von einem Rechtsgrund *sui generis* auszugehen.[188] Dieses Ergebnis wird auch der besonderen Stellung des Vereins als Grundmodell bürgerlicher Personenvereinigungen gerecht. Für die Personenvereinigung des Vereins bildet das Vereinsrecht zum einen eine eigene Rechtsgrundlage für den Anfall, zum anderen regelt es die Rechtsfolgen, die sich aus der Auflösung ergeben. Auch ist die Rechtsstellung des Anfallberechtigten durch die Gewährung eines Anspruchs in Form eines eigenen schuldrechtlichen, dem Vereinsrecht angehörigen Anspruchs sui generis umfassend gesichert. Letztendlich bleiben auch die vom Gesetzgeber bewusst konzipierten Liquidationsvorschriften der §§ 47ff. BGB nicht unberücksichtigt. Diese Liquidationsvorschriften sind eng verknüpft mit dem Rechtsgrund des Vermögensanfalls und geben den Inhalt der Liquidation als eigenen vereinsrechtlichen Vorgang wieder. Es lässt sich daher festhalten, dass der ausgeführte schuldrechtliche Anspruch des Anfallberechtigten seinen Ursprung in einem dem Vereinsrecht betreffenden gesetzlichen Konstrukt trägt und in seiner Rechtsgrundlage einen Erwerbsanspruch sui generis darstellt.

4. Verfahren

Unter dem Oberbegriff „Verfahren" wird nun im Folgenden aufgezeigt, welche Fragen und Probleme sich im Verfahren bei einem Verein ergeben, der sich in Liquidation befindet. Vor allem sind die Verfahrensschritte und die rechtlichen Folgen einer durchzuführenden Liquidation näher zu beleuchten. Die gesetzliche Vorgabe, im Falle eines Vermögensanfalls an einen Anfallberechtigten eine Liquidation durchzuführen, führt zu unterschiedlichste Problemkonstellationen. Trotz der Fülle verfahrensrechtlicher Besonderheiten bei der Liquidation eines Vereins werden in diesem Kapitel – in gebotener Kürze – die wichtigsten Grundsätze und Problemstellungen rund um das Verfahren der Liquidation herausgearbeitet.

a) Der Verein in Liquidation

aa) Die Rechtsfähigkeit des Vereins in Liquidation

Nach § 49 Abs. 2 BGB gilt der Verein bis zur Beendigung der Liquidation als fortbestehend, soweit es der Zweck der Liquidation erfordert. Die Gesetzesformulierung

188 So im Ergebnis auch *Ludwig* in: JurisPK BGB § 311b, Rn. 341, der in dem Erwerb des schuldrechtlichen Anspruch rechtskonstruktiv einen Erwerb sui generis sieht.

„soweit der Zweck der Liquidation es erfordert" und das Fehlen einer derartigen „Fiktion"[189] bei anderen Verbandsformen in Liquidation haben dazu geführt, dass der Umfang der Rechtsfähigkeit des Liquidationsvereins umstritten ist. Zum Teil wird vertreten, dass die Rechtsfähigkeit des Liquidationsvereins beschränkt ist. Entscheidend sei, dass der Liquidationsverein Träger von Rechten und Pflichten nur innerhalb des Abwicklungszwecks sein könne.[190] Dadurch sollen die Eingehung liquidationsfremder oder der Liquidation nicht unmittelbar dienender Geschäfte verhindert werden. Diese Ansicht ist jedoch nicht haltbar.

Nach zutreffender und wohl herrschender Ansicht ist der Verein in Liquidation uneingeschränkt rechtsfähig. Es besteht kein Bedürfnis, dem Verein in Liquidation nur eine beschränkte Rechtsfähigkeit zuzubilligen, um die Eingehung liquidationsfremder Geschäfte zu verhindern. Schon bei objektiver Überschreitung des Liquidationszwecks kann der Verein in Liquidation nicht wirksam verpflichtet werden, da solche Geschäfte unheilbar nichtig sind.[191] Zudem erscheint es wenig praktikabel, die Begründung von Rechten und Pflichten von der Vereinbarkeit mit dem Liquidationszweck abhängig zu machen, insbesondere wenn man berücksichtigt, dass mitunter umfangreiche Abwicklungsverfahren entstehen, die im Sinne des § 49 Abs. 1 S. 2 BGB zulässige Neugeschäfte beinhalten können. Bei solchen Neugeschäften dürfte es kaum noch erkennbar sein, ob diese Geschäfte noch dem Liquidationszweck dienen.[192] Eine beschränkte Rechtsfähigkeit, gekoppelt an das Erfordernis des Liquidationszwecks, ist daher abzulehnen. Der Verein besteht somit als mit dem werbenden Verein identisches Rechtssubjekt fort.[193] Neben dem Gebot der Rechtssicherheit und dem Verkehrsschutz ist eine beschränkte Rechtsfähigkeit für im Liquidationsstadium befindende juristische Personen auch dem im deutschen Recht geltenden Prinzip der unbegrenzten Rechtsfähigkeit juristischer Personen fremd.[194]

---

189 Dazu *Hadding* in: Soergel § 49, Rn. 11; K. Schmidt/Verbandszweck, S. 290ff.; K. Schmidt/Gesellschaftsrecht, S. 320ff.

190 *Steffen* in: RGRK § 49, Rn. 4; *Westermann* in: Erman § 49, Rn. 5; *Ellenberger* in: Palandt § 49 BGB, Rn 2.

191 *Weick* in: Staudinger § 49 BGB, Rn. 17.

192 *Korte* in: Münchener Handbuch V § 65, Rn. 54.

193 *Hadding* in: Soergel § 49, Rn. 1; K. Schmidt/Gesellschaftsrecht S. 320ff.

194 *Schöpflin* in: Bamberger/Roth § 49, Rn. 5; K. Schmidt/Verbandszweck, S. 298ff.; *K. Schmidt* AcP 174 (1974), 55, 67ff.; ders. AcP 184 (1984), 529ff.; *Hadding* in: Soergel § 49, Rn. 11; *Reuter* in: MünchKomm § 49 BGB, Rn. 11; *Korte* in: Münchener Handbuch V § 65, Rn. 55; nach BGH NJW-RR 2001, 1552, 1553 gilt „allenfalls beim Erwerb neuer Rechts" etwas anderes; vgl. zudem die im Ergebnis identischen Ausführungen für die Stiftung unter Teil C II. 4. c) aa).

bb) Die Vertretungsmacht der Liquidatoren

Befindet sich der Verein in Liquidation, handelt er nicht mehr durch den Vorstand als Geschäftsführungs- und Vertretungsorgan, sondern durch die Liquidatoren, § 48 Abs. 2 i.V.m. § 26 Abs. 2 BGB. Nach dem Wortlaut des § 48 Abs. 2 BGB ist der Wirkungskreis der Liquidatoren nicht identisch mit dem Wirkungskreis des Vorstandes, da auf die Rechtsstellung des Vorstandes nur insoweit Bezug genommen wird, als „sich nicht aus dem Zwecke der Liquidation ein anderes ergibt". Die Formulierung des § 48 Abs. 2 BGB führt zwangsläufig zu der Frage, ob die Beschränkung der Rechtsstellung auf den Liquidationszweck nicht zugleich eine Beschränkung der Liquidatoren in ihrer Vertretungsmacht beinhaltet.[195] Geht man, wie vorstehend ausgeführt, von der unbeschränkten Rechtsfähigkeit des Liquidationsvereins aus, ist zu klären, wie weit die Vertretungsmacht der Liquidatoren reicht. Die Frage nach der Reichweite der Vertretungsmacht der Liquidatoren offenbart ein Spannungsverhältnis zwischen der Pflichtbindung der Liquidatoren einerseits und dem Verkehrsschutz andererseits.[196]

Zum Teil wird die Ansicht vertreten, dass die Vertretungsmacht auf den Liquidationszweck beschränkt ist.[197] Es wird eine Parallelität von Geschäftsführungsbefugnis und Vertretungsmacht unterstellt. Dies hat zur Folge, dass der auf den Abwicklungszweck beschränkte Wirkungskreis der Liquidatoren im Rahmen ihrer Geschäftsführung auch zu einer Beschränkung ihrer Vertretungsmacht führt.[198] Dogmatisch haltbar ist diese Meinung nur insoweit, als man § 48 Abs. 2 BGB dahingehend auslegt, dass damit lediglich auf die Vertretungsregelung des § 26 Abs. 2 BGB verwiesen wird und der Liquidationszweck eine Vertretung überhaupt erforderlich macht.[199]

Nach der derzeit herrschenden Meinung besteht eine unbeschränkte Vertretungsmacht der Liquidatoren.[200] Dieser Ansicht ist zu folgen. Zum einen kann die herrschende Ansicht zutreffend darauf verweisen, dass auch in der Diskussion um

195 Grundlegend *K. Schmidt* AcP 174 (1974), 55ff.

196 *K. Schmidt* AcP 174 (1974), 55, 57.

197 RGZ 146, 376ff.; *Steffen* in: RGRK § 48, Rn. 2, § 49, Rn. 3; *Westermann* in: Erman § 48, Rn. 2; *Ellenberger* in: Palandt § 48 BGB, Rn 2.

198 *Steffen* in: RGRK § 49, Rn. 3; *Westermann* in: Erman § 48, Rn. 2; Stöber/Otto/Vereinsrecht, Rn. 1134.

199 Siehe die Übersicht und die Argumentationen des Meinungsstreites von *Korte* in: Münchener Handbuch V § 65, Rn. 57ff.

200 *Weick* in: Staudinger § 49 BGB, Rn. 15; *Schöpflin* in: Bamberger/Roth § 49, Rn. 12; *K. Schmidt* AcP 174 (1974), 55, 76; *ders.* AcP 184 (1984), 529, 533; *Hadding* in: Soergel § 49, Rn. 13; *Reuter* in: MünchKomm § 49 BGB, Rn. 15.

die Beschränkung der Vertretungsmacht das Problem berücksichtigt werden muss, wie der Rechtsverkehr in Fällen von zulässigen Neugeschäften im Sinne des § 49 Abs. 1 S. 2 BGB erkennen soll, ob sich der Liquidator noch innerhalb des Abwicklungszwecks bewegt, er also Vertretungsmacht hat, oder ob es sich um ein liquidationswidriges Geschäft handelt, also ein Liquidator agiert, der ohne Vertretungsmacht handelt.[201] Zum anderen ist die aktienrechtliche Vorschrift des § 269 AktG zu beachten, der für die AG ausdrücklich die umfassende Vertretungsmacht der Liquidatoren regelt und bestimmt, dass die Vertretungsmacht von Abwicklern einer AG inhaltlich unbeschränkt ist.[202] Überträgt man diese Norm auf das Vereinsrecht, lässt sich hieraus ableiten, dass dort aufgrund der Vergleichbarkeit der Interessenlagen die Vertretungsmacht der Liquidatoren ebenfalls unbeschränkt sein muss.[203] § 269 AktG gibt eine eindeutige Entscheidung gegen die Beschränkung der Vertretungsmacht vor.[204] Letztlich ist daher bei der Vertretungsmacht der Liquidatoren wie bei jedem Vertretungsverhältnis zu unterscheiden zwischen dem „rechtlichen Können" im Außenverhältnis und dem „rechtlichen Dürfen" im Innenverhältnis.[205] Tätigen die Liquidatoren Geschäfte außerhalb des Abwicklungszwecks, sind diese Geschäfte im Außenverhältnis wirksam, im Innenverhältnis können solche Geschäfte zu Schadensersatzansprüchen gegen die Liquidatoren führen. In den Fällen des Missbrauchs der Vertretungsmacht, mithin der evidenten Liquidationswidrigkeit oder der Kollusion, bieten die Regeln über den Missbrauch der Vertretungsmacht eine sachgerechte Lösung.[206]

---

201 *Weick* in: Staudinger § 49 BGB, Rn. 13; beachte, dass aufgrund dieser Kritik die Gegenansicht eine „Ergebniskorrektur" durchführt und die Vertretungsmacht nur bei solchen Geschäften entfallen lässt, die erkennbar außerhalb des Liquidationszwecks liegen, vgl. *Westermann* in: Erman § 49, Rn. 2; *Ellenberger* in: Palandt § 48 BGB, Rn 2; nach BGH NJW 1984, 982 (für die KG) kommt es darauf an, ob der Geschäftsgegner wusste oder hätte wissen müssen, dass sich das Rechtsgeschäft nicht mehr im Rahmen der Liquidation hielt.

202 Eingehend *Hüffer* in: MünchKommAktG § 269, Rn. 3ff.; Hüffer/AktG § 269, Rn. 7; *Hirschmann* in: Hölters/AktG § 269, Rn. 11.

203 Obwohl die einschlägigen Vorschriften für andere Verbandsformen kein einschlägiges Bild ergeben, wie § 149 HGB oder § 70 GmbHG zeigen; Kritik an der Parallelwertung zu § 269 AktG von *Reuter* in: MünchKomm § 49 BGB, Rn. 15, der aus § 269 AktG „allenfalls eine allgemeingültige handelsrechtliche Wertung" entnimmt.

204 *Weick* in: Staudinger § 49 BGB, Rn. 12.

205 *Weick* in: Staudinger § 49 BGB, Rn. 13; *Hadding* in: Soergel § 49, Rn. 13.

206 So im Ergebnis K. Schmidt AcP 184 (1984), 529, 536ff; *Hadding* in: Soergel § 49, Rn. 13; *Reuter* in: MünchKomm § 49 BGB, Rn. 15; *Weick* in: Staudinger § 49 BGB, Rn. 15; *Schöpflin* in: Bamberger/Roth § 49, Rn. 12.

b) Die Durchführung der Liquidation

Ausgehend von dem Grundsatz, dass die Liquidation dem Schutz der Vereinsgläubiger und der Anfallberechtigten dient,[207] haben die Liquidatoren nach § 49 Abs. 1 S. 1 BGB die laufenden Geschäfte zu beendigen, die Forderungen des Vereins einzuziehen, das übrige Vermögen in Geld umzusetzen, die Gläubiger zu befriedigen und den Überschuss den Anfallberechtigten auszuantworten. Um diese Liquidationsziele zu erreichen, müssen die dafür notwendigen Maßnahmen eingeleitet werden. Im Nachfolgenden sollen diese Abwicklungsmaßnahmen dargestellt werden. Grundvoraussetzung für eine ordnungsgemäße Liquidation ist zunächst die Berufung eines Liquidators oder ggf. mehrerer Liquidatoren.

aa) Die Liquidatoren

Im Rahmen eines Liquidationsverfahrens übernehmen die Liquidatoren[208] vielfältige rechtliche Funktionen und Aufgaben. Die Liquidatoren haben die Rechtsstellung des Vorstands inne, soweit sich nicht aus dem Zwecke der Liquidation anderes ergibt, § 48 Abs. 2 BGB. Ihnen kommt somit eine wesentliche Funktion im Rahmen der Liquidation zu. Grundsätzlich ist der Vereinsvorstand im Falle der Vereinsauflösung auch zum Liquidator berufen, § 48 Abs. 1 S. 1 BGB.[209] Das bis dahin bestehende Vorstandsverhältnis wandelt sich in einem solchen Fall in ein organschaftliches Liquidationsverhältnis.[210] Abweichend von diesem Grundsatz, dass die Liquidation durch den Vorstand erfolgt, können auch andere Personen oder andere Organe für die Liquidation bestellt werden.[211] Dies kann durch entsprechende Satzungsbestimmung geschehen. Sind diese zu Liquidatoren

---

207 *Ellenberger* in: Palandt § 47 BGB, Rn 1; *Weick* in: Staudinger § 47 BGB, Rn. 5; *Schöpflin* in: Bamberger/Roth § 47, Rn. 1.

208 Begrifflich bedeutet eine Liquidation: Abwicklung; dies umfasst die Aufstellung, Gegenüberstellung und Einforderung von Schulden. Im Stadium der Liquidation obliegt es daher den *Liquidatoren*, die Gesellschaft zu führen und sie mit dem Ziel der Abwicklung zu vertreten, vgl. Tilch/Arloth/deutsches Rechts-Lexikon Band II S. 2754; Deutsches Rechtswörterbuch Band 8 S. 1341.

209 Mitunter werden die Vorstandsmitglieder des Vereins auch als die „geborenen" Liquidatoren bezeichnet, so *Korte* in: Münchener Handbuch V § 65, Rn. 24; *Schöpflin* in: Bamberger/Roth § 48, Rn. 2.

210 *Schöpflin* in: Bamberger/Roth § 48, Rn. 2; *Richter* in: Münchener Handbuch V § 118, Rn. 9.

211 *Weick* in: Staudinger § 48 BGB, Rn. 2; „gekorene" Liquidatoren *Schöpflin* in: Bamberger/Roth § 48, Rn. 2.

bestimmten Personen nicht zugleich Vorstandsmitglied, bedarf es neben der Bestellung auch der Annahme des Amtes durch die zu Liquidatoren bestellten Personen. Erst mit der Kenntnisnahme und einer ausdrücklichen oder konkludenten Annahme des Amtes wird die Bestellung wirksam. So kann vermieden werden, dass den „Auserkorenen“ die mit potenziellen Haftungsfolgen verbundene organschaftliche Stellung aufgezwungen wird.[212] Neben der Möglichkeit, mittels Satzung die Liquidatoren zu bestimmen, steht ein solches Bestimmungsrecht auch der Mitgliederversammlung zu, § 27 Abs. 1 i.V.m. § 48 Abs. 2 BGB, die hierüber mit einfacher Stimmenmehrheit beschließen kann.[213] Für die Bestellung der Liquidatoren sind die für die Bestellung des Vorstandes geltenden Vorschriften maßgebend, § 48 Abs. 1 S. 2 HS. 2 BGB, so dass zum Liquidator auch eine juristische Person bestellt werden kann.[214] Letztendlich ist auch eine gerichtliche Bestellung möglich. Unter den Voraussetzungen des § 29 BGB kann das zuständige Amtsgericht für den Liquidationsverein einen Notliquidator bestellen. Bei der gerichtlichen Bestellung ist das Amtsgericht in seiner Entscheidungskompetenz frei. Es ist an keine Vorschläge gebunden. In dem vom Amtsgericht zu erlassenen Bestellungsbeschluss kann die Bestellung für eine bestimmte Aufgabe – wie die Einberufung einer Mitgliederversammlung zur Liquidatorenwahl – oder auf Dauer vorgenommen werden.[215] Eine bestimmte Mindestanzahl an Liquidatoren ist nicht vorgeschrieben.

Das Amt des Liquidators endet grundsätzlich mit der Vollbeendigung des Vereins.[216] Es kann jedoch auch durch eine Abberufung enden. Der Mitgliederversammlung steht das jederzeitige Recht zu, durch einen entsprechenden Beschluss die Liquidatoren abzuberufen, §§ 27 Abs. 2 S. 1, 48 Abs. 2 BGB. Unter Umständen ist es der Liquidator selbst, der sein Amt niederlegen möchte. Dieses Recht steht dem Liquidator zu. Aufgrund der Tatsache, dass eine öffentlich-rechtliche Pflicht zur Durchführung der Liquidation für einen bestellten Liquidator nicht besteht,

---

212 *Korte* in: Münchener Handbuch V § 65, Rn. 29; *Weick* in: Staudinger § 27 BGB, Rn. 10.

213 Reichert/Vereins- und Verbandsrecht, Rn. 4165; *Korte* in: Münchener Handbuch V § 65, Rn. 21.

214 Reichert/Vereins- und Verbandsrecht, Rn. 4160; *Weick* in: Staudinger § 48 BGB, Rn. 2; Stöber/Otto/Vereinsrecht, Rn. 1133; *Reuter* in: MünchKomm § 48 BGB, Rn. 2, der die Berufung einer juristischen Person zum Liquidator aufgrund § 269 Abs. 5 AktG analog für zulässig hält.

215 Reichert/Vereins- und Verbandsrecht, Rn. 4170.

216 Zur Voraussetzung des Erlöschens des Vereins vgl. die Ausführungen unter Teil B II. 1. b).

kann ein Liquidator sein Amt jederzeit ohne Einhaltung einer Frist und ohne Angaben von Gründen niederlegen.[217] Etwas schwieriger stellt sich die Amtsbeendigung in den Fällen dar, in denen der zunächst gewählte Vorstand das Amt des Liquidators übernimmt, es sich also um einen sog. geborenen Liquidator handelt, und dessen reguläre Amtszeit im Laufe des Liquidationsverfahrens endet. Hier stellt sich die Frage, ob mit der Beendigung der Amtszeit als Vorstand gleichzeitig auch das Amt als Liquidator endet. § 48 Abs. 1 S. 1 BGB knüpft für den geborenen Liquidator an seine Vorstandsstellung an. Betrachtet man die Bestellung zum Vorstand und die damit verbundene Stellung als Liquidator nicht isoliert, könnte man zu dem Ergebnis gelangen, dass mit Ablauf der Amtszeit als Vorstand zugleich die Stellung als Liquidator endet.[218] Ein solches Ergebnis dürfte indes wenig praktikabel sein. Zum einen ist bereits zu hinterfragen, ob der in der Satzung festgelegte Amtsturnus des Vorstandes auch für den Liquidator maßgebend sein kann, da hier unterschieden werden muss zwischen dem Vorstand eines werbenden Vereins und dem Amt eines Liquidators eines sich in Liquidation befindenden Vereins. Der Liquidator agiert mit dem Ziel, dass der Verein vollständig abgewickelt wird. Diese Tatsache verdeutlicht, dass man die Wahrnehmung des Liquidatorenamtes und die vorherige Vorstandsstellung getrennt voneinander betrachten muss. Zum anderen dürfte es nicht im Interesse des Liquidationsvereins sein, dass eine etwaige Amtsbeendigung vor Abschluss der Liquidation eintritt. Vielmehr wird ein möglicher Amtsturnus für den Vorstand mit Eintritt in das Liquidationsverfahren obsolet. Zu einer Amtsbeendigung aufgrund des zeitlichen Endes der Amtszeit des (ehemaligen) Vorstandes kommt es daher nicht.[219]

bb) Aufgaben und Pflichten der Liquidatoren

(1) Die Aufgaben der Liquidatoren

Die Aufgaben der Liquidatoren regelt § 49 Abs. 1 BGB. Die Vorschrift beschreibt den Inhalt der Liquidation,[220] wonach die Liquidatoren die laufenden Geschäfte zu beendigen, die Forderungen einzuziehen, das übrige Vermögen in Geld umzusetzen, die Gläubiger zu befriedigen und den Überschuss den Anfallberechtigten auszuantworten haben, § 49 Abs. 1 S. 1 BGB.

---

217 BayObLG NJW-RR 1994, 617; Reichert/Vereins- und Verbandsrecht, Rn. 4180.

218 So *Korte* in: Münchener Handbuch V § 65, Rn. 37.

219 A.A. *Korte* in: Münchener Handbuch V § 65, Rn. 37

220 Beachte die partiell gleichlautenden Parallelen in den §§ 268 AktG, 70 GmbHG, 88 GenG, 149 HGB.

Wie an dem Wortlaut des § 49 Abs. 1 S. 1 BGB unschwer zu erkennen ist, haben die Liquidatoren mehrere Aufgaben zu erfüllen. Die erste inhaltliche Aufgabe der Liquidatoren liegt in der Beendigung der laufenden Geschäfte. Hierbei wird der Begriff der „laufenden Geschäfte“ weit ausgelegt. Der Begriff umfasst nicht nur vor Liquidationsbeginn begründete, aber noch nicht abgewickelte Rechtsbeziehungen, sondern alle Maßnahmen, die notwendig sind, um den Eintritt von Vermögensnachteilen zu verhindern.[221] Dies umfasst auch – wie bereits ausgeführt – die Befugnis, neue Geschäfte zu tätigen, wenn diese der Beendigung schwebender Geschäfte dienen, § 49 Abs. 1 S. 2 BGB. Ziel des Liquidationsverfahrens ist es, die gesamte Geschäftstätigkeit des Liquidationsvereins zu beenden. Die Liquidatoren haben dafür zu sorgen, dass die vollständige Abwicklung der Geschäfte erfolgt. Die Abwicklung der Geschäfte kann für die Liquidatoren z. B. erreicht werden durch Erfüllung, durch Kündigung oder durch Vergleich.[222] Laufende Rechtsstreitigkeiten sind jedoch fortzuführen,[223] sie werden durch den Eintritt in die Liquidation nicht unterbrochen.[224]

Eine weitere Aufgabe der Liquidatoren besteht darin, das Vereinsvermögen in liquide Mittel umzuwandeln. Die Art und Weise, wie das Vereinsvermögen „versilbert“ wird, liegt im pflichtgemäßen Ermessen der Liquidatoren. Stehen dem Verein Geldforderungen zu, die noch nicht fällig sind, müssen diese Forderungen verkauft werden. Die Einziehung von Forderungen darf nur unterbleiben, wenn ein Einziehungsversuch von vornherein – etwa wegen Zahlungsunfähigkeit des Schuldners –, als aussichtslos erscheint.[225] Die Einziehung von Forderungen, sowie die Versilberung des übrigen Vermögens dürfen zudem unterbleiben, wenn dies nicht zur Befriedigung der Gläubiger oder zur Verteilung des Überschusses unter den Anfallberechtigten erforderlich ist, § 49 Abs. 1 S. 3 BGB. Dies kann zum einen der Fall sein, wenn die Gläubiger bereits aus den vorhandenen liquiden Mitteln des Vereins befriedigt werden können oder zur Entgegennahme von Gegenständen des Vereinsvermögens an Erfüllung statt bereit sind. Zum anderen kann die Veräußerung von Sachvermögen unterbleiben, wenn die Anfallberechtigten den Liquidationsüberschuss in Natur übernehmen

221 RGZ 72, 236, 240; 146, 376, 378; *Reuter* in: MünchKomm § 49 BGB, Rn. 2.

222 *Hadding* in: Soergel § 49, Rn. 3; *Weick* in: Staudinger § 49 BGB, Rn 4; *Schöpflin* in: Bamberger/Roth § 49, Rn. 7.

223 BGH NJW 1979, 1592; *Schöpflin* in: Bamberger/Roth § 49, Rn. 7; *Weick* in: Staudinger § 49 BGB, Rn 4.

224 *Ellenberger* in: Palandt § 49 BGB, Rn. 1; *Schöpflin* in: Bamberger/Roth § 49, Rn. 7.

225 *Reuter* in: MünchKomm § 49 BGB, Rn. 5; *Weick* in: Staudinger § 49 BGB, Rn 6.

wollen.[226] Beweispflichtig dafür, dass ein solcher Ausnahmetatbestand vorliegt, sind die Liquidatoren.[227]

Aufgabe der Liquidatoren ist es auch, die Vereinsgläubiger zu befriedigen. Dabei kann mit der Befriedigung der Gläubiger bereits begonnen werden, bevor das Vermögen vollständig in Geld umgesetzt ist.[228] Sämtliche Verbindlichkeiten sind zu tilgen, sei es durch Erfüllung, Aufrechnung oder sonstige Erfüllungssurrogate. Meldet sich ein bekannter Gläubiger nicht, so ist der geschuldete Betrag für den Gläubiger zu hinterlegen, § 52 Abs. 1 BGB. Ist die Tilgung einer Verbindlichkeit vorübergehend nicht möglich oder ist eine Verbindlichkeit streitig, so darf das Vermögen den Anfallberechtigten nur ausgeantwortet werden, wenn dem Gläubiger Sicherheit geleistet ist, § 52 Abs. 2 BGB. Kommt es zu einer Zahlungsunfähigkeit oder der Überschuldung des Liquidationsvereins, haben die Liquidatoren nach § 42 Abs. 2 BGB die Eröffnung des Insolvenzverfahrens zu beantragen. Als letzte Aufgabe haben die Liquidatoren nach Befriedigung der Gläubiger und nach Ablauf des Sperrjahres (§ 51 BGB) den Liquidationsüberschuss an die Anfallberechtigten auszuantworten.

(2) Die Pflichten der Liquidatoren

Die Liquidatoren haben nicht nur die zuvor beschriebenen Aufgaben zu erfüllen, sie haben auch die in den §§ 50, 51, 52 BGB festgelegten Pflichten zu erfüllen. Diese Pflichten beinhalten, dass die Liquidatoren die Auflösung des Vereins unverzüglich[229] öffentlich bekannt machen und die Gläubiger zur Anmeldung ihrer Ansprüche auffordern, § 50 Abs. 1 S. 1, 2 BGB.[230] Die öffentliche Bekanntmachung dient dem Schutz der Gläubiger. Problematisch ist in diesem Zusammenhang die Frage, ob die Bekanntmachung nach § 50 BGB unterbleiben darf, wenn der Verein nachweislich vermögenslos ist, das heißt, wenn kein verteilbares Vermögen mehr vorhanden ist und eine Gläubigerbefriedigung nicht stattfinden wird. Zum Teil werden in diesem Fall eine öffentliche Bekanntmachung und eine Mitteilung an die Gläubiger als entbehrlich angesehen, da bereits der bezweckte Gläubigerschutz nicht mehr erreicht werden

226 *Reuter* in: MünchKomm § 49 BGB, Rn. 5; *Korte* in: Münchener Handbuch V § 65, Rn. 81.
227 BGH WM 1977, 617, 618.
228 *Weick* in: Staudinger § 49 BGB, Rn 8.
229 *Hadding* in: Soergel § 50, Rn. 1; *Schöpflin* in: Bamberger/Roth § 50, Rn. 2.
230 Die Vorschrift des § 50 BGB findet sich in ähnlicher Form bei allen Vereinstypen wieder, beachte die §§ 267 AktG, 65 Abs. 2 GmbHG, 82 Abs. 2 GenG.

könne.[231] Dieser Ansicht ist jedoch nicht zu folgen. Eine Pflicht zur Bekanntmachung besteht auch dann, wenn der Verein vermögenslos ist. Die Gläubiger haben ein schützenswertes Interesse daran, die behauptete Vermögenslosigkeit des Vereins überprüfen zu können.[232] Zudem würde bei einem Verzicht auf die Bekanntmachung der Liquidation bereits zum Beginn des Liquidationsverfahrens ein wesentliches Ergebnis der Liquidation vorweggenommen, nämlich die Feststellungen der Liquidatoren über die tatsächliche Vermögenssituation des Vereins.[233] Der mit der Bekanntmachung der Liquidation verbundene Aufwand kann auch nicht als unzumutbar angesehen werden,[234] vielmehr ist die Bekanntmachung erforderlich, um eine geordnete und allen Interessen gerecht werdende Liquidation zu gewährleisten.

Ungeachtet der Erforderlichkeit der Bekanntmachung sind *bekannte* Gläubiger nach § 50 Abs. 2 BGB durch besondere Mitteilung zur Anmeldung ihrer Ansprüche aufzufordern. Als „bekannt" i.S. dieser Vorschrift gelten Gläubiger, deren Identität sowie deren Ansprüche nach dem Grunde und im Wesentlichen nach ihrem Umfang mindestens einem Liquidator positiv bekannt sind.[235] Weiterhin sind auch die Gläubiger zu benachrichtigen, die sich eines Anspruchs gegen den Verein berühmen und substantiiert einen von dem Verein bestritten Anspruch behaupten.[236] Unterlassen es die Gläubiger, auf die allgemeine Aufforderung des § 50 Abs. 1 BGB oder auf die besondere Mitteilung des § 50 Abs. 2 BGB ihre (angeblichen) Ansprüche anzumelden, verlieren sie ihre Ansprüche nicht. Durch die Aufforderung bzw. Mitteilung entfalten sich keine Ausschlusswirkungen.[237] Vor allem für unbekannte Gläubiger drohen jedoch Beeinträchtigungen, da nach ordnungsgemäßer Ausantwortung des

231 *Schöpflin* in: Bamberger/Roth § 50, Rn. 1; Stöber/Otto/Vereinsrecht, Rn. 1148; Reichert/Vereins- und Verbandsrecht, Rn. 4218, der darauf hinweist, dass bei den Gläubigern nutzlose Hoffnungen geweckt werden.

232 *Reuter* in: MünchKomm § 50 BGB, Rn. 1; *Weick* in: Staudinger § 50, BGB Rn 6; *Ellenberger* in: Palandt § 50 BGB, Rn. 1.

233 *Korte* in: Münchener Handbuch V § 65, Rn. 72.

234 So Reichert/Vereins- und Verbandsrecht, Rn. 4218, der durch eine Bekanntmachung „nur unnötige Kosten" verursacht sieht.

235 *Reuter* in: MünchKomm § 50 BGB, Rn. 4; *Hadding* in: Soergel § 50, Rn. 3; *Schöpflin* in: Bamberger/Roth § 50, Rn. 4; die GmbH betreffend RGZ 92, 77, 80.

236 *Weick* in: Staudinger § 50 BGB, Rn 3; *Reuter* in: MünchKomm § 50 BGB, Rn. 5; *Schöpflin* in: Bamberger/Roth § 50, Rn. 4; *K. Schmidt* ZIP 1981, 1, 2.

237 *Hadding* in: Soergel § 50, Rn. 4; *Reuter* in: MünchKomm § 50 BGB, Rn. 6; *Schöpflin* in: Bamberger/Roth § 50, Rn. 3.

„Überschusses" an die Anfallberechtigten der ersatzlose Wegfall ihres Schuldners eintritt.[238]

Darüber hinaus besteht für die Liquidatoren nach § 52 BGB die gesetzliche Pflicht,[239] Forderungen von Gläubigern, die aus bestimmten Gründen nicht befriedigt werden können, zu sichern. Nach § 52 Abs. 1 BGB ist der geschuldete Betrag zu hinterlegen, wenn sich der bekannte Gläubiger nicht meldet und die Berechtigung zur Hinterlegung vorhanden ist. Mit dieser Sicherstellungspflicht wird bewirkt, dass die Liquidation durch Schlussverteilung zum Abschluss gebracht werden kann.[240] Die Sicherstellung der Schlussverteilung wird somit durch Hinterlegung des geschuldeten Betrages (§ 52 Abs. 1 BGB) oder durch Leistung einer Sicherheit (§ 52 Abs. 2 BGB) gewährleistet.

cc) Schadensersatzpflicht der Liquidatoren

Wie bereits dargelegt, sind die Liquidatoren gegenüber dem Liquidationsverein zur ordnungsgemäßen Durchführung der Liquidation verpflichtet. Aus dieser Pflicht erwächst jedoch den Gläubigern kein Anspruch auf Durchführung der Liquidation. Eine rechtliche Sonderverbindung zwischen Gläubigern und Liquidatoren besteht nicht.[241] Im Interesse des Gläubigerschutzes werden jedoch die gegenüber dem Verein bestehenden Pflichten mit einer Schadensersatzhaftung der Liquidatoren gegenüber den Gläubigern sanktioniert.[242] Verstoßen die Liquidatoren gegen ihre Pflichten, haften sie den Gläubigern des Vereins gem. § 53 BGB als Gesamtschuldner. Eine Haftung tritt demnach immer dann ein, wenn die Liquidatoren eine der ihnen obliegenden Pflichten aus § 42 Abs. 2 BGB oder den §§ 50, 51, 52 BGB verletzen oder vor Befriedigung der Gläubiger das Vermögen an die Anfallberechtigten auskehren.

Die Haftung erfordert Verschulden des einzelnen Liquidators.[243] Da die Liquidatoren stets eigenverantwortlich ihre Aufgaben erfüllen, können sie sich gegenüber

---

238 *Reuter* in: MünchKomm § 50 BGB, Rn. 6; Reichert/Vereins- und Verbandsrecht, Rn. 4234; *Hadding* in: Soergel § 50, Rn. 4; *Schöpflin* in: Bamberger/Roth § 50, Rn. 3.

239 Beachte die parallelen Vorschriften in den §§ 272 Abs. 2, 3 AktG, 73 Abs. 2 GmbHG, 90 Abs. 2 GenG.

240 Reichert/Vereins- und Verbandsrecht, Rn. 4270.

241 *Weick* in: Staudinger § 53 BGB, Rn 2; *Schöpflin* in: Bamberger/Roth § 53, Rn. 1; *Reuter* in: MünchKomm § 53 BGB, Rn. 1.

242 *Schöpflin* in: Bamberger/Roth § 53, Rn. 1; *Reuter* in: MünchKomm § 53 BGB, Rn. 1; es handelt sich um einen Sonderfall einer Deliktshaftung ent-sprechend § 823 Abs. 2 BGB, Reichert/Vereins- und Verbandsrecht, Rn. 4319.

243 Vom Gläubiger zu beweisendes Verschulden, *Reuter* in: MünchKomm- § 53 BGB, Rn. 2.

den Gläubigern nicht darauf berufen, auf Weisung oder mit Zustimmung der Mitgliederversammlung gehandelt zu haben.[244] Der Umfang der Schadensersatzpflicht wird durch die Höhe der ausgefallenen Forderung und des pflichtwidrig übertragenen Vereinsvermögens bestimmt.[245] Verstoßen die Liquidatoren vor Befriedigung der Gläubiger gegen die §§ 50, 51, 52 BGB oder gegen das Verbot der Verteilung, ist die Ausantwortung an die Anfallberechtigten rechtsgrundlos erfolgt. In einem solchen Fall besteht wegen rechtsgrundloser Auskehrung von Vereinsvermögen gegen die Anfallberechtigten ein Bereicherungsanspruch des Liquidationsvereins, dessen Liquidation in diesem Fall noch nicht beendet ist.[246] Im Rahmen der Schadensfeststellung muss daher einbezogen werden, dass zwar nicht mehr auf das ursprünglich vor der Verteilung vorhandene Vermögen, wohl aber – etwa im Wege der Pfändung – auf die Bereicherungsansprüche des Vereins zugegriffen werden kann, wodurch unter Umständen ein Schaden ausgeschlossen oder doch wenigstens gemindert wäre.[247]

Ferner besteht für die Gläubiger die Möglichkeit, den Anspruch aus § 53 BGB durch einen vorbeugenden Unterlassungsanspruch gegen den Liquidationsverein oder die Liquidatoren nach § 1004 BGB analog zu ergänzen. So kann dem Liquidationsverein oder den Liquidatoren untersagt werden, pflichtwidrig das Vereinsvermögen zu verteilen.[248] Ferner können die Gläubiger gegen den Liquidationsverein oder die Liquidatoren eine einstweilige Verfügung nach § 935 ZPO auf Unterlassung der pflichtwidrigen Vermögensverteilung erwirken, wobei sich der Verfügungsanspruch aus den §§ 53, 1004 BGB ergibt.[249]

Meldet sich ein Gläubiger nach ordnungsgemäßer Liquidation, so ist sein Anspruch zwar nicht erloschen, jedoch hat der Gläubiger keinen Schuldner mehr, da mit dem Ende der Schlussverteilung, mithin der Auskehrung, auch der Liquidationsverein erloschen ist. In diesem Fall kann sich der Gläubiger weder an die Anfallberechtigten richten, da das Vereinsvermögen mit Rechtsgrund erlangt worden

244 Reichert/Vereins- und Verbandsrecht, Rn. 4322.

245 *Korte* in: Münchener Handbuch V § 65, Rn. 103; Reichert/Vereins- und Verbandsrecht, Rn. 4323.

246 OLG Düsseldorf ZIP 2004, 1809.

247 So *Reuter* in: MünchKomm § 53 BGB, Rn. 3; dem folgend *Weick* in: Staudinger § 53 BGB, Rn 5; a.A. *K. Schmidt* ZIP 1981, 1, 9; *Schöpflin* in: Bamberger/Roth § 53, Rn. 3.

248 *Reuter* in: MünchKomm § 53 BGB, Rn. 1; *Weick* in: Staudinger § 53 BGB, Rn 7; a.A. *Hadding* in: Soergel § 53, Rn. 2, gegenüber dem Liquidationsverein soll kein Unterlassungsanspruch bestehen, da mit den §§ 50ff. BGB nur Organpflichten statuiert würden.

249 *Schöpflin* in: Bamberger/Roth § 53, Rn. 5; *Reuter* in: MünchKomm § 53 BGB, Rn. 1.

ist,[250] noch bestehen Ansprüche gegen den Verein oder die Liquidatoren, weil sich diese rechtmäßig verhalten haben. Der Gläubiger geht also leer aus.

c) Die Nachtragsliquidation

Der Fall einer sog. Nachtragsliquidation erfasst solche Sachverhalte, bei denen sich nach Abschluss des Liquidationsverfahrens und nach Löschung des Vereins im Vereinsregister herausstellt, dass der Verein lediglich in der irrtümlichen Annahme, er sei vermögenslos, gelöscht worden ist, sich in Wirklichkeit aber noch verteilbares Vermögen in der Liquidationsmasse befindet. In diesem Fall wird die Liquidation wieder aufgenommen.[251] Eine ausdrückliche Regelung zur sog. Nachtragsliquidation sieht das BGB nicht vor. Gleichwohl ist das rechtliche Erfordernis der Nachtragsliquidation anerkannt und wird durch analoge Anwendung der einschlägigen Vorschriften für Kapitalgesellschaften, wie §§ 273 Abs. 4 AktG, 66 Abs. 5 GmbHG, begründet.[252] Für die Nachtragsliquidation besteht der Liquidationsverein bis zur Beendigung der Nachtragsliquidation fort.[253] Eine Nachtragsliquidation hat sogar dann stattzufinden, wenn zwar kein Liquidationsbedarf, wohl aber noch Handlungsbedarf besteht. Dies umfasst nachträgliche Abwicklungsmaßnahmen, wie die Beseitigung formaler Rechtspositionen gegenüber dem Grundbuchamt, dem Finanzamt, früheren Arbeitnehmern, sowie die Erteilung von Arbeitszeugnissen oder die Durchführung einer steuerlichen Betriebsprüfung.[254] Ist der Verein nach Beendigung der Liquidation bereits aus dem Vereinsregister gelöscht worden, so lebt die Vertretungsbefugnis der früheren Liquidatoren nicht ohne weiteres wieder auf, sondern das Registergericht hat in entsprechender Anwendung des § 273 Abs. 4 AktG auf Antrag die bisherigen oder andere Liquidatoren neu zu bestellen, wobei die Auswahl seinem pflichtgemäßen Ermessen unterliegt.[255]

---

250 RGZ 124, 210, 213; vgl. hierzu die Ausführungen von *Weick* in: Staudinger § 51 BGB, Rn 5.

251 RG HRR 1930, Nr. 734; RG 77, 387, 391; OLG Düsseldorf NJW 1966, 1035.

252 *Reuter* in: MünchKomm § 49 BGB, Rn. 19; *Hadding* in: Soergel § 49, Rn. 15; *Korte* in: Münchener Handbuch V § 65, Rn. 106.

253 *Hadding* in: Soergel § 49, Rn. 15; Stöber/Otto/Vereinsrecht, Rn. 1155.

254 BayObLG BB 1984, 446, 447; OLG Hamm BB 1987, 294; *Reuter* in: MünchKomm § 49 BGB, Rn. 19; *Hadding* in: Soergel § 49, Rn. 15.

255 Für die GmbH: BGH NJW 1970, 1044; *Reuter* in: MünchKomm § 49 BGB, Rn. 19; a.A. *Hadding* in: Soergel § 49, Rn. 15; Stöber/Otto/Vereinsrecht, Rn. 1155 nach denen die Bestellung der Nachtragsliquidatoren nicht auf § 273 Abs. 4 AktG analog, sondern auf die §§ 48 Abs. 1 S. 2, 29 gestützt wird.

C. Der Vermögensanfall bei der Stiftung

Soweit man sich nun den grundsätzlichen Fragen des Vermögensanfalls bei der Stiftung annehmen will, bedarf es zunächst einer Auseinandersetzung mit den gesetzlichen Grundlagen des Stiftungsrechts. Dies beinhaltet die Darlegung der Wesensmerkmale einer Stiftung und die Erläuterung ihrer verschiedenen Erscheinungsformen. Im darauffolgenden Schritt soll abermals der Vermögensanfall nach den gesetzlichen Bestimmungen und Auflösungsgründen erfasst werden.

I. Allgemeines

1. Begriffsbestimmung

Im allgemeinen Sprachgebrauch existiert kein einheitlicher Stiftungsbegriff. Auch das BGB hält keine Legaldefinition bereit. In Literatur und Rechtsprechung hat sich mittlerweile ein einheitlicher Begriff herausgebildet, wonach eine rechtsfähige Stiftung verstanden wird als ein selbstständiger, nicht auf einem Personenverband beruhender Rechtsträger, welcher bestimmte, durch ein Stiftungsgeschäft festgelegte Zwecke mit Hilfe eines ihm dazu dauerhaft gewidmeten Vermögens verfolgt.[256]

Die von der Judikatur und dem Schrifttum gewählte Begriffsbestimmung verdeutlicht, dass die Stiftung aufgrund ihrer Mitgliederlosigkeit in einem Gegensatz zu der Körperschaft und Gesellschaft bürgerlichen Rechts steht. Zwar verbindet die Stiftung mit der Körperschaft und der Gesellschaft die Ausrichtung auf einen bestimmten Zweck. Der maßgebliche Unterschied wird aber insbesondere bei der Bestimmung des Substrates der Organisation deutlich.[257] Während eine

256 BayObLG NJW 1973, 249; BVerwG NJW 1998, 2545, 2546; Hopt/Reuter/Stiftungsrecht in Europa S. 109; *Hüttemann/Rawert* in: Staudinger vor § 80 BGB, Rn. 1; *Reuter* in: MünchKomm vor § 80 BGB, Rn. 51; Pues/Scheerbarth/Gemeinnützige Stiftungen S. 1; *v. Campenhausen* in: Seifart/v. Campenhausen § 1, Rn. 6; Ebersbach/Handbuch des Stiftungsrechts, S. 15; zudem *Mecking* in: Werner/Saenger/Die Stiftung, Rn. 112, der den Begriff der Stiftung gar als „schillernd" bezeichnet.

257 *Reuter* in: MünchKomm vor § 80 BGB, Rn. 51.

Personenvereinigung aus einem *personalen Substrat* besteht und in der Lage ist, sich selbst einen Vereinigungszweck zu setzen und diesen Zweck jederzeit abzuändern, tritt bei der Stiftung an die Stelle des personalen Substrates das *Stiftungsvermögen.* Der Wille des Stifters trägt den Zweck der Stiftung dem Grunde nach. Der Zweck ist nur nach den Voraussetzungen des gesetzlichen Zweckänderungstatbestandes des § 87 BGB abänderlich.[258] Auch wenn die jeweiligen Destinatäre[259] durch die von der Stiftung betriebene Zweckverfolgung begünstigt werden, indem sie etwa Zuwendungen von der Stiftung erhalten, sind Destinatäre keine Stiftungsmitglieder und nehmen auch keine vergleichbare Stellung ein.[260] Sie sind im Ergebnis lediglich Nutznießer des Stiftungsvermögens.[261]

2. Wesensmerkmale

Ausgehend von der oben genannten Definition des Stiftungsbegriffes, wonach die Stiftung eine rechtsfähige, nicht verbandsmäßige organisierte juristische Person ist, die bestimmte per Stiftungsgeschäft festgelegte Zwecke mit Hilfe eines Vermögens verfolgt, das diesen Zwecken dauerhaft gewidmet ist,[262] beinhaltet diese Definition, dass die wesentlichen Merkmale einer Stiftung der *Stiftungszweck*, das

---

258 Vgl. *Hüttemann/Rawert* in: Staudinger vor § 80 BGB, Rn. 2, die darauf hinweisen, dass die Stiftung und ihr Zweck dem Grunde nach von natürlichen oder juristischen Personen als Träger gelöst sind und nach der Definition der Rspr. eine „reine Verwaltungsorganisation" bilden, „mit deren Hilfe der vom Stifter gewollte Zweck verwirklicht wird", vgl. BGH NJW 1987, 2364, 2365; Enneccerus/Nipperdey/BGB AT, S. 717; beachte jedoch auch *Reuter* in: MünchKomm vor § 80 BGB, Rn. 51, der darauf hinweist, dass der zuvor erörterte Stiftungsbegriff und die Frage nach der Bindung des Stiftungszwecks durch den Stifter in neuerer Zeit in Zweifel gezogen worden ist. Im Ergebnis seien diese Zweifel jedoch unbegründet, so dass dem herrschenden Stiftungsbegriff weiterhin gefolgt wird.

259 Dieser Begriff stammt von dem lateinischen Verb destinare=„ausersehen" ab, so dass nach der juristischen Diktion ein Bezugsberechtigter oder Genussberechtigter so bezeichnet wird, vgl. Tilch/Arloth/deutsches Rechts-Lexikon Band I S. 1051.

260 Hopt/Reuter/Stiftungsrecht in Europa, S. 110; *Hüttemann/Rawert* in: Staudinger vor § 80 BGB, Rn. 2.

261 BGH NJW 1987, 2364, 2365; Hopt/Reuter/Stiftungsrecht in Europa S. 110; *Hüttemann/Rawert* in: Staudinger vor § 80 BGB, Rn. 2.

262 BayObLG NJW 1973, 249; BVerwG NJW 1998, 2545, 2546; Hüttemann/*Rawert* in: Staudinger vor § 80 BGB, Rn. 1.

Stiftungsvermögen und die *Stiftungsorganisation* sind.[263] Diese für die Stiftung wesentlichen Merkmale sollen zunächst kurz inhaltlich dargestellt werden.

a) Stiftungszweck

Der Stiftungszweck ist das bestimmende und zentrale Element der Stiftung. Er konkretisiert den Stifterwillen, was unmittelbar dazu führt, dass der Stiftungszweck die „Marschroute" der Stiftung vorgibt. Der Stiftungszweck bildet insoweit die Leitlinie für die gesamte künftige Stiftungstätigkeit.[264] Mitunter wird deshalb auch zutreffend vom Stiftungszweck als die „Seele" der Stiftung gesprochen.[265]

Festgelegt wird der Stiftungszweck im Rahmen des Stiftungsgeschäfts und der Stiftungssatzung. Nach dem Gesetz zur Modernisierung des Stiftungsrechts[266] hat der Stiftungszweck auch gesetzlich als Strukturmerkmal Einzug gehalten, soweit § 81 Abs. 1 S. 2 BGB bestimmt, dass das Stiftungsgeschäft die verbindliche Erklärung des Stifters enthalten muss, ein Vermögen zur Erfüllung eines von ihm vorgegebenen Zweckes zu widmen.[267] Hinzu tritt die in § 80 Abs. 1 S. 3 BGB ausdrücklich festgelegte Verpflichtung, dass die Stiftung durch das Stiftungsgeschäft eine Satzung erhalten muss, die sich auch zum Stiftungszweck verhält.

Interessanterweise haben die Motive zum ersten Entwurf des BGB Stiftungen noch als „durch Verfügung des Stiftenden einem gewissen Zweck gewidmete und diesem Behufe[268] selbstständig gestellte Vermögen" bezeichnet, ohne jedoch mögliche Zweckbestimmungen näher zu umschreiben.[269] Erst in der weiteren Beratung wurde eine staatliche Genehmigungshürde eingebaut, die zur notwendigen

263 Vgl. Ebersbach/Handbuch des Stiftungsrechts S. 16; *v. Campenhausen* in: Seifart/v. Campenhausen § 1, Rn. 6; *Hüttemann/Rawert* in: Staudinger vor § 80 BGB, Rn. 4; Hopt/Reuter/Stiftungsrecht in Europa S. 112; *Ellenberger* in: Palandt vor § 80 BGB, Rn. 6ff; *O. Werner* in: Erman vor § 80, Rn. 7.

264 *v. Campenhausen* in: Seifart/v. Campenhausen § 1, Rn. 9; *Hüttemann/Rawert* in: Staudinger vor § 80 BGB, Rn. 5.

265 Ebersbach/Handbuch des Stiftungsrechts S. 16; *v. Campenhausen* in: Seifart/v. Campenhausen § 1, Rn. 9; *Hüttemann/Rawert* in: Staudinger vor § 80 BGB, Rn. 5; oder als „Herzstück" bezeichnet, vgl. *Hof* in: Seifart/v. Campenhausen § 7, Rn. 1.

266 Das Gesetz vom 15.07.2002, BGBl I, 2634ff., welches am 01.10.2002 in Kraft getreten ist.

267 Anders noch § 80 BGB a.F., der nur auf die Rechtsfähigkeit von Stiftungen verwies.

268 Der Begriff „Behufe" wurde im älteren Sprachgebrauch verwendet und wird in der Verbindung zu dem (zum) Behuf als „zu dem Zweck" verstanden.

269 Motive zum Allgemeinen Theile, Mugdan Band I S. 396; zudem rechtshistorisch erklärend vgl. *Pennitz* in: HKK §§ 80–89 BGB S. 293, Rn. 23.

Überprüfung führen soll, „ob im Einzelfall der Stiftungszweck die Schaffung eines selbstständigen Zweckvermögens auf längere Zeit hinaus zu rechtfertigen geeignet sei".[270] Dabei wird zudem deutlich, dass der Stiftungszweck von dem Element der *Dauerhaftigkeit* geprägt ist. Die Dauerhaftigkeit ist somit auch ein Kennzeichen des Stiftungszwecks.[271]

An das Merkmal der Dauerhaftigkeit ist allerdings nicht das Erfordernis der Ewigkeit bzw. die inhaltliche Aussage geknüpft, dass die Stiftung nicht nur für eine bestimmte Zeit bestehen dürfe.[272] Die Errichtung einer zeitlich begrenzten Stiftung ist grundsätzlich möglich.[273] Die Dauer ist allerdings so bemessen, dass „die rechtliche Verselbstständigung der Zweckverfolgung in einer von ihren Promotoren getrennten Organisation erforderlich erscheint".[274] Das Merkmal der „Dauerhaftigkeit" der Zweckverfolgung verdeutlicht, dass sich die Stiftung – im Gegensatz zum Verein – gerade dadurch auszeichnet, dass eine autonome Zweckänderung durch ein Stiftungsorgan grundsätzlich nicht möglich ist.[275]

Bezüglich der Auswahl des Stiftungszwecks als solchen ist der Stifter autonom. In Rechtsprechung und Literatur ist das Prinzip der „gemeinwohlkonformen Allzweckstiftung",[276] das nach dem Gesetz zur Modernisierung des Stiftungsrechts

---

270 Protokolle zum Allgemeinen Theile, Mugdan Band I S. 660; *Pennitz* in: HKK §§ 80–89 BGB S. 294, Rn. 23.

271 *O. Werner* in: Erman vor § 80, Rn. 8; *Reuter* in: MünchKomm vor § 80 BGB, Rn. 56; *Ellenberger* in: Palandt vor § 80 BGB, Rn. 6; BT-Drucks. 14/8765, S. 13.

272 *O. Werner* in: Erman vor § 80, Rn. 23; *Reuter* in: MünchKomm vor § 80 BGB, Rn. 57; *Stumpf* in: Stumpf/Suerbaum/Schulte/Pauli/Stiftungsrecht B 2. Kapitel § 80, Rn. 46.

273 So die h.M. *Backert* in: Bamberger/Roth § 80, Rn. 4; *Neuhoff* in: Soergel vor § 80 BGB, Rn. 13; *Hüttemann/Rawert* in: Staudinger § 81 BGB, Rn. 46; a.A. *Muscheler* FS O. Werner S. 129, 135, der eine zeitliche Befristung mangels einer § 74 Abs. 2 BGB vergleichbaren Regelung in den §§ 80ff. BGB für unzulässig hält und im Ergebnis ablehnt.

274 *Reuter* in: MünchKomm vor § 80 BGB, Rn. 57, der als Argumentationsstütze die Gesetzesbegründung heranzieht, in der es heißt, die Zweckerfüllung könne „auf eine längere Dauer gerichtet, aber dennoch mit einem zeitlichen Ende verbunden sein", vgl. BT-Drucks. 14/8765, S. 8, sowie *Backert* in: Bamberger/Roth § 80, Rn. 4.

275 Flume/Juristische Person S. 31; *Reuter* in: MünchKomm vor § 80 BGB, Rn. 58, der zu dem Ergebnis kommt, dass, wenn man „den Zweck zur Disposition eines Organs oder Trägers stellt, man aus der Stiftung einen Verein oder eine (privatrechtlich unzulässige) Anstalt macht"; a.A. *Backert* in: Bamberger/Roth § 80, Rn. 4; *Neuhoff* in: Soergel vor § 80 BGB, Rn. 13.

276 Vgl. hierzu *Reuter* in: MünchKomm vor § 80 BGB, Rn. 48–50.

auch im Wortlaut des § 80 Abs. 2 BGB seinen Ausdruck gefunden hat, anerkannt. Demnach darf jeder Zweck verfolgt werden, solange und soweit er nicht gesetzeswidrig ist oder das Gemeinwohl gefährdet. Das Charakteristikum der Gemeinwohlkonformität beinhaltet allerdings nicht, dass der vom Stifter festgelegte Zweck auch *gemeinnützig* ist oder sein muss.[277] Vielmehr kann der Stifter der Stiftung jeden Zweck geben, den das Gesetz nicht verbietet. Der Stiftungszweck darf im Ergebnis lediglich das Gemeinwohl nicht gefährden.[278] Dem Stifter bleibt es also unbenommen, einen Stiftungszweck zu wählen, der in rechtmäßiger Weise nicht ausschließlich der Allgemeinheit, sondern privatnützigen Interessen des Stifters dient (z. B. die Förderung und Unterstützung von Familienangehörigen des Stifters).

Trotz der Normierung der Allzweckstiftung und dem damit verbundenen breiten Spektrum möglicher Stiftungszwecke muss der Stifter bei der Wahl des Stiftungszweckes Grenzen beachten, auch um eine uferlose Zweckneutralität zu vermeiden.

Eben diese Grenze überschreitet die sog. „Selbstzweckstiftung", die einhellig als unzulässig angesehen wird.[279] Unter einer Selbstzweckstiftung wird eine Stiftung verstanden, die nur dem Zwecke dient, ihr eigenes Grundstockvermögen zu erhalten und zu mehren, also keinen darüber hinaus gehenden Zeck verfolgt.[280] Da das Stiftungsvermögen „nicht nur sich selbst und damit seiner eigenen Perpetuierung, sondern einem *außerhalb* seiner selbst liegenden Zweck gewidmet" sein sollte, ist das Konstrukt der „Selbstzweckstiftung" nicht mit dem geltenden Stiftungsbegriff vereinbar.[281]

---

277 *Hüttemann/Rawert* in: Staudinger vor §§ 80–88 BGB, Rn. 7; *Hof* in: Seifart/v. Campenhausen § 7, Rn. 61; *Wochner* MittRhNotK 1994, 89, 91; *Nissel* in Werner/Saenger/Die Stiftung Rn. 211; beachte jedoch Andrick/Suerbaum/Stiftung und Aufsicht § 2, Rn. 9, die die Begriffswahl in Bezug auf die gesetzlichen Vorgaben als irritierend und unscharf bezeichnen.

278 *Backert* in: Bamberger/Roth § 80, Rn. 5; *Hof* in: Seifart/v. Campenhausen § 7, Rn. 61; kritisch *Muscheler* NJW 2003, 3161, 3166, der nach intensiver Prüfung der gesetzlich normierten Gemeinwohlgefährdung zu dem Ergebnis kommt, dass die §§ 80 Abs. 2, 87 Abs. 1 BGB, soweit es in ihnen um die Gefährdung des Gemeinwohls geht, „rechtspolitisch verfehlt und verfassungswidrig" sind.

279 *Backert* in: Bamberger/Roth § 80, Rn. 5; *Reuter* in: MünchKomm vor § 80 BGB, Rn. 60, *Hüttemann/Rawert* in: Staudinger vor §§ 80–88 BGB, Rn. 150; *Hof* in: Seifart/v. Campenhausen § 7, Rn. 58; *Nissel* in Werner/Saenger/Die Stiftung, Rn. 209; Bericht der Bund-Länder-Arbeitsgruppe Stiftungsrecht, Abschnitt G I, S. 37; *Nietzer/Stadie* NJW 2000, 3457; a.A. *Beuthien* in: Münchener Handbuch V § 77, Rn. 30; Schewe/Diss S. 107.

280 Vgl. *Hüttemann/Rawert* in: Staudinger vor §§ 80–88 BGB, Rn. 150.

281 *Backert* in: Bamberger/Roth § 80, Rn. 5; *Hüttemann/Rawert* in: Staudinger vor §§ 80–88 BGB, Rn. 8; *Hof* in: Seifart/v. Campenhausen § 7, Rn. 58; *Saenger* in Werner/

Ebenfalls unzulässig ist die „Stiftung für den Stifter". Hierunter versteht man eine Stiftung, die ausschließlich dem Stifter selbst zugutekommen soll. Ein solcher Stiftungszweck ist nicht zulässig, da der Stiftungszweck zumindest aus der Sicht des Stifters uneigennützigen oder fremdnützigen Charakter haben muss.[282] Das Konstrukt der „Stiftung für den Stifter" beinhaltet jedoch nur einen einzigen Destinatär, nämlich den Stifter selbst. Diese rein egoistische Motivation ist mit dem Gedanken eines uneigennützigen oder fremdnützigen Zweckes nicht vereinbar. Die Rechtsform der Stiftung darf nicht dazu missbraucht werden, einem Stifter zu ermöglichen, sich als einzigen Destinatär zu bestimmen und damit dauerhaft selbst zu beschenken.

Die vorangegangenen Ausführungen verdeutlichen, dass bei der Beurteilung der Zulässigkeit eines Stiftungszwecks zwischen dem Stiftungszweck als solchen einerseits und den Motiven der Errichtung einer Stiftung andererseits unterschieden werden muss.[283]

b) Stiftungsvermögen

Ein weiteres wesentliches Element der Stiftung ist das Stiftungsvermögen. Erst das Stiftungsvermögen als „materielle Basis" ermöglicht es der Stiftung, ihren Zweck zu verfolgen und zu erfüllen. Im Unterschied zum Verein, der bei der Zweckverfolgung auf „personelle Mittel" in Form seiner Mitglieder zurückgreifen und damit auch ohne eigenen Vermögenseinsatz den Zweck des Vereins erreichen könnte, ist eine Stiftung bei der Zweckverfolgung zwingend auf das Stiftungsvermögen angewiesen. Dementsprechend müssen sich Art und Umfang der Vermögensausstattung an dem jeweiligen Stiftungszweck orientieren, da vom Stiftungszweck letztlich der „Mittelbedarf" abhängt, der erforderlich ist, um überhaupt tätig werden zu können.[284]

Saenger/Die Stiftung, Rn. 181; ausdrücklich klarstellend im Bericht der Bund-Länder-Arbeitsgruppe Stiftungsrecht, Abschnitt G I, S. 37, in dem es zusammengekürzt lautet: „.... aufgrund des Wesens der Stiftung ... ausgeschlossen ..."; *Riemer* in Hopt/Reuter/Stif-tungsrecht in Europa, S. 517 bezeichnet ein solches Konstrukt gar als sog. „perpetuum mobile-Stiftung".

282 Vgl. h.M. *Reuter* in: MünchKomm vor § 80 BGB, Rn. 59; *Hüttemann/Rawert* in: Staudinger vor §§ 80–88 BGB, Rn. 8; *Backert* in: Bamberger/Roth § 80, Rn. 5; kritisch *Hof* in: Seifart/v. Campenhausen § 7, Rn. 57; a.A. Burgard/Gestaltungsfreiheit, S. 132ff; Schewe/Diss, S. 108ff.

283 BayVGH StiftRpspr I, 76, 79; *Hüttemann/Rawert* in: Staudinger vor §§ 80–88 BGB, Rn. 6; *O. Werner* in: Erman vor § 80, Rn. 8; *Backert* in: Bamberger/Roth § 80, Rn. 4.

284 *Reuter* in: MünchKomm vor § 80 BGB, Rn. 63; *Rawert* in Hopt/Reuter/Stiftungsrecht in Europa, S. 125; *Richter/Sturm* NZG 2005, 655, 656.

Um eine begriffliche Eingrenzung des Stiftungsvermögens vornehmen zu können, ist zu unterscheiden, zwischen Stiftungsvermögen im weiteren Sinne und Stiftungsvermögen im engeren Sinne.[285] Das Stiftungsvermögen im weiteren Sinne umfasst alle der Stiftung zur Verfügung stehenden Vermögenswerte, also alle Komponenten einer Stiftung, die ihre wirtschaftliche Leistungsfähigkeit ausmachen.[286] Im engeren Sinne beinhaltet der Begriff des Stiftungsvermögens nur das Grundstockvermögen, mit dem die Stiftung im Zuge ihrer Errichtung ausgestattet wurde.[287] Das Grundstockvermögen schließt sämtliche der Stiftung bei ihrer Errichtung von dem Stifter zugewendeten materiellen Werte, die nicht zum Verbrauch bestimmt sind, mit ein.[288] Es fungiert jedoch als austauschbare Dotationsquelle,[289] es sei denn, der Stifter hat ausdrücklich in der Satzung festgelegt, dass bestimmte Gegenstände nicht veräußert werden dürfen.[290] Für die Stiftung ist das Grundstockvermögen die finanzielle Grundlage. Hieraus kann die Stiftung die Erträge ziehen, die zur Erfüllung der vom Stifter vorgegebenen Zwecke benötigt werden.[291]

Erträge sind die Früchte und Nutzungen, die mit Hilfe des Grundstockes selbst erwirtschaftet werden. Diese können unterschiedlicher Natur sein, wie z. B. Zinsen, Dividenden und Miet-/Pachtzinsen aus dem Grundbesitz der Stiftung oder bei Anstaltsstiftungen die von den Benutzern zu zahlenden Gebühren.[292] Aufgrund des Thesaurierungs- bzw. Admassierungsverbots müssen die

---

285 *Hüttemann/Rawert* in: Staudinger vor §§ 80–88 BGB, Rn. 10; *Hof* in: Seifart/v. Campenhausen § 9, Rn. 4; *Hüttemann/Rawert* in: Staudinger vor § 81 BGB, Rn. 53.

286 Schwarz DStR 2002, 1718, 1721; *Hüttemann/Rawert* in: Staudinger vor §§ 80–88 BGB, Rn. 10; *Hof* DStR 1992, 1587; *Hof* in: Seifart/v. Campenhausen § 9, Rn. 4, der als Beispiele einer Vermögensausstattung Grundstücke, Gebäude, Anlagen, Wertpapiere, Beteiligungen und Forderungen aller Art nennt und zudem auf einen, in der Literatur aufkommenden, kritischen Begriffsgebrauch hinweist, im Ergebnis jedoch an der Unterscheidung von Stiftungsvermögen im engeren oder weiteren Sinne festhält.

287 *Hüttemann/Rawert* in: Staudinger vor §§ 80–88 BGB, Rn. 10; *Backert* in: Bamberger/Roth § 80, Rn. 7.

288 *Hof* in: Seifart/v. Campenhausen § 9, Rn. 5.

289 Dotationen sind allgemeine Finanzzuweisungen (im Gegensatz zu den zweckgebundenen Zuweisungen für bestimmte Vorhaben), vgl. Tilch/Arloth/Deutsches Rechts-Lexikon Band I S. 1137.

290 *Schauhoff* in: Schauhoff Handbuch der Gemeinnützigkeit § 3, Rn. 59; *Hof* in: Seifart/v. Campenhausen § 9, Rn. 5; *Stumpf* in: Stumpf/Suerbaum/Schulte/Pauli/Stiftungsrecht B 2. Kapitel § 80, Rn. 48.

291 *Hof* in: Seifart/v. Campenhausen § 9, Rn. 5.

292 *Hof* in: Seifart/v. Campenhausen§. 9, Rn. 9.

Erträge grundsätzlich zugunsten des Stiftungszwecks verwendet werden und dürfen nicht zum Grundstockvermögen gezogen werden.[293] Hierdurch soll die Erfüllung der vom Stifter vorgegebenen Zwecke sichergestellt werden.[294] Ausnahmsweise darf zur Begleichung von Vermögensverlusten oder zur Werterhaltung von dem Grundsatz abgewichen werden, so dass die Erträge dem Grundstockvermögen zugeführt werden können.[295]

Spenden, die grundsätzlich unmittelbar dem Stiftungszweck dienen, fließen desgleichen nicht in das Grundstockvermögen, da sie von ihrer Natur her zum zeitnahen Verbrauch bestimmt sind.[296] Ähnlich verhält es sich mit dem Sammelvermögen, welches von einer Mehrzahl von Personen für einen bestimmten Zweck gesammelt und sodann verbraucht wird. Die Pflicht, das Grundstockvermögen zu erhalten, unterscheidet die Stiftung auch von Sammelvermögen oder Spenden.[297]

Von entscheidender Bedeutung ist die Frage, wie die Vermögensausstattung des Grundstockvermögens aussehen muss. Grundsätzlich muss es im Sinne des § 80 Abs. 2 BGB zur dauerhaften und nachhaltigen Zweckerfüllung ausreichen. Der Stifter muss daher der Stiftung ein für die Zweckverfolgung ausreichendes Grundstockvermögen zugewendet haben.[298]

---

293 So in einer Vielzahl landesgesetzlicher Regelungen ausdrücklich bestimmt, Art 6 Abs. 3 S. 1 BayStiftG, § 7 Abs. 3 BremStiftG, § 6 Abs. 3 HessStiftG, § 6 Abs. 2 NdsStiftG, § 4 Abs. 3 StiftGNRW, § 7 Abs. 3 S. 1 RhPfStiftG, § 6 Abs. 2 SaarlStiftG, § 4 Abs. 3 S 1 SchlHolStiftG.

294 *Hof* in: Seifart/v. Campenhausen § 9, Rn. 137, der anmerkt, dass für die Länder, die keine Regelung in ihren Landesgesetzen getroffen haben, das Prinzip der Ertragsverwendung für die Stiftungszwecke gilt. Um dieses Prinzip zu „umgehen", schlägt *Hof* eine durch den Stifter in der Satzung klarstellende Klausel vor, die eine dauerhafte Erfüllung der Stiftungszwecke aus den Erträgen vorgibt.

295 *Backert* in: Bamberger/Roth § 80, Rn. 7; Seifart BB 1987, 1889, 1894; zum Teil ist wiederum eine Zuführung von Erträgen zum Grundstockvermögen in den Landesstiftungsgesetzen, um dieses in seinem Wert zu erhalten, ausdrücklich gestattet, vgl. Art 6 Abs. 3 S. 2 BayStiftG, § 7 Abs. 3 S. 2 RhPfStiftG, § 4 Abs. 4 S. 1 SchlHolStiftG.

296 Ebersbach/Handbuch des Stiftungsrechts S. 116; *Hof* in: Seifart/v. Campenhausen § 9, Rn. 19.

297 Ebersbach/Handbuch des Stiftungsrechts S. 18; *Hof* in: Seifart/v. Campenhausen § 9, Rn. 6.

298 *Hüttemann/Rawert* in: Staudinger vor §§ 80–88 BGB, Rn. 150; Ebersbach/Handbuch des Stiftungsrechts S. 17; *Hof* in: Seifart/v. Campenhausen § 9, Rn. 27; so auch die Gesetzesbegründung zu § 80 Abs. 2 n.F. BGB vgl. BT-Drucks. 14/8277, 14/8765.

c) Stiftungsorganisation

Als letztes wesentliches Element der Stiftung ist die Stiftungsorganisation zu nennen. Durch sie wird der Stiftung die notwenige Handlungsfähigkeit ermöglicht.[299] Der Begriff der Stiftungs*organisation* findet sich nicht expressis verbis in den §§ 80 bis 89 BGB wieder, gleichwohl ist die Organisation einer Stiftung von fundamentaler Bedeutung.

In erster Linie bestimmt sich die Organisation einer Stiftung nach der Satzung, subsidiär nach dem Landesrecht und dem BGB.[300] Als Mindestanforderung einer Stiftungssatzung normiert das BGB die Bestimmung eines Namens, eines Sitzes, eines Zwecks, des Vermögens und eines Vorstandes, § 81 Abs. 1 Nr. 1 bis 5 BGB.

Im Gegensatz zum Verein fehlt es an Mitgliedern, die aus ihrer Mitte einen Vorstand der Körperschaft bilden können und letztendlich so für die Handlungsfähigkeit selbst sorgen können. Die Organe einer Stiftung, in Form eines Vorstandes, Treuhänder, eventuell sonstiger satzungsmäßiger Organe, sind daher im Gegensatz zum Verein kein personales Substrat.[301] Die Stiftungsorgane sind vielmehr das einzige personale Element der Stiftung.[302] Die organisatorische Struktur wiederum wird vom Stifter selbst vorgegeben. In aller Regel wird er sich dabei an Zweck, Funktion und Vermögensausstattung der Stiftung selbst orientieren.[303]

Das Gesetz normiert als eine Mindestanforderung für die Entstehung einer Stiftung nach §§ 80, 81 BGB die Errichtung eines Stiftungsvorstands. Nach § 81 Abs. 1 S. 3 Nr. 5 BGB muss die Satzung dabei zwingend Regelungen über die Bildung des Vorstandes enthalten. Der Stiftungsvorstand hat in Folge dessen dem Stifterwillen – vorbehaltlich der durch Gesetz oder Satzung normierten Ausnahmen – ohne Drittbeeinflussung und in voller Unabhängigkeit Geltung zu verschaffen.[304] Er nimmt dabei die Stellung eines gesetzlichen Vertreters der Stiftung an,

---

299 *Hüttemann/Rawert* in: Staudinger vor §§ 80–88 BGB, Rn. 11; Ebersbach/Handbuch des Stiftungsrechts S. 97; *Hof* in: Seifart/v. Campenhausen § 8, Rn. 3; *Neuhoff* in: Soergel vor § 80, Rn. 17.

300 *Backert* in: Bamberger/Roth § 80, Rn. 10; *Hüttemann/Rawert* in: Staudinger vor §§ 80–88 BGB, Rn. 11; *v. Campenhausen* in: Seifart/v. Campenhausen § 1, Rn. 13.

301 *Neuhoff* in: Soergel vor § 80, Rn. 17; *Hüttemann/Rawert* in: Staudinger vor §§ 80–88 BGB, Rn. 12.

302 BGH NJW 1987, 2364, 2365; *Backert* in: Bamberger/Roth § 80, Rn. 10.

303 *Hüttemann/Rawert* in: Staudinger vor §§ 80–88 BGB, Rn. 11; *v. Campenhausen* in: Seifart/v. Campenhausen § 1, Rn. 13.

304 BGH NJW 1987, 2364, 2365; *Backert* in: Bamberger/Roth § 80, Rn. 10.

§ 86 S. 1 i.V.m. § 26 Abs. 1 S. 2 BGB, so dass er die Stiftung gerichtlich und außergerichtlich vertritt. Der Vorstand kann jedoch nach § 86 S. 1 i.V.m. § 26 Abs. 1 S. 3 BGB im Umfang der Vertretungsmacht durch die Satzung mit Wirkung gegen Dritte beschränkt werden.

Von dem Vorstand einer Stiftung als Leitungsorgan sind die sog. Kontroll- und Aufsichtsorgane zu unterscheiden. Sie werden in ihrer konkreten Bezeichnung von dem Stifter selbst benannt. Eine feste Terminologie gibt es nicht, so dass sie häufig als Kuratorium, Verwaltungsrat oder Beirat bezeichnet werden.[305]

3. Erscheinungsformen von Stiftungen

Unter dem doch allgemein gehaltenen Oberbegriff der Erscheinungsformen einer Stiftung verbergen sich mitunter unterschiedlichste Stiftungstypen. Es gibt verschiedene Kriterien, die Erscheinungsformen untereinander abzugrenzen. Von dem gesetzlichen Grundmodel der privatrechtlichen Stiftung ausgehend, ist zunächst eine *rechtsformbedingte Unterscheidung* vorzunehmen. Hiervon losgelöst müssen jedoch auch *errichtungsbedingte Unterscheidungen* beachtet werden. Für die vorgenannten Unterscheidungen bei den einzelnen Erscheinungsformen werden die zuvor dargestellten Stiftungsmerkmale von besonderer Bedeutung sein. Anhand der Merkmale des Stiftungszwecks und des Stiftungsvermögens können die Unterschiede zwischen den einzelnen Erscheinungsformen von Stiftungen herausgestellt und verdeutlicht werden.

a) Die rechtsfähige Stiftung als Leitgedanke

Die rechtsfähige Stiftung des Privatrechts stellt das Leitbild aller Stiftungen dar.[306] Als standardisierte Erscheinungsform fällt sie als Musterbeispiel unter den zuvor definierten Stiftungsbegriff. Die rechtsfähige Stiftung des Privatrechts ist abzugrenzen von der öffentlich-rechtlichen Stiftung, welche maßgebend durch den öffentlich-rechtlichen Status einer Stiftung geprägt ist, der wiederum durch Gesetz oder Verwaltungsakt festgelegt wird.[307] Zudem kann die privatrechtliche Stiftung in ihrer Rechtsform unterschiedlich sein.

---

305 *Hof* in: Seifart/v. Campenhausen § 8, Rn. 77.

306 *v. Campenhausen* in: Seifart/v. Campenhausen § 2, Rn. 1.

307 Eine Abgrenzung der öffentlich-rechtlichen zur privatrechtlichen Stiftung erfolgt gesondert unter dem Abschnitt C. I. 3. c).

b) Rechtsformbedingte Unterscheidungen

aa) Die selbstständige Stiftung

Die *rechtsfähige* Stiftung des bürgerlichen Rechts wird im allgemeinen Sprachgebrauch regelmäßig als „selbstständige Stiftung“ bezeichnet.[308] Mit der Anerkennung als rechtsfähige Stiftung durch die Stiftungsaufsicht erlangt die selbstständige Stiftung ihre Rechtsfähigkeit und ist ab diesem Zeitpunkt alleinige Trägerin des Stiftungsvermögens und somit hierüber verfügungsbefugt und verwaltungsberechtigt.

bb) Die unselbstständige Stiftung

Von der selbstständigen Stiftung ist die unselbstständige Stiftung, die als Pendant zur rechtsfähigen Stiftung auch als *nicht-rechtsfähige* Stiftung bezeichnet wird, zu unterscheiden. Wie bei der rechtsfähigen Stiftung sind auch bei der nicht-rechtsfähigen Stiftung der Stiftungszweck, das Stiftungsvermögen und die Stiftungsorganisation wesentliche Elemente.[309] Anders als bei der rechtsfähigen Stiftung erfolgt die Zuwendung des Stiftungsvermögens nicht an „die Stiftung“, sondern einen anderen mit Rechtsfähigkeit ausgestatteten Stiftungsträger verbunden mit der Maßgabe, die übertragenen Werte wirtschaftlich getrennt von dem Eigenvermögen des Rechtsträgers als Sondervermögen zu verwalten und dauerhaft zur Verfolgung des Stiftungszwecks zu nutzen.[310] Die nicht-rechtsfähige oder unselbstständige Stiftung unterscheidet sich also von der selbstständigen Stiftung durch das Fehlen einer eigenen Rechtspersönlichkeit. Sie entsteht auch nicht durch einen einseitigen Organisationsakt und staatliche Anerkennung, sondern wird vielmehr in die Organisation eines anderen, für sie tätig werdenden Rechtsträgers eingegliedert.[311]

---

308 In der vom 21.07.1977 bis 15.02.2005 geltenden Fassung des § 2 Abs. 1 StiftG NRW hieß es zur begrifflichen Klärung noch: „Selbstständige Stiftungen im Sinne dieses Gesetzes sind die rechtsfähigen Stiftungen des privaten Rechts.“

309 *v. Campenhausen* in: Seifart/v. Campenhausen § 2, Rn. 4; *Hüttemann/Rawert* in: Staudinger vor §§ 80–88 BGB, Rn. 231.

310 *Hüttemann/Rawert* in: Staudinger vor §§ 80–88 BGB, Rn. 231; *v. Campenhausen* in: Seifart/v. Campenhausen § 2, Rn. 4; *Backert* in: Bamberger/Roth § 80, Rn. 22; *Wochner* ZEV 1999, 125, 126; OLG Stuttgart NJW 1964, 1231, 1232; Muscheler Die Stiftung – Jahreshefte zum Stiftungswesen 2007, 59, der jedoch den Begriff der Zuwendung ersetzt und von einer Übertragung von Vermögensgegenständen ausgeht.

311 *Backert* in: Bamberger/Roth § 80, Rn. 22; *Hüttemann/Rawert* in: Staudinger vor §§ 80–88 BGB, Rn. 231; Ebersbach/Handbuch des Stiftungsrechts, S. 170.

Gleichwohl ist auch die unselbstständige Stiftung eine Stiftung im funktionalen Sinne und damit zulässig.[312] Sie ist jedoch keine Stiftung im Sinne der §§ 80ff. BGB. Dies hindert den Träger der unselbstständigen Stiftung jedoch nicht daran, die Bezeichnung „Stiftung“ im Namen zu führen, es muss allerdings eine wirksame treuhänderische Bindung an den Stiftungszweck bestehen.[313]

c) Errichtungsbedingte Abgrenzungen

Der Zeitpunkt der Errichtung einer Stiftung kann variieren. Dieser Zeitpunkt hängt maßgebend davon ab, welchen Weg der Stifter für die Errichtung seiner Stiftung wählt. Hierbei ist er in seinem Ermessen frei. Es stehen ihm die Möglichkeiten der Stiftungserrichtung unter Lebenden oder von Todes wegen zur Verfügung. Der Umstand, ob eine Stiftung lebzeitig oder durch Verfügung von Todes wegen errichtet wurde, ist nicht zuletzt für die Frage maßgeblich, aufgrund welcher causa sich der Anfall des Stiftungsvermögens bei dem Anfallberechtigten vollzieht.

aa) Stiftungserrichtung unter Lebenden

Ist im Stiftungsgeschäft bestimmt, dass die Stiftung bereits zu Lebzeiten des Stifters entstehen soll und werden Stiftungsgeschäft und Satzung zu Lebzeiten bei der zuständigen Stiftungsbehörde zum Zwecke der Anerkennung eingereicht, so handelt es sich um eine Stiftungserrichtung unter Lebenden. Über das Stiftungsgeschäft und die Satzung statuiert der Stifter seinen Stifterwillen, wobei das Stiftungsgeschäft eine einseitige, nicht empfangsbedürftige Willenserklärung darstellt.[314] Das gleiche gilt auch, wenn das Stiftungsgeschäft Bestandteil einer Vertragsurkunde ist.[315]

Verstirbt der Stifter *vor* Anerkennung der Stiftung, ist dies für die Errichtung der Stiftung grundsätzlich unschädlich. Gemäß § 84 BGB gilt die Stiftung in solchen Fällen für die Zuwendungen des Stifters als schon vor dessen Tod entstanden.[316]

---

312 *Hüttemann/Rawert* in: Staudinger vor §§ 80–88 BGB, Rn. 231; *Hof* in: Seifart/v. Campenhausen § 36, Rn. 3, bezeichnet Sie als eine Stiftung im Rechtssinne.

313 *Ellenberger* in: Palandt vor § 80 BGB, Rn. 10; BayObLG NJW 1973, 249.

314 *Hof* in: Seifart/v. Campenhausen § 6, Rn. 11.

315 *Ellenberger* in: Palandt vor § 80 BGB, Rn. 1; *Hof* in: Seifart/v. Campenhausen § 6, Rn. 11; bzgl. obligatorischer Verpflichtungen zur Stiftungserrichtung umfassend Muscheler/Stiftungsrecht, S. 104ff; *ders.*, ZEV 2003, 41, 44ff.

316 § 84 BGB gilt in seiner gesetzlichen Fiktion sowohl für die Stiftung von Todes wegen als auch für die Stiftung unter Lebenden, vgl. BayObLG NJW-RR 1991,

Dies bedeutet, dass der Anspruch der Stiftung auf Übertragung des ihr im Stiftungsgeschäft zugesicherten Vermögens nach § 82 S. 1 BGB als schon vor dem Tod des Stifters entstanden gilt. Infolgedessen sind auch Rechte im Sinne des § 82 S. 2 BGB rückwirkend als Rechte der Stiftung anzusehen.[317]

bb) Stiftungserrichtung von Todes wegen

Die Möglichkeit einer Stiftungserrichtung von Todes wegen ist ausdrücklich im Gesetz geregelt, § 83 BGB. Demnach obliegt es dem Stifter, das Stiftungsgeschäft in Form einer Verfügung von Todes wegen festzuhalten. Es kann in einem Testament oder im Rahmen eines Erbvertrages[318] vorgenommen werden. Das Stiftungsgeschäft unterliegt grundsätzlich denselben inhaltlichen Anforderungen wie das Stiftungsgeschäft unter Lebenden. Für den Fall jedoch, dass das Stiftungsgeschäft nicht den Erfordernissen des § 81 Abs. 1 S. 3 BGB genügt, bestimmt § 83 S. 2 BGB, dass die zuständige Behörde vor ihrer Anerkennung der Stiftung eine Satzung geben oder eine unvollständige Satzung ergänzen kann. Dabei soll der Wille des Stifters berücksichtigt werden.

Für die Stiftungserrichtung von Todes wegen gelten die persönlichen, sachlichen und formellen Voraussetzungen des Erbrechts.[319] Die Stiftung entsteht *nach* dem Tode des Stifters. Lediglich im Hinblick auf die Zuwendung des Stiftungsvermögens durch Verfügung von Todes wegen fingiert § 84 BGB, dass die Stiftung bereits *vor* dem Tod des Stifters als juristische Person bestand und – abweichend von der Bestimmung des § 1923 Abs. 1 BGB – das Vermögen durch Verfügung von Todes wegen erwerben konnte.[320]

---

523 = StiftRspr IV 145, 149; *Hüttemann/Rawert* in: Staudinger § 84 BGB, Rn. 2; *Reuter* in: MünchKomm § 84 BGB, Rn. 1; Muscheler/Stiftungsrecht, S. 150.

317 *Hof* in: Seifart/v. Campenhausen § 6, Rn. 46; *Reuter* in: MünchKomm- § 82 BGB, Rn. 2; verfügt der Erbe jedoch zwischenzeitlich, gelten diese Verfügungen als Verfügungen eines Nichtberechtigten, vgl. die daraus sich entwickelnde umfassende Problematik *Reuter* in: MünchKomm § 84 BGB, Rn. 4; Muscheler/Stiftungsrecht, S. 159.

318 BGH NJW 1978, 943, 944; eingehend dazu Muscheler/Stiftungsrecht, S. 95ff.; sowie Schewe/Diss S. 161–167 zur Kombination von letztwilligen Verfügungen mit Rechtsgeschäften unter Lebenden.

319 *Hüttemann/Rawert* in: Staudinger § 83 BGB, Rn. 2; *Hof* in: Seifart/v. Campenhausen § 6, Rn. 67, insbesondere hat dies zur Folge, dass eine Stellvertretung unzulässig ist §§ 2064, 2065 BGB, zudem ist die Formbedürftigkeit des Stiftungsgeschäfts nach Maßgabe der §§ 2231ff. BGB zu beachten.

320 Vgl. *Ellenberger* in: Palandt § 84 BGB, Rn. 1.

Bei der Stiftungserrichtung von Todes wegen kann man zwei Effekte beobachten.[321] Zum einen kann, in der vorbezeichneten Art und Weise, durch eine letztwillige Verfügung die Stiftungserrichtung vollzogen werden. Zum anderen fasst der Erblasser, bzw. zugleich Stifter, eine Regelung für seine Vermögensnachfolge, indem dieses Vermögen nun an die neu geborene juristische Person fließt. Dies führt zu der Besonderheit, dass die letztwillige Verfügung nicht nur einfach einen Erben benennt, sondern diesen zugleich erschafft. Somit besteht neben einem vermögensbezogenen Verfügungsteil auch ein „personenrechtlicher Kreationsteil".[322]

Aus der Sicht eines angehenden Stifters stellt sich so die unabwendbare Frage, ob bereits zu Lebzeiten aus seinem Vermögen ein mitunter nicht unerheblicher Betrag für die Stiftung ins Grundstockvermögen fließen soll. Was wiederum unausweichlich zur Folge hätte, dass bereits zu Lebzeiten das Vermögen des Stifters geschmälert würde. Es dürfte sich letztendlich um eine rein philanthropische Abwägung handeln zwischen der Option, noch zu Lebzeiten bis zum Lebensende über das eigene Vermögen in Gänze verfügen zu können oder aber durch Errichtung einer Stiftung zu Lebzeiten ihren Bemühungen um Zweckverfolgung beiwohnen und mitunter genugtuend ihre Zweckerfüllung mit*erleben* zu wollen.[323]

cc) Stiftungen des öffentlichen Rechts

Die Anzahl der Stiftungen des öffentlichen Rechts ist geringer als die der Stiftungen des bürgerlichen Rechts.[324] Dennoch übernehmen sie in der Gesellschaft eine

---

321 Vgl. in diesem Zusammenhang den Meinungsstand zu der Theorie der Zweiaktigkeit der Stiftung *Hüttemann/Rawert* in: Staudinger § 81 BGB, Rn. 16, die auch für das Stiftungsgeschäft von Todes wegen Anwendung finden soll *Hüttemann/Rawert* in: Staudinger § 83 BGB, Rn. 3.

322 Schewe/Diss S. 83, der zudem daraufhin weist, dass im Weiteren als Besonderheit nicht sofort der Erbfall eintreten kann, sondern letztendlich noch von dem staatlichen Anerkennungsakt der Stiftungsbehörde abhängt. Auf dieses Verfahren kann der Erblasser kraft Natur der Sache keinen Einfluss mehr nehmen und hat daher im Vorhinein eine Vorsorge zu treffen. Dem ist zuzustimmen. Gegebenenfalls sollte sich der potentielle Stifter – für den Fall der Verweigerung der staatlichen Anerkennung – ein alternatives Vorgehen überlegen und festhalten. Auf diese Situation hat die anwaltliche Beratung letztendlich hinzuweisen.

323 So auch in seinen Überlegungen *Werner* in: Werner/Saenger/Die Stiftung, Rn. 332, der anführt, dass der Stifter oftmals gar nicht absehen kann, ob sein Vermögen nicht doch zur eigenen Altersversorge oder bei unvorhersehbaren Schicksalsschlägen wie Krankheit, Invalidität etc. benötigt wird.

324 Vgl. *Mecking* in: Werner/Saenger/Die Stiftung, Rn. 114, für das Jahr 2005 existierten 14.401 rechtsfähige Stiftungen des bürgerlichen Rechts, gegenüber 626 rechtsfähige

wichtige Rolle. Bisweilen erreichen sie eine beachtliche Größe. Sie nehmen dabei einen hohen Stellenwert ein und erlangen Anerkennung in der Gesellschaft.[325]

Definiert wird die Stiftung des öffentlichen Rechts jedoch nicht im BGB. Lediglich in § 89 BGB findet sie Erwähnung. Gesetzlich definiert wird sie teilweise von den jeweiligen Landesstiftungsgesetzen.[326] So lautet beispielsweise die Definition im Stiftungsgesetz Rheinland-Pfalz, § 3 Abs. 4 StiftGRP:

> *„Stiftungen des öffentlichen Rechts sind rechtsfähige Stiftungen, die zum Land, zu einer kommunalen Gebietskörperschaft oder zu einer sonstigen Körperschaft des öffentlichen Rechts in einer solchen Beziehung stehen, dass sie als öffentliche Einrichtung erscheinen, und als Stiftung des öffentlichen Rechts errichtet oder anerkannt worden sind."*

Die rechtsfähige Stiftung des öffentlichen Rechts ist letztendlich eine auf einen Stiftungsakt gegründete, aufgrund öffentlichen Rechts errichtete oder anerkannte Verwaltungseinheit mit eigener Rechtspersönlichkeit, die mit einem Kapital- oder Sachbestand Aufgaben der öffentlichen Verwaltung erfüllt.[327] Der Rechtscharakter einer Stiftung des öffentlichen Rechts wird daher auf den Entstehungstatbestand zurückgeführt. Abzustellen für den Entstehungstatbestand ist auf die Frage, ob die Stiftung durch Gesetz oder Verwaltungsakt entstanden ist.[328] Hierdurch können zugleich Zweifel an dem öffentlichen-rechtlichen Status ausgeräumt werden.

Mangelt es jedoch an einer verbindlichen und eindeutigen staatlichen Entscheidung, insbesondere wenn der Entstehungsakt nicht mehr klar nachgezeichnet werden kann, was bei älteren Stiftungen nicht selten vorkommt, ist als Anhaltspunkt

---

Stiftungen des öffentlichen Rechts. Jährliche Daten werden über das *Verzeichnis Deutscher Stiftungen* des Bundesverbands Deutscher Stiftungen erfasst; www.stiftungen.org/de/news-wissen/zahlen-daten-studien.html.

325 Beispiele für Stiftungen des öffentlichen Rechts sind: Stiftung Preußischer Kulturbesitz, Heimkehrerstiftung, die Stiftung für ehemalige politische Häftlinge, aber auch die Berliner Philharmoniker, dessen Träger das Land Berlin ist.

326 Z. B.: § 2 Abs. 1 HessStiftG, Art. 1 Abs. 3 BayStiftG, § 3 Abs. 4 StiftGRP.

327 Vgl. Legaldefinition in § 46 Abs. 1 SchlHolLVwG; *Hüttemann/Rawert* in: Staudinger vor §§ 80–88 BGB, Rn. 300; *v. Campenhausen* in: Seifart/v. Campenhausen § 16, Rn. 2.

328 *Hüttemann/Rawert* in: Staudinger vor §§ 80–88 BGB, Rn. 301; *v. Campenhausen* in: Seifart/v. Campenhausen § 16, Rn. 5; *Ellenberger* in: Palandt vor § 80, Rn. 9; *Backert* in: Bamberger/Roth § 80, Rn. 21; beachte die umstrittene Abgrenzung zur Anstalt des öffentlichen Rechts *v. Campenhausen* in: Seifart/v. Campenhausen § 16, Rn. 11ff.; *Hüttemann/Rawert* in: Staudinger vor §§ 80–88 BGB, Rn. 302.

auf die Eingliederung in das staatliche Verwaltungssystem abzustellen.[329] Hierfür ist die Stiftung mit öffentlich-rechtlichen Strukturmerkmalen ausgestattet. Als Indizien kommen die Zweckbestimmung, hoheitliche Befugnisse sowie die Art der Zuordnung zu einem Träger hoheitlicher Gewalt in Betracht.[330]

d) Besondere Erscheinungsformen der privatrechtlichen Stiftung

Wir bereits dargelegt gehen die stiftungsrechtlichen Regelungen in den §§ 80–88 BGB nicht von unterschiedlichen Stiftungsformen aus, vielmehr regelt das BGB das Grundmodel einer Stiftung, welches auch als eine sog. Einheitsstiftung bezeichnet wird. In der Praxis und dem Stiftungsrecht der einzelnen Länder sind jedoch verschiedene Arten der privatrechtlichen Stiftung anerkannt. In Hinblick auf den Vermögensanfall sind auch diese Erscheinungsformen von Bedeutung und sollen daher ebenfalls dargestellt werden.

aa) Kirchliche Stiftungen

Eine Sonderform von Stiftungen stellen die kirchlichen Stiftungen dar.[331] Nach der gesetzlichen Regelung des § 80 Abs. 3 S. 1 BGB bleiben landesrechtliche Regelungen über kirchliche Stiftungen von den Vorgaben des § 80 Abs. 1, Abs. 2 BGB unberührt. Hierdurch wird es den Landesgesetzgebern ermöglicht, bei der Anerkennung von Stiftungen von den Anerkennungsvoraussetzungen des BGB abzuweichen. Dem wurde in den einzelnen Stiftungsgesetzen der Länder Rechnung getragen und der Begriff der kirchlichen Stiftung zwar nicht wörtlich einheitlich, aber inhaltlich jedoch weitestgehend übereinstimmend formuliert. Demnach liegt nach den Definitionen der meisten Stiftungsgesetze der Länder eine kirchliche Stiftung vor, wenn deren *Zweck* ausschließlich oder

---

329 BVerfGE 15, 46, 66; OVG Münster DÖV 1985, 983ff; so auch schon in der Bedeutung Protokolle zum Allgemeinen Theile, Band I S. 586; Motive zum Allgemeinen Theile, Mugdan Band I S. 658; *Hüttemann/Rawert* in: Staudinger vor §§ 80–88 BGB, Rn. 301.

330 *Hüttemann/Rawert* in: Staudinger vor §§ 80–88 BGB, Rn. 301; *v. Campenhausen* in: Seifart/v. Campenhausen § 16, Rn. 5.

331 Als Beispiel hierfür ist die Heilig Kreuz-Stiftung im Bistum Essen oder die erst 2005 gegründete Stiftung Geburtshaus Papst Benedikt XVI. zu nennen; eine interessante Zusammenfassung über die geschichtliche Herkunft und Entwicklung der kirchlichen Stiftung zeichnet *Meyer* in: Werner/Saenger/Die Stiftung, Rn. 1186ff. mit weiteren Nachweisen.

-überwiegend kirchlichen Aufgaben dient und sie mit einer Kirche organisatorisch verbunden ist.[332] Zur Entstehung einer kirchlichen Stiftung bedarf es jedoch eines Anerkennungsaktes. Diese Anerkennung ist durch die zuständige kirchliche Behörde erforderlich.[333]

Der kirchliche Zweck einer Stiftung ist begrifflich weit auszulegen. Er ist weiterzufassen als der steuerliche Begriff in § 54 AO.[334] Zu den kirchlichen Zwecken zählen neben dem Kultuszweck, wie Gottesdienste, Messen, Verkündigung und Seelsorge, auch die Verwaltung des Kirchenvermögens, die Besoldung und Versorgung von Kirchenamtsinhabern sowie Erziehungs-, Unterrichts- und Wohlfahrtszwecke jedweder Art.[335] Es lässt sich daher zusammenfassen, dass für die Abgrenzung von kirchlichen und weltlichen Stiftungen drei Merkmale entscheidend sind. Neben dem überwiegenden kirchlichen Zweck der Stiftung sind das eine organisatorische Nähe der Stiftung zur Kirche und ein entsprechender Stifterwille, eine kirchlich verwaltete oder beaufsichtigte Stiftung zu errichten.[336]

bb) Kommunale Stiftungen

In einem Großteil der Landesstiftungsgesetze ist auch die kommunale Stiftung oder örtliche Stiftung als Stiftungstypus geregelt.[337] Kommunale Stiftungen im

---

332 *v. Campenhausen* in: Seifart/v. Campenhausen § 23, Rn. 1; exemplarisch in den Landesgesetzen die Regelungen Art. 21 Abs. 1 StiftGBay, § 16 Abs. 1 StiftGBre, § 20 Abs. 1 StiftGHess; siehe hierzu *Reuter* in: MünchKomm § 81 BGB, Rn. 77, der die einzelnen, teilweise graduell abweichenden Unterschiede der einzelnen Bundesländer darstellt.

333 *v. Campenhausen* in: Seifart/v. Campenhausen § 23, Rn. 10; *Reuter* in: MünchKomm § 81 BGB, Rn. 83, *Hüttemann/Rawert* in: Staudinger vor §§ 80–88 BGB, Rn. 204, die begrifflich von „kirchlich“ anerkannt ausgehen; Schiffer ZSt 2005, 199ff.; Risch ZSt 2006, 21, 26.

334 *v. Campenhausen* in: Seifart/v. Campenhausen § 23, Rn. 13; *Hüttemann/Rawert* in: Staudinger vor §§ 80–88 BGB, Rn. 207.

335 *v. Campenhausen* in: Seifart/v. Campenhausen § 23, Rn. 14; *Reuter* in: MünchKomm § 81 BGB, Rn. 79, *Hüttemann/Rawert* in: Staudinger vor §§ 80–88 BGB, Rn. 207; *Schiffer* ZSt 2005, 199, 200.

336 Schiffer NJW 2006, 2528, 2530; *Reuter* in: MünchKomm § 81 BGB, Rn. 79, *Saenger/Veltmann* ZSt 2006, 16; bestätigt durch BVerfGE 46, 73, 87ff. (Goch-Entscheidung).

337 So z. B. § 19 Abs. 1 NStiftG, § 17 Abs. 1 StiftGSH, § 3 StiftGBbg, § 10 Abs. 1 StiftGMV, § 3 StiftGRP, § 25 Abs. 1 StiftGS-A, § 3 Abs. 5 StiftGTH, § 18 Abs. 1 StiftGHess, § 20 Abs. 1 StiftGSaarl, § 13 StiftGSachs, Art. 20 Abs. 1 StiftGBay; keine Regelungen treffen die Bundesländer: Bremen, Berlin, Hamburg; das StiftGNRW

Sinne der Stiftungsgesetze sind solche Stiftungen, die eine Zuordnung zu einer kommunalen Körperschaft erfahren haben, deren Zweck im Rahmen der öffentlichen Aufgaben der Körperschaften liegt und die ihre Verwaltung durch die Organe der Körperschaft betreiben.[338] Der Stiftungszweck hat sich also zumindest im Rahmen der sachlichen und räumlichen Zuständigkeit einer Kommune zu bewegen. Die kommunale Stiftung hat somit nicht private Zwecke, sondern öffentliche Zwecke zu verfolgen.[339]

Dies darf jedoch nicht so verstanden werden, dass nur die öffentliche Hand eine kommunale Stiftung errichten kann. Es ist grundsätzlich jedermann möglich, eine kommunale Stiftung zu errichten. Es dürfte sogar der mehrheitliche Regelfall sein, dass einzelne Bürger als Stifter mit ihrer Zuwendung einen wohltätigen Zweck im Aufgabenbereich der Kommune unterstützen wollen und anstelle einer „einfachen" Schenkung den Weg über eine kommunale Stiftung wählen. Hierzu kann der Stifter die Verwaltung der Stiftung der kommunalen Körperschaft übertragen und so die Verfolgung des Zwecks sichern.[340]

Eine Stiftungsaufsicht über kommunale Stiftungen findet vornehmlich nach den ländereigenen Regeln des staatlichen Kommunalrechts statt.[341] Anstelle der Stiftungsaufsicht übernimmt sodann häufig die Kommunalaufsicht der jeweiligen Kommune die Aufsichtspflicht.[342]

---

erwähnt die kommunalen Stiftungen seit der Novelle von 2010 gar nicht mehr (vorher § 2 Abs. 3 StiftGNRW). Die Definition ist in § 100 GO NRW „versteckt"; beachte zudem zur unselbstständigen kommunalen Stiftung Meier Die Stiftung – Jahreshefte zum Stiftungswesen 2008, 123ff.

338 *v. Campenhausen* in: Seifart/v. Campenhausen § 30, Rn. 7; *Hüttemann/Rawert* in: Staudinger vor §§ 80–88 BGB, Rn. 226; *Reuter* in: MünchKomm § 81 BGB, Rn. 90; Twehues/Rechtsfragen kommunaler Stiftungen S. 12ff; beachte *Kilian* in Werner/Saenger/Die Stiftung, Rn. 1004, der die kommunale Stiftung als staatliche Stiftung einstuft und thematisiert.

339 *Reuter* in: MünchKomm § 81 BGB, Rn. 91; *v. Campenhausen* in: Seifart/v. Campenhausen § 30, Rn. 5; Ebersbach/Handbuch des Stiftungsrechts S. 220.

340 *v. Campenhausen* in: Seifart/v. Campenhausen § 32, Rn. 3; Ebersbach/Handbuch des Stiftungsrechts S. 222.

341 *v. Campenhausen* in: Seifart/v. Campenhausen § 35, Rn. 1; *Hüttemann/Rawert* in: Staudinger vor §§ 80–88 BGB, Rn. 229; *Backert* in: Bamberger/Roth § 80, Rn. 13.

342 Die Landesstiftungsgesetze enthalten entsprechende Verweisungsnormen, so z. B. Art. 20 Abs. 3 StiftGBay, § 31 Abs. 2 Nr. 4 StiftGBW, § 20 Abs. 2 StiftGSaarl, § 18 Abs. 4 StiftGHess, § 11 StiftGRP, § 25 Abs. 3 StiftGS-A, § 10 Abs. 3 StiftGMV, § 19 Abs. 2 StiftGN, § 17 Abs. 4 StiftGSH.

cc) Familienstiftungen

Die Familienstiftung ist keine besondere Form der Stiftung, sondern letztendlich eine Anwendungsvariante der Stiftung bürgerlichen Rechts im Sinne der §§ 80ff. BGB[343] und nach h.M. zulässig.[344] Mitunter wird sie gar als „Prototyp der privaten Stiftung" bezeichnet, obwohl ihre Spezifizierung im Einzelnen umso schwerer fällt.[345] Eine einheitliche Begriffsdefinition oder gar ein festes Institut „Familienstiftung" ist nicht vorhanden. Dabei wird die Familienstiftung in den einzelnen Landesstiftungsgesetzen[346] und im Steuerrecht[347] durchaus erwähnt.[348] Bemerkenswert ist, dass die einzelnen Begriffsbestimmungen der Landesstiftungsgesetze Anlehnung finden an die Definition des preußischen Stiftungsrechts aus Art. 1 § 1 Abs. 1 pr. AGBGB vom 2.9.1899,[349] wonach unter einer Familienstiftung eine Stiftung verstanden wird,

> *„die nach der Stiftungsurkunde ausschließlich dem Interesse der Mitglieder einer bestimmten Familie oder mehrerer bestimmter Familien dient (Familienstiftung)."*

---

343 Muscheler/Stiftungsrecht, S. 317; *Pöllath/Richter* in: Seifart/v. Campenhausen § 13, Rn. 1; beachtenswert dabei die Anzahl von Familienstiftungen, die laut Bericht der Bund-Länder-Arbeitsgruppe Stiftungsrecht, Abschnitt H II 1 S. 45, Anlage 9, im Jahre 2000 nicht sonderlich hoch war, namentlich 535; vgl. des weiteren Muscheler/Stiftungsrecht, S. 321, unter dem Punkt „Statistik", der für die folgenden Jahre 2001–2003 die Anzahl auf 679 Familienstiftungen berechnet, was einen Anteil an der Gesamtzahl der in Deutschland ansässigen Stiftungen bürgerlichen Rechts von 6 % ausmacht.

344 Ihre uneingeschränkte Zulässigkeit wird teilweise in Abrede gestellt, so *Reuter* in: MünchKomm § 81 BGB, Rn. 96ff., vgl. hierzu den zwischenzeitlichen Meinungsstand bei *Hüttemann/Rawert* in: Staudinger vor §§ 80–88 BGB, Rn. 185, sowie die umfassende Stellungnahme von Gantenbrink/Diss S. 61ff. und die Zusammenfassung von Schuck/Diss S. 113ff.

345 *Hüttemann/Rawert* in: Staudinger vor §§ 80–88 BGB, Rn. 178; *Backert* in: Bamberger/Roth § 80, Rn. 14.

346 So findet die Familienstiftung in § 3 Abs. 2 StiftGRP und § 2 Abs. 1 StiftGHbg Erwähnung, hingegen eine Begriffsbestimmung erfolgt in § 2 Abs. 2 StiftGBbg, § 10 Abs. 1 StiftGBln, § 17 StiftGBrem, § 19 S. 1 StiftGSH, § 13 Abs. 2 StiftGBW, § 21 StiftGHess.

347 Beachte Muscheler/Stiftungsrecht, S. 317, 318, der im Folgenden die einzelnen Legaldefinition des Begriffs der Familienstiftung und die einzelnen Unterscheidungen in den Steuergesetzen umfassend erörtert, so z. B. für die Vorschriften der § 15 Abs. 2 Außensteuergesetz, §§ 1 Abs. 1 Nr. 4, 15 Abs. 2 S. 1 ErbStG.

348 *Pöllath/Richter* in: Seifart/v. Campenhausen § 13, Rn. 3; *Backert* in: Bamberger/Roth § 80, Rn. 14.

349 Vgl. preußisches Gesetzesblatt 1899, S. 177.

Gleichwohl gibt es keine einheitliche Begriffsdefinition. Allen Definitionen ist jedoch gemein, dass sie die Familienstiftung darüber definieren, dass in irgendeiner Art und Weise bestimmte Familien begünstigt werden.[350] Die Familienstiftung wird daher als eine Stiftung erfasst, die zumindest überwiegend dem Interesse einer oder mehrerer bestimmter Familien gewidmet ist.[351] Der Begriff der Familie umfasst hier alle durch Ehe oder Verwandtschaft im Sinne des BGB (§ 1589 BGB) verbundenen Personen.[352] Dabei muss der familiäre Ursprung der Destinatäre mit dem Kreis der Familienangehörigen nicht identisch sein. Es obliegt vielmehr dem Stifter, ob der Stiftungsnutzen nur einzelnen Familienmitgliedern zukommen soll oder ob er nicht zur Familie gehörende Personen in den Kreis der Destinatäre einbeziehen möchte.[353] Im letzten Fall ist jedoch für das Vorliegen einer Familienstiftung eine *überwiegende*[354] Familienbindung bei den Leistungen durch die Stiftung vonnöten. Die Leistung selber wird jedoch meistens den materiellen Interessen der begünstigten Familienmitglieder gewidmet sein. Der Nutzen kann dann zum einen voraussetzungslos gewährt werden oder zum anderen durch die Berechtigung von sachlichen Voraussetzungen, wie z. B. Bedürftigkeit oder Studium, abhängig gemacht werden.[355]

Als Besonderheit ist weiter zu beachten, dass nach den jeweiligen Landesstiftungsgesetzen die Familienstiftung von der staatlichen Stiftungsaufsicht teilweise oder ganz befreit ist.[356] Der Grund wird in der körperschaftsähnlichen Struktur der

---

350 *Sorg* BB 1983, 1620; *Backert* in: Bamberger/Roth § 80, Rn. 14.

351 So nach den zuvor bezeichneten Landesstiftungsgesetzen, vgl. zudem *Hüttemann/Rawert* in: Staudinger vor §§ 80–88 BGB, Rn. 179; *Backert* in: Bamberger/Roth § 80, Rn. 14; *Reuter* in: MünchKomm § 81 BGB, Rn. 95; *Richter* in: Münchener Handbuch V § 80, Rn. 7; Hopt/Reuter/Stiftungsrecht in Europa S. 160; Muscheler/Stiftungsrecht, S. 318, 319.

352 *Hüttemann/Rawert* in: Staudinger vor §§ 80–88 BGB, Rn. 179; *Reuter* in: MünchKomm § 81 BGB, Rn. 95; Ebersbach/Handbuch des Stiftungsrechts S. 30; *Frommhold* AcP 117 (1919), 87, 95.

353 Vgl. *Hüttemann/Rawert* in: Staudinger vor §§ 80–88 BGB, Rn. 180; *Backert* in: Bamberger/Roth § 80, Rn. 14; sogar der Ausschluss männlicher oder weiblicher Nachkommen vom Stiftungsnutzen ist zulässig nach BGH NJW 1978, 943, 945.

354 Hierunter wird man eine Familienbegünstigung zu verstehen haben, die bei über 50% liegt, vgl. hierzu das Schaubild bei *Pöllath/Richter* in: Seifart/v. Campenhausen § 13, Rn. 7; sowie zu dem Begriff „überwiegend" Sorg/Diss S. 29, Härtl/Diss S. 86, 88.

355 Muscheler/Stiftungsrecht, S. 319; *Reuter* in: MünchKomm § 81 BGB, Rn. 95; *Hüttemann/Rawert* in: Staudinger vor §§ 80–88 BGB, Rn. 180.

356 Vgl. Art. 10 Abs. 1 StiftGBay, § 13 Abs. 2 StiftGBW, § 27 StiftGBrem, § 21 Abs. 2 StiftGHess, § 27 StiftGRP, § 5 Abs. 1 StiftGHam, §§ 14 Abs. 4, 27 Abs. 2 StiftGMV,

Familienstiftung gesehen.[357] Einer Aufsicht bedürfe es nicht, da diese zum einen einer unangemessenen Einmischung in die inneren Angelegenheiten der Familie (Art. 6 GG) gleichkäme und zum anderen bereits eine ausreichende Kontrolle durch die widerstreitenden Interessen der Familienangehörigen gewährleistet sei.[358] Zudem bestehe kein besonderes öffentliches Interesse. Dem ist jedoch entgegenzutreten. Letztendlich wirkt die Stiftungsaufsicht dem Fehlen einer funktionsfähigen Kontrolle durch das Eigeninteresse natürlicher Personen entgegen.[359] Einem „Ausplündern" der Stiftung durch Stiftungsorgane oder Dritte kann so begegnet werden.[360] Insoweit dürfte bei einer Abwägung zwischen dem Interesse der Familienangehörigen, für die Stiftungsarbeit und -verwaltung maßgebliche Familieninterna nicht vor der Stiftungsaufsicht offenbaren zu müssen und dem Integritätsinteresse der Stiftung, sprich, dem Interesse an der Überwachung der Einhaltung und Erfüllung des Stifterwillens das Integritätsinteresse der Stiftung überwiegen und damit die Überwachung von Familienstiftungen durch die Stiftungsaufsicht rechtfertigen. Der Schutz der Stiftung selbst ist im Funktionszweck der Stiftungsaufsicht mitumfasst. Das Argument des fehlenden öffentlichen Interesses greift daher zu kurz.

dd) Unternehmensverbundene Stiftungen

Bereits auf den ersten Blick wirft das Stichwort unternehmensverbundener Stiftungen Fragen bzgl. der Begrifflichkeit, ihres Typus und ihrer maßgeblichen praktischen Relevanz auf. Als ein besonderer Anwendungstypus der Stiftung im Sinne des BGB ist allen unternehmensverbundenen Stiftungen gemein, dass sie durch

---

§ 10 Abs. 2 StiftGN, § 19 StiftGSH; sowie *Schwarz* ZEV 2003, 306, 307ff, der die einzelnen Voraussetzungen in den Landesgesetzen herausarbeitet und darstellt.

357 Kronke/Stiftungstypus und Unternehmensträgerstiftung S. 149; *Schwarz* ZEV 2003, 306, 309.

358 *Pöllath/Richter* in: Seifart/v. Campenhausen § 13, Rn. 24; Härtl/Diss S. 153; *Richter/Sturm* NZG 2005, 655, 659.

359 Vgl. Bund-Länder-Arbeitsgruppe Stiftungsrecht, Bericht vom 19.10.2001 Abschn. I, III; zudem kritisch *Hüttemann/Rawert* in: Staudinger vor §§ 80–88 BGB, Rn. 180, 89, die die Stiftungsaufsicht als Ersatz für eine mitgliedschaftlich konstituierte Eigenorganisation als *funktional unentbehrlich* halten; *Reuter* in: MünchKomm § 81 BGB, Rn. 99, der die Einschränkung der Staatsaufsicht als einen rechtspolitischer Fehler ansieht.

360 *v. Campenhausen* in: Seifart/v. Campenhausen § 2, Rn. 12; Muscheler/Stiftungsrecht, S. 351, der unter anderem die fehlende Wahlmöglichkeit des Stifter, ob für die konkrete Familienstiftung eine Aufsicht durch die Stiftungsbehörde erfolgen soll oder nicht, bemängelt.

eine besondere Zwecksetzung, Vermögensausstattung und mitunter Organisationsform geprägt werden. Für Stiftungen, die im Vermögen ein Unternehmen oder eine Beteiligung an einem Unternehmen halten, werden jedoch unterschiedliche Begrifflichkeiten verwendet. Mitunter werden sie Stiftungsunternehmen, Unternehmensträgerstiftungen, gewerbliche oder beispielsweise unternehmensbezogene Stiftungen genannt.[361]

Besonders bekannte Beispiele für unternehmensverbundene Stiftungen, die Anteile an Unternehmen halten, sind die Bertelsmann Stiftung oder jene Stiftungen, die ein Unternehmen selbst betreiben, wie die frühere Carl-Zeiss-Stiftung[362] in Jena. Bemerkenswerterweise treten hier noch prominentere unternehmensverbundene Stiftungen hinzu, die fast jedem Bürger vertraut sein dürften, wie das Firmenimperium des Dieter Schwarz, oder besser bekannt durch seine Discountgeschäfte Lidl und Kaufland; als weitere bekannte Beispiele sind Aldi, Würth und die Metro-Handelsgruppe anzuführen.[363]

Es gibt zwei Arten von unternehmensverbundenen Stiftungen. Die unternehmensverbundene Stiftung kann zum einen eine (unmittelbare) *Unternehmensträgerstiftung* sein, zum anderen eine *Beteiligungsträgerstiftung*.[364] Die Unternehmensträgerstiftung umfasst eine Stiftung, die unter ihrer Rechtsform selbst ein Unternehmen führt. Hierzu steht im Gegensatz die Beteiligungsträgerstiftung, welche Beteiligungen an

---

361 *Hüttemann/Rawert* in: Staudinger vor §§ 80–88 BGB, Rn. 132; *Backert* in: Bamberger/Roth § 80, Rn. 16; Heuel/Entwicklung der Unternehmensträgerstiftung S. 187ff.; jedoch ist der Begriff der unternehmensverbundenen Stiftung vorzugswürdig und hat sich mittlerweile durchgesetzt, siehe *Muscheler* ErbR 2008, 134; *Ellenberger* in: Palandt § 80 BGB, Rn. 9.

362 Welche in der Zwischenzeit von einer Unternehmensträgerstiftung in eine Stiftung umgewandelt wurde, die nunmehr nur noch Beteiligungen an den Unternehmen Carl-Zeiss und Schott Glaswerke verwaltet, vgl. hierzu die rechtmäßig befundene Umwandlung LG Ellwangen, (unveröffentlichtes) Urteil vom 17.05.2002, Az.: 2 O 313/01; Besprechung hierzu *Neuhoff* ZSt 2003, 56ff.; sowie OLG Stuttgart ZSt 2003, 203ff; BGH ZSt 2004, 143; *Richter/Sturm* ZErb 2006, 75, 76.

363 Vgl. weitere Beispiele Brandmüller/Gewerbliche Stiftungen S. 45ff., der darauf hinweist, dass sich nicht immer aus den jeweiligen Firmennamen entnehmen lässt, ob eine Stiftung beteiligt ist oder nicht; sowie mit weiteren Beispielen *Gummert* in: Münchener Handbuch V § 81, Rn. 58ff., vgl. zudem *Muscheler* ErbR 2008, 134, 137ff., mit übersichtlichen Schaubildern über die rechtliche Struktur des „Dieter Schwarz-Imperiums“ und der Würth-Gruppe.

364 *Reuter* in: MünchKomm § 81 BGB, Rn. 103; *Backert* in: Bamberger/Roth § 80, Rn. 16; *Ellenberger* in: Palandt § 80 BGB, Rn. 9; *Fischer* BWNotZ 2005, 97, 99; *Schiffer* ZSt 2003, 252.

Personen- oder Kapitalgesellschaften hält.[365] Aufgrund der Tatsache, dass hier die Gestaltungsmöglichkeiten[366] flexibler sind und das Gesellschaftsrecht in der Art einer Beteiligung an einer anderen Rechtsform eine große Brandbreite aufweist,[367] findet die Beteiligungsträgerstiftung in der Praxis höheren Anklang.[368]

Nach der Funktion, welche das Unternehmen im Verhältnis zum Stiftungszweck ausfüllt, lassen sich demnach zwei Grundtatbestände unterscheiden, in welcher Form eine Stiftung mit einem Unternehmen in Verbindung stehen kann.[369] Es kann sich um einen Zweckverwirklichungsbetrieb handeln, welcher dann besteht, wenn das Unternehmen durch seine unternehmerische Tätigkeit selbst den Stiftungszweck verwirklicht. Das Unternehmen steht also in einer so engen sachlichen Beziehung zum Stiftungszweck, dass sich dieser ohne das individuelle Unternehmen nicht erreichen lässt und der Stiftungszweck damit auch über die Führung des Unternehmens entscheidet. Häufig genanntes Beispiel ist das einer Stiftung gewidmete Krankenhaus, das mit eigenen sachlichen Mitteln den Stiftungszweck der Krankenpflege erfüllt.[370] Zudem kann das Unternehmen auch als Dotationsquelle dienen, indem es nur zur Erzielung von Gewinnen eingesetzt wird, die die Stiftung zur Erfüllung ihres vom konkreten Unternehmen unabhängigen Zweckes benötigt.[371]

Gegen die Zulässigkeit unternehmensverbundener Stiftungen sind in der Vergangenheit von Teilen der Literatur Einwände erhoben worden, die hier nur kurz skizziert werden sollen.[372] Diese Einwände beruhten auf der Besorgnis, dass bei

365 *Reuter* in: MünchKomm § 81 BGB, Rn. 103; *Backert* in: Bamberger/Roth § 80, Rn. 16; *Hüttemann/Rawert* in: Staudinger vor §§ 80–88 BGB, Rn. 132, die noch eine dritte Art von unternehmensverbundenen Stiftungen aufführen, namentlich die *Holdingstiftung*, welche als oberstes Organ für die Verwaltung eines Konzerns fungiert.

366 Beachte hier die Tabelle bei *Pöllath/Richter* in: Seifart/v. Campenhausen § 12, Rn. 79, die versuchen die Gestaltungs- und Kombinationsmöglichkeiten zusammenzufassen.

367 Dies kann die Stellung als Kommanditistin oder Komplementärin einer Stiftung & Co. KG sein, vgl. die häufige Einbindung einer Familienstiftung als Komplementärin *Nietzer/Stadie* NJW 2000, 3457, 3460; *Muscheler* ErbR 2008, 134, 135.

368 *Neuhoff* in: Soergel vor § 80 BGB, Rn. 72, der die Anzahl der Unternehmensträgerstiftungen gerade mal auf ca. 20 schätzt; Gantenbrink/Diss S. 47.

369 *Backert* in: Bamberger/Roth § 80, Rn. 17; *Hüttemann/Rawert* in: Staudinger vor §§ 80–88 BGB, Rn. 132; *Saenger* in: Werner/Saenger/Die Stiftung, Rn. 196.

370 *Hüttemann/Rawert* in: Staudinger vor §§ 80–88 BGB, Rn. 137; *v. Campenhausen* in: Seifart/v. Campenhausen § 2, Rn. 16.

371 *Hüttemann/Rawert* in: Staudinger vor §§ 80–88 BGB, Rn. 138; *v. Campenhausen* in: Seifart/v. Campenhausen § 2, Rn. 16.

372 Einen umfassenden Überblick über die geführte Diskussion geben Burgard/Gestaltungsfreiheit S. 136ff.; Gantenbrink/Diss S. 48ff.; Künnemann/Diss S. 55ff.; Stengel/Diss S. 28ff.

der Symbiose von einem Unternehmen und einer Stiftung ein Spannungsfeld entstehe, das neben einer positiven Ergänzung vor allem Barrieren schaffen könne.[373] Es wird die aus der Bindung des Vermögens folgende Refeudalisierung wirtschaftlicher Verhältnisse bemängelt.[374] Nach dem Inkrafttreten des Gesetzes zur Modernisierung des Stiftungsrechtes vom 15.07.2002[375] und der Thematisierung der unternehmensverbundenen Stiftung durch den Modernisierungsgesetzgeber[376] sind die Zulässigkeitseinwände weitestgehend verstummt.[377]

ee) Bürgerstiftungen

Eine in Deutschland noch junge Erscheinungsform der Stiftung ist die sog. Bürgerstiftung.[378] Bei Bürgerstiftungen handelt es sich um Initiativen nach dem Vorbild der US-amerikanischen *"Community Foundations"*. Die Grundlage der Bürgerstiftung bildet der Gedanke, dass die Stiftung *von Bürgern für Bürger* zur Förderung bestimmter Zwecke gebildet werden kann. So soll jedem Bürger die Möglichkeit gewährt werden, mit kleinen Beiträgen und persönlichem Engagement zur Lösung lokaler Probleme beitragen zu können.[379] Da die Bürgerstiftung keine Definition im Gesetz erfahren hat, wurde in den vergangenen Jahren nach einer merkmalsbezogenen Abgrenzungsformel gesucht. Hierbei hat sich der Bundesverband Deutscher Stiftungen hervorgetan, der in einer Art Empfehlung zur Merkmalbestimmung Kriterien aufstellte, nach der Bürgerstiftungen „gemeinnützig, durch eine Mehrzahl von Stiftern errichtet, wirtschaftlich, politisch

---

373 *Hüttemann/Rawert* in: Staudinger vor §§ 80–88 BGB, Rn. 141, 142; eine umfassenden Überblick der Vor- und Nachteile einer unternehmensverbundenen Stiftung zeigt *Muscheler* ErbR 2008, 134, 139ff. auf.

374 *Hüttemann/Rawert* in: Staudinger vor §§ 80–88 BGB, Rn. 144ff.; Burgard/Gestaltungsfreiheit S. 137.; *Kohl* NJW 1992, 1922, 1923.

375 BGBl. 2002 I, S. 2634.

376 Vgl. hierbei die durch die einzelnen Fraktionen des Deutschen Bundes-tages hervorgebrachten Entwürfe zur Reform des Stiftungsrechts. Nachweise und Überblick hierzu bei *Hüttemann/Rawert* in: Staudinger vor §§ 80–88 BGB, Rn. 147.

377 *Reuter* in: MünchKomm § 81 BGB, Rn. 103, der trotz alledem die Anerkennungsfähigkeit der Stiftung als „alles andere als unproblematisch“ ansieht; anders hingegen *Hüttemann/Rawert* in: Staudinger vor §§ 80–88 BGB, Rn. 144ff., die nunmehr von ihrer strikten Unzulässigkeit abrücken; *Pöllath/Richter* in: Seifart/v. Campenhausen § 12, Rn. 36ff; zu den Einwänden Reuters siehe auch Trappe/Diss S. 129, 130.

378 Vgl. die Ausführungen hierzu in Klein/Diss.

379 *Hof* in: Seifart/v. Campenhausen § 14, Rn. 1; *Zimmermann* NJW 2011, 2931, 2935; *Schiffer* NJW 2006, 2528, 2529.

und konfessionell unabhängig, geographisch begrenzt tätig, auf Kapitalzuwachs durch Zustiftungen, Projektspenden und unselbstständige Stiftungen angelegt sowie durch eine transparente Arbeit unter aktiver Teilnahme der Stifter geprägt sind".[380]

Diese Merkmalbestimmung hat jedoch eher Werbecharakter und ist mehr als ein Aufruf zur Teilnahme, denn als Definition zu verstehen. Es überrascht nicht, dass die Bürgerstiftungen in den letzten Jahren an Popularität gewonnen haben. Sie sind so zu einem „eigenständigen Realtypus" der zivilrechtlichen Stiftung geworden.[381] Dies liegt auch daran, dass dem Bürger eine einfache „Mitmachstruktur" geboten wird. Schätzungsweise 200 Bürgerstiftungen sind bis zur heutigen Zeit entstanden,[382] so dass man den Schluss ziehen kann, die wachsende Anzahl und Nachfrage an Bürgerstiftungen legitimiere ihre Daseinsberechtigung.

Trotz der wachsenden Popularität von Bürgerstiftungen wird sowohl ihre Zulässigkeit als auch das generelle Erfordernis des Erscheinungstypus einer Bürgerstiftung kritisch betrachtet. So scheint das Konstrukt einer Bürgerstiftung eher bei dem bürgerlichen Verein als bei der Stiftung angesiedelt zu sein.[383] Dies bedeutet jedoch nicht, dass das rechtliche Konzept der klassischen Stiftung nun aufgeweicht und unterlaufen wird.[384] Das Bedürfnis der Bürger an einer größtmöglichen Partizipation mittels Stiftungen mit autonomen Zweckvermögen kann so befriedigt werden. Bei einem abnehmenden Interesse an einer auf Dauer angelegten Mitgliedschaft in Vereinen sowie der sinkenden Bereitschaft, sich als Vereinsmitglied zwangsläufig auch mit verbandstypischen Anliegen auseinandersetzen zu müssen, kommt die Bürgerstiftung dem schnelllebigen Bedürfnis zwangloser Verbundenheit besonders entgegen. Dies ist ein bürgerliches Phänomen, dem das moderne Stiftungsrecht mit der Erscheinungsform der Bürgerstiftung Rechnung trägt.

---

380 *Hüttemann/Rawert* in: Staudinger vor §§ 80–88 BGB, Rn. 192; *Reuter* in: MünchKomm § 81 BGB, Rn. 122; „Merkmale" abrufbar unter: www.stiftungen.org/de/projekte/initiative-buergerstiftungen.html.

381 *Hüttemann/Rawert* in: Staudinger vor §§ 80–88 BGB, Rn. 190.

382 *Hüttemann/Rawert* in: Staudinger vor §§ 80–88 BGB, Rn. 190; graphische Übersicht der Anzahl von Bürgerstiftungen in Deutschland in den Jahren 1996–2006 *Walkenhorst* Stiftung & Sponsoring 2007, 22, 23.

383 *Reuter* in: MünchKomm § 81 BGB, Rn. 122; *Reuter* NZG 2004, 939, 944.

384 *Hof* in: Seifart/v. Campenhausen § 12, Rn. 2.

II. Auflösung und Liquidation der Stiftung

1. Allgemeine Grundsätze

Gemäß § 88 S. 1 BGB fällt mit dem Erlöschen der Stiftung ihr Vermögen an die in der Stiftungsverfassung bestimmten Personen. Weiterhin bestimmt § 88 S. 3 BGB, dass die vereinsrechtlichen Regelungen der §§ 46 bis 53 BGB betreffend die Auflösung und Liquidation von Vereinen bei der Stiftung entsprechende Anwendung finden sollen. Gleichwohl können die für die Auflösung eines Vereins herausgearbeiteten Grundsätze nicht ohne weiteres für die Auflösung einer Stiftung übernommen werden. Die Auflösung und die Liquidation einer Stiftung weisen ihre eigenen Besonderheiten auf. So findet sich etwa die bei der Stiftungserrichtung erforderliche Mitwirkung der Stiftungsbehörde auch bei der Auflösung der Stiftung spiegelbildlich wieder.[385] Die Stiftungsaufsicht kann die Beendigung einer Stiftung hoheitlich verfügen oder entsprechende Beendigungsbeschlüsse der Stiftungsorgane genehmigen. In jedem Falle ist der Mitwirkungsakt der Stiftungsbehörde unumgänglich.[386] Und dies hat auch seine Berechtigung! Denn der Stiftungsbehörde wurde die Wahrung des Stifterwillens anvertraut und sie ist es letztendlich auch, die die Stiftung vor Verfehlungen ihrer eigenen Organe schützen kann, insbesondere dann, wenn es an einem stiftungsinternen Kontrollorgan mangelt.[387]

Im Folgenden werden sowohl die bei der Auflösung einer Stiftung geltenden allgemeinen Grundsätze als auch die von der Auflösung eines Vereins abweichenden Besonderheiten herausgearbeitet. Ebenso wie bei der Auflösung eines Vereins ist auch bei der Auflösung einer Stiftung zunächst zwischen der Beendigung und dem endgültigen Erlöschen einer Stiftung, auch Vollbeendigung genannt, zu unterscheiden.

---

385 *Hüttemann/Rawert* in: Staudinger § 88 BGB, Rn. 2; *Reuter* in: MünchKomm § 88 BGB, Rn. 1; *Schauhoff* in: Schauhoff Handbuch der Gemeinnützigkeit § 3, Rn. 178.

386 Vgl. § 14 Abs. 2 StiftGBW, § 8 Abs. 2 StiftGBrem, § 9 StiftGHess, wobei die Stiftungsorgane nur ein Antragsrecht haben, da die *Entscheidung* letztendlich die Stiftungsbehörde trifft, § 8 Abs. 3 StiftGRP, § 7 Abs. 3 StiftGHam, § 5 Abs. 2 StiftGNRW, § 7 Abs. 3 StiftGN, § 10 Abs. 1 StiftGSA.

387 *Hof* in: Seifart/v. Campenhausen § 10, Rn. 330.

a) Auflösung

Kommt es zu einer Auflösung[388] der Stiftung, so unterliegt die Stiftung mit Eintritt der Auflösung der Liquidation. Da gemäß § 88 S. 3 BGB die §§ 46 bis 53 BGB entsprechende Anwendung finden, gibt die Regelung des § 49 Abs. 1 S. 1 BGB den Inhalt und das Ziel des Liquidationsverfahrens auch für die Auflösung der Stiftung vor. Danach hat die Beendigung der laufenden Geschäfte, die Einziehung von Forderungen, die Umsetzung des übrigen Vermögens in Geld, die Befriedigung der Gläubiger und letztendlich die Auskehrung des restlichen Stiftungsvermögens an die Anfallberechtigten zu erfolgen. Als Liquidatoren können zunächst die Mitglieder des Stiftungsvorstandes fungieren, soweit die Stiftungssatzung keine anderen Bestimmungen beinhaltet. Insoweit ist es möglich, dass die Satzung andere Personen oder andere Organe für die Liquidation bestimmt.[389] Wird die Stiftung durch eine Behörde verwaltet, erfolgt die Liquidation durch eben diese Behörde.[390] Gänzlich entbehrlich ist die Liquidation nur, wenn nach den gesetzlichen Voraussetzungen Gesamtrechtsnachfolge eintritt, es also zu einem Vermögensanfall an den Fiskus kommt. Findet eine Liquidation statt, haben die Liquidatoren die Auflösung der Stiftung öffentlich bekannt zu machen und die Gläubiger zur Anmeldung ihrer Ansprüche aufzufordern, § 50 BGB.[391]

b) Erlöschen

Die Stiftung verliert mit dem Erlöschen ihre Rechtsfähigkeit.[392] Dies tritt immer dann ein, wenn entweder das Liquidationsverfahren abgeschlossen und der verbleibende Überschuss ausgekehrt wurde oder ipso iure eine Gesamtrechtsnachfolge eingetreten ist. Die Möglichkeit der Fortdauer als unselbstständige Stiftung

---

388 Nach Informationen des Bundesverbands Deutscher Stiftungen wurden für das Jahr 2010 von den jeweiligen Aufsichtsbehörden für die Gruppe der rechtsfähigen Stiftungen bürgerlichen Rechts 40 Auflösungen mitgeteilt.

389 Vgl. hierzu die Ausführungen unter Punkt C. II. 4. d).

390 *Hof* in: Seifart/v. Campenhausen § 11, Rn. 16.

391 Zu dem Verfahren einer Liquidation und den damit verbundenen Besonderheiten vgl. die Ausführungen unter Teil C II. 4.

392 *Hüttemann/Rawert* in: Staudinger § 88 BGB, Rn. 5; *Backert* in: Bamberger/Roth § 88, Rn. 2.

scheidet aus.[393] Nur die Konstellation, dass die Stiftungssatzung für den Anfallberechtigten atypisch einen Stiftungsträger einer unselbstständigen Stiftung vorsieht, stellt hierzu eine Ausnahme dar. In einem solchen Fall entsteht aber eine neue unselbstständige Stiftung, die mit der ursprünglichen selbstständigen Stiftung nicht identisch ist.[394]

Anders als das Erlöschen des eingetragenen Vereins ist das Erlöschen einer Stiftung nicht abhängig von einer Registerlöschung. Die Lehre vom Doppeltatbestand,[395] wonach das Erlöschen einer juristischen Person neben ihrer Vermögenslosigkeit auch eine Löschungseintragung im jeweiligen Register voraussetzt, greift hier nicht. Da schon die Eintragung der Stiftung in das Stiftungsverzeichnis nicht konstitutiv ist, ist auch die Löschung der Stiftung aus dem Stiftungsverzeichnis für ihr Erlöschen keine notwendige Voraussetzung, vgl. § 80 Abs. 1 BGB.[396] Wie die Anerkennung, ist auch das Erlöschen einer Stiftung von der jeweiligen Stiftungsbehörde lediglich bekannt zu machen.[397] Die Bekanntmachung ist aber nur deklaratorischer Natur.

2. Auflösungsgründe

Gegenstand der nachfolgenden Untersuchung sind die zur Existenzbeendigung einer Stiftung führenden Tatbestände. Diese lassen sich in zwei Kategorien aufgliedern.[398] Die Stiftung kann zum einem ihre Auflösung durch einen Beschluss ihrer Stiftungsorgane selbst initiieren. Zum anderen kann eine hoheitliche Beendigung durch die Stiftungsbehörde erfolgen.[399] Im Folgenden sollen die verschiedenen Auflösungsgründe kurz dargestellt werden.

---

393 *Hüttemann/Rawert* in: Staudinger § 88 BGB, Rn. 5; *Reuter* in: MünchKomm § 88 BGB, Rn. 4; a.A. *Neuhoff* in: Soergel § 88 BGB, Rn. 1.

394 *Hüttemann/Rawert* in: Staudinger § 88 BGB, Rn. 5; *Reuter* in: MünchKomm § 88 BGB, Rn. 4.

395 Entwickelt von K. Schmidt/Gesellschaftsrecht S. 316ff; *Reuter* in: MünchKomm § 41 BGB, Rn. 13; Hüffer/AktG § 262, Rn. 23.

396 *Richter* in: Münchener Handbuch V § 118 Rn. 37; Burgard/Gestaltungs-freiheit S. 650.

397 Vgl. § 16 StiftGBW, Art. 16 Abs. 2 StiftGBay, § 17 StiftGHess, § 13 StiftGBG,§ 5 Abs. 2 StiftGS-A.

398 Burgard/Gestaltungsfreiheit S. 621; Gantenbrink/Diss S. 81, die eine ähnliche Kategorisierung vornehmen.

399 Gantenbrink/Diss S. 82, der zudem wohl noch die Existenzbeendigung durch Zusammenschlüsse von Stiftungen als eine eigene Kategorie betrachtet.

a) Auflösung durch hoheitlichen Aufhebungsakt gemäß § 87 BGB

§ 87 BGB regelt, unter welchen Voraussetzungen die Aufhebung[400] oder Zweckänderung einer Stiftungen erfolgen kann.[401] Rechtsfolge des § 87 Abs. 1 BGB ist wiederum die Wahl zwischen den gesetzlichen Handlungsalternativen der Aufhebung oder der Zweckänderung.

Die Aufhebung oder Zweckänderung *kann* immer dann geschehen, wenn die Erfüllung des Stiftungszwecks unmöglich geworden oder das Gemeinwohl gefährdet ist. Hierbei suggeriert der Wortlaut des § 87 Abs. 1 BGB ein Handlungsermessen auf Seiten der zuständigen Stiftungsbehörden. Ein solches Ermessen existiert jedoch nicht.[402] Liegt z. B. bei der Erfüllung des Stiftungszwecks ein Verstoß gegen das Gesetz oder die guten Sitten vor, ist die Stiftungsbehörde zum Eingreifen *verpflichtet.*[403] Die Stiftungsbehörde besitzt allenfalls einen Beurteilungsspielraum mit der Vorgabe, Maßnahmen zu ergreifen, die am ehesten dem Stifterwillen entsprechen (so § 87 Abs. 2 BGB) und nach dem Grundsatz der Verhältnismäßigkeit – gemessen an dem Stifterwillen – für die Stiftung am wenigsten belastend sind.[404]

Gleichwohl sollte diese hoheitliche Befugnis mit Rücksicht auf die grundrechtlich geschützte Stiftungsfreiheit, die Grundsätze der Subsidiarität des staatlichen Eingriffs[405] und seiner Verhältnismäßigkeit[406] nur dann wahrgenommen werden, wenn weder Abhilfe durch die zuständigen Stiftungsorgane selbst erreicht werden

400 Durch die Begriffswahl „Aufhebung" wird die hoheitliche Beendigung einer Stiftung abgegrenzt von der durch Stiftungsorgane autonom beschlossenen Auflösung. So auch die Begründung zum StiftGHH, Drs. Bürgerschaft HH 18/1513, S. 14.

401 Auch die Regelung des § 87 Abs. 2 BGB ist nach dem Gesetz zur Modernisierung des Stiftungsrechts geändert worden, allerdings gilt diese Änderung als lediglich redaktionelle Überarbeitung vgl. BT-Drucks. 14/8765, S. 12: „zeitgemäßer"; kritisch dazu *Reuter* in: MünchKomm § 87 BGB, Rn. 1, 2, der für Abs. 2 von einer „kosmetischen" Verbesserung spricht.

402 *Hüttemann/Rawert* in: Staudinger § 87 BGB, Rn. 2; *Reuter* in: MünchKomm § 87 BGB, Rn. 4; Burgard/Gestaltungsfreiheit S. 624.

403 *Hüttemann/Rawert* in: Staudinger § 87 BGB, Rn. 2; *Reuter* in: MünchKommBGB § 87, Rn. 4; *Richter* in: Münchener Handbuch V, § 117, Rn. 35; *Hof* in: Seifart/v. Campenhausen § 10, Rn. 365; als „geboten" betrachtet es *O. Werner* in: Erman § 87, Rn. 3.

404 Burgard/Gestaltungsfreiheit S. 624.

405 Die Stiftungsbehörden dürfen erst eingreifen, wenn die Stiftungsorgane selbst keine Abhilfe schaffen oder schaffen können, vgl. *Hüttemann/Rawert* in: Staudinger § 87 BGB, Rn. 14.

406 *Hüttemann/Rawert* in: Staudinger § 87 BGB, Rn. 13; BVerwG NJW 1991, 713; *O. Werner* in: Erman § 87, Rn. 4.

kann, noch mildere Aufsichtsmaßnahmen Erfolg versprechen.[407] Da die Aufhebung und Zweckänderung einen nicht unerheblichen Eingriff in die Stiftungsautonomie[408] darstellen, sind die tatbestandlichen Voraussetzungen für eine Aufhebung oder Umwandlung eng auszulegen.[409] Die materiellen Voraussetzungen des § 87 Abs. 1 BGB sollen daher im Folgenden weiter erörtert werden.

aa) Unmöglichkeit der Zweckerfüllung

Nach § 87 Abs. 1 1. Alt. 1 BGB hängt die Aufhebung einer Stiftung – oder die Änderung des Stiftungszweckes – davon ab, ob die Erfüllung des Stiftungszwecks unmöglich geworden ist. Somit stellt sich die unausweichliche Frage, was unter dem Begriff der Unmöglichkeit im Sinne des § 87 BGB zu verstehen ist.[410] Hierunter fallen alle in § 275 BGB geregelten Fälle der objektiven oder subjektiven[411] *tatsächlichen* sowie *rechtlichen* Unmöglichkeit.[412] Die tatsächliche Unmöglichkeit tritt dabei ein, wenn die Hindernisse für die Erfüllung des Stiftungszwecks jedenfalls für die Stiftung so hoch sind, dass sie nicht oder doch nur mit unzumutbarem Aufwand überwunden werden können.[413] Konkret bedeutet dies, dass die tatsächliche Unmöglichkeit vorliegt bei einem dauerhaften Verlust des Stiftungsvermögens, bei einem Wegfall der Destinatäre oder auch bei endgültiger Erfüllung des Stiftungszwecks.[414] Die rechtliche Unmöglichkeit hingegen besteht bei der Verfolgung unerlaubter Zwecke.[415]

---

407 *Hof* in: Seifart/v. Campenhausen § 11, Rn. 56.

408 Zu der Differenzierung zwischen Stifterautonomie und Stiftungsautonomie vgl. Muscheler/Stiftungsrecht S. 258ff.

409 Ebersbach/Handbuch des Stiftungsrechts S. 138; *Backert* in: Bamberger/Roth § 87, Rn. 3.

410 Dieser Frage ist auch Gantenbrink/Diss S. 91ff. nachgegangen, der detailliert den Unmöglichkeitsbegriff prüft und die unterschiedlichen rechtlichen wie tatsächlichen Unmöglichkeiten aufgliedert. Aufgrund der Komplexität dieser Problematik wird deshalb an dieser Stelle auf die vorbezeichnete Fundstelle verwiesen.

411 Gantenbrink/Diss S. 116, der festhält, dass § 87 BGB nach isolierter Betrachtung des Wortlautes eine Unterscheidung zwischen objektiver und subjektiver Unmöglichkeit an sich nicht kennt, es aber aufgrund der ratio der Norm letztendlich nur auf die subjektive Unmöglichkeit der Zweckerfüllung ankommt.

412 *Hof* in: Seifart/v. Campenhausen § 11, Rn. 59; *Backert* in: Bamberger/Roth § 87, Rn. 3.

413 *Reuter* in: MünchKomm § 87 BGB, Rn. 6.

414 *Hüttemann/Rawert* in: Staudinger § 87 BGB, Rn. 5; *Backert* in: Bamberger/Roth § 87, Rn. 3; *Reuter* in: MünchKomm § 87 BGB, Rn. 6; *Ellenberger* in: Palandt § 87 BGB, Rn. 1; Gantenbrink/Diss S. 96ff, mit einer Prüfung der tatsächlichen Unmöglichkeit anhand der wichtigsten Fallgruppen.

415 *Hüttemann/Rawert* in: Staudinger § 87 BGB, Rn. 5; Ebersbach/Handbuch des Stiftungsrechts S. 137; *Muscheler* NJW 2003, 3161, 3166; Gantenbrink/Diss S. 106ff.

Trotz dieses übereinstimmenden Verständnisses des Begriffs der Unmöglichkeit in § 87 BGB und § 275 BGB wird zum Teil angezweifelt, dass diese Begriffe identisch sind. Insoweit wird argumentiert, die Reform des Leistungsstörungsrechts im Jahre 2002 habe die Unmöglichkeit *der Leistung* zentral in § 275 Abs. 1 BGB geregelt, während § 87 BGB nicht nur die Unmöglichkeit der Leistung i.S.d. § 275 Abs. 1 BGB, sondern auch Fälle der „praktischen" Unmöglichkeit umfasse.[416] Diese Sichtweise ist jedoch nicht überzeugend. Zum einen ist davon auszugehen – solange keine anderweitige statutarische Festlegung durch den Stifter erfolgte –, dass es mit dem Stifterwillen vereinbar bleibt, den tatsächlich noch erfüllbaren Stiftungszweck auch dann noch zu erfüllen, wenn dies aus objektivierter Sicht einen unverhältnismäßigen Aufwand erfordert.[417] Zum anderen ist zu beachten, dass es der Gesetzgeber in der Reform des Stiftungsrechts unterlassen hat, eine Klarstellung oder gar Abgrenzung zum „neuen" § 275 BGB zu schaffen, obwohl dieser *nach* der Schuldrechtsreform geschaffen wurde. Hinzu kommt, dass die „wirtschaftliche Unmöglichkeit" weder vor der Schuldrechtsreform unter dem Unmöglichkeitsbegriff der §§ 275, 279–283, 306–309, 323–325 BGB a.F.[418] fiel, noch nunmehr unter § 275 Abs. 2 BGB fällt.[419] Im Ergebnis ist der Begriff der Unmöglichkeit in § 87 BGB und § 275 BGB identisch.

Ein weiteres Problem bringt der an sich eindeutige Wortlaut des § 87 Abs. 1 BGB mit sich. So steht der Wortlaut einer direkten Anwendung des § 87 BGB auf Fälle *anfänglicher* Unmöglichkeit entgegen („ist … geworden"). Jedoch wird

---

416 *Hüttemann/Rawert* in: Staudinger § 87 BGB, Rn. 5, die jedoch zugleich darauf hinweisen, dass die nun durch § 275 Abs. 2 BGB gezogene Grenze der Leistungspflicht des Schuldners auf § 87 BGB nicht einfach zu übertragen sei, vielmehr sei allein darauf abzustellen, ob der Zweck mit den noch vorhandenen Mitteln der Stiftung auf Dauer erfüllt werden kann oder nicht; *Reuter* in: MünchKomm § 87 BGB, Rn. 6, hingegen betrachtet es durchaus nüchterner. Er sieht durch die Einführung des § 275 Abs. 2 BGB die sog. „wirtschaftliche Unmöglichkeit" vom Unmöglichkeitsbegriff des allgemeinen Schuldrechts in § 275 Abs. 1 BGB als abgetrennt.

417 *Backert* in: Bamberger/Roth § 87, Rn. 3.

418 *Löwisch* in: Staudinger 12. Auflage, § 275 BGB, Rn. 6; Medicus/Schuldrecht I 12. Auflage S. 181, Rn. 370; *Heinrichs* in: Palandt 59. Auflage § 275 BGB, Rn. 12.

419 BT-Drucks. 14/6040, S. 130; *Ernst* in: MünchKomm § 275 BGB, Rn. 95; *Heinrichs* in: Palandt § 275 BGB, Rn. 21; *Canaris* JZ 2001, 499, 501; Gantenbrink/Diss S. 93, der festhält, dass die sog. „praktische Unmöglichkeit" vor der Reform des Schuldrechts ein Unterfall der allgemeinen schuldrechtlichen Unmöglichkeit war und sie nunmehr eine in § 275 Abs. 2 BGB eigenständige Regelung erfahren hat. Für die Betrachtung der stiftungsrechtlichen Unmöglichkeit könne daher auf den Unmöglichkeitsbegriff *vor* der Schuldrechtsreform zurückgegriffen werden.

nach wohl h.M. der Fall der anfänglichen Unmöglichkeit in den Regelungsbereich des § 87 BGB mit einbezogen.[420] Die Gegenansicht wendet allerdings ein, dass eine Stiftung bei anfänglicher Unmöglichkeit der Zweckerfüllung gar nicht erst zur Entstehung gelange, weil entweder das Stiftungsgeschäft nichtig sei oder aber die anfängliche Unmöglichkeit die Nichtigkeit der Anerkennung nach § 44 Abs. 2 Nr. 4, 5 VwVfG zur Folge habe.[421]

Diese Einwände sind nicht tragfähig. Zunächst führt die anfängliche Unmöglichkeit nicht mehr zur Nichtigkeit des betroffenen Rechtsgeschäfts, § 311 a BGB.[422] Im Übrigen hat § 87 BGB als lex specialis Vorrang vor den §§ 48ff. VwVfG.[423] Darüber hinaus ist eine Stiftung, deren Zweck von vornherein unmöglich ist, zwar an sich nicht anerkennungsfähig. Wurde sie gleichwohl als rechtsfähig anerkannt, so ist sie als juristische Person wirksam entstanden.[424] Dies hat zur Konsequenz, dass mit der Anerkennung der Rechtsfähigkeit auch eine auf einen von Anfang an nicht zu verwirklichenden Stiftungszweck gerichtete Stiftung zur Entstehung gelangt. Dementsprechend kann auch eine solche Stiftung gem. § 87 BGB aufgehoben werden.

bb) Gemeinwohlgefährdung

Neben der Unmöglichkeit der Zweckerfüllung nennt § 87 Abs. 1 BGB die Gefährdung des Gemeinwohles durch die Erfüllung des Stiftungszwecks als Aufhebungsgrund. Maßgebend nach dem Wortlaut des § 87 Abs. 1 BGB ist daher, ob in der Erfüllung des Stiftungszwecks eine Gefährdung des Gemeinwohls liegt. Was mit dieser tatbestandlichen Voraussetzung gemeint ist, bedarf einer genaueren Betrachtung.

---

420 *Hüttemann/Rawert* in: Staudinger § 87 BGB, Rn. 6; *Backert* in: Bamberger/Roth § 87, Rn. 3; *Reuter* in: MünchKomm § 87 BGB, Rn. 7; *Hof* in: Seifart/v. Campenhausen § 11, Rn. 59; *Andrick* ZSt 2006, 41, 42; BVerwG NJW 1969, 339.

421 *O. Werner* in: Erman § 87, Rn. 2; nur bei rechtlicher Unmöglichkeit *Coing* in: Staudinger 12. Auflage § 87 BGB, Rn. 5; so noch *Reuter* in: MünchKomm 3. Auflage § 87 BGB, Rn. 3, ab der 4. Auflage nicht mehr vertreten.

422 *Reuter* in: MünchKomm § 87 BGB, Rn. 7.

423 *Hüttemann/Rawert* in: Staudinger § 87 BGB, Rn. 6; *Hof* in: Seifart/v. Campenhausen § 11, Rn. 59.

424 *Hüttemann/Rawert* in: Staudinger § 87 BGB, Rn. 6; *Reuter* in: MünchKomm § 87 BGB, Rn. 7; *Hof* in: Seifart/v. Campenhausen § 11, Rn. 59; *Muscheler/Arnhold/Gantenbrink* ZErb 2007, 211, 213; *Backert* in Werner/Saenger/Die Stiftung, Rn. 688; beachte hierzu die umfangreiche Prüfung von Gantenbrink/Diss S. 117ff.

Zunächst lässt sich festhalten, dass der Begriff der Gemeinwohlgefährdung i.S.d. § 87 BGB wortlautgleich mit § 80 Abs. 2 BGB ist.[425] Die Frage der Gemeinwohlgefährdung ist damit sowohl für die Frage der Anerkennungsfähigkeit – also im Rahmen der Stiftungsentstehung – als auch für die Frage der Aufhebung – also im Rahmen der Stiftungsbeendigung – von Bedeutung. Bezüglich der Frage, wann eine Gemeinwohlgefährdung anzunehmen ist, besteht Einigkeit, dass es für die Gemeinwohlgefährdung nicht ausreichend ist, wenn sich Stiftungsvorstand oder andere Stiftungsorgane nicht satzungskonform verhalten.[426] Vielmehr muss sich die Gefährdung aus der satzungsgemäßen Erfüllung des Stiftungszwecks selbst ergeben.[427] In der Rechtsprechung und Literatur werden unterschiedliche Auffassungen zu der Frage vertreten, welche Voraussetzungen erfüllt sein müssen, um eine Gemeinwohlgefährdung bejahen zu können. Hierzu soll im Folgenden mit der gebotenen Kürze Stellung genommen werden.

Den Gesetzesmaterialien zum Gesetz zur Modernisierung des Stiftungsrechts lässt sich entnehmen, dass eine Gemeinwohlgefährdung bejaht werden könne, „wenn es hinreichend wahrscheinlich, also eine nicht bloß entfernt liegende *Möglichkeit* ist, dass die Erlangung der Rechtsfähigkeit und die damit verbundene Verfolgung des Stiftungszwecks durch die dann rechtsfähige Stiftung zu einer Beeinträchtigung von Verfassungsrechtsgütern führen würde.“[428] Soweit es die Intention des Modernisierungsgesetzgebers war, für den Tatbestand der Gefährdung des Gemeinwohls einen einheitlichen Maßstab zu schaffen,[429] kann hierfür allerdings

---

425 Dabei wird der Begriff *Gemeinwohl* vom Modernisierungsgesetzgeber bewusst als „traditionell mit der Rechtsfigur Stiftung verknüpft“ betrachtet. Zudem „spiegelt er den für die Stiftung typischen Klang von Wohltat im Gesetz wider“, vgl. BT-Drucks. 14/8765, S. 9.

426 *Hüttemann/Rawert* in: Staudinger § 87 BGB, Rn. 7; *Hof* in: Seifart/v. Campenhausen § 10, Rn. 364; *Backert* in Werner/Saenger/Die Stiftung Rn. 689; *Neuhoff* in: Soergel § 87 BGB, Rn. 9; a.A. wohl *Ellenberger* in: Palandt § 87 BGB, Rn. 1, der von der „Tätigkeit der Stiftung“ spricht.

427 *Hüttemann/Rawert* in: Staudinger § 87 BGB, Rn. 7; *Backert* in: Bamberger/Roth § 87, Rn. 3.

428 BT-Drucks. 14/8765, S. 9; beachte zudem Gantenbrink/Diss S. 149ff., der die verschiedenen Interpretationsansätze herausarbeitet und insbesondere das von der Rechtsprechung zum Ausdruck kommende Verständnis von Gemeinwohlgefährdung nachzeichnet, sowie *Muscheler* NJW 2003, 3161ff., der die Fehlerhaftigkeit der Gesetzesbegründung rügt und die daraus weitreichenden Folgen herausstellt.

429 Vgl. die Beschlussempfehlung des Rechtsausschusses des Deutschen Bundestags BT-Drucks. 14/8894, S. 10, wonach die Gefährdung des Gemeinwohls einheitlicher Maßstab für den eingetragenen Verein (§ 43 Abs. 1 BGB), die Stiftung (§ 87 Abs. 1

nicht allein auf die oben zitierte „nicht bloß entfernt liegende Möglichkeit einer Beeinträchtigung von Verfassungsrechtsgütern" abgestellt werden. Denn dies würde zur Folge haben, dass *jede* „nicht bloß entfernt liegende Möglichkeit einer Beeinträchtigung von Verfassungsrechtsgütern" die Aufhebung einer Stiftung rechtfertigen könnte.[430] Um den Anwendungsbereich dieser weitreichenden Eingriffsermächtigung einzugrenzen, verlangt die wohl überwiegende Ansicht in der Literatur, dass die Gemeinwohlgefährdung nur im Falle eines gesetzeswidrigen Handelns angenommen werden könne.[431] Diese Voraussetzung deckt sich auch mit den Voraussetzungen der bereits erörterten *rechtlichen* Unmöglichkeit, die ebenfalls nur dann angenommen wird, wenn die Stiftung rechts- bzw. gesetzeswidrige Zwecke verfolgt.[432] Durch die enge Auslegung des Begriffs der Gemeinwohlgefährdung wird angesichts des Grundrechts auf Stiftung und der Grundrechte der Stiftung dem Erfordernis einer restriktiven, verfassungskonformen Auslegung des Gemeinwohlkriteriums genüge getan.[433]

Beachtlich ist in diesem Zusammenhang die von *Muscheler* vorgenommene verfassungsrechtliche Überprüfung des Begriffs der Gemeinwohlgefährdung in §§ 80 Abs. 2, 87 Abs. 1 BGB. *Muscheler* kommt bei seiner Untersuchung zu dem Ergebnis, dass sowohl das Kriterium der Gemeinwohlgefährdung nach § 87 Abs. 1 BGB als auch das nach § 80 Abs. 2 BGB verfassungswidrig sei.[434] Dabei führt er zunächst die Fehlerhaftigkeit der Gesetzesbegründung an. Bereits die Ersetzung des Begriffs „Stiftung" durch „Stiftungszweck" als *Gefährdungssubjekt* sei fehlerhaft. Hinzu trete die fehlerhafte Bezugnahme auf *angebliche Parallelnormen* wie § 43 Abs. 1 BGB, § 396 Abs. 1 AktG, § 62 GmbHG und § 81 Abs. 1 GenG, die fehlerhafte Interpretation der *bisherigen herrschenden Meinung*, das fehlerhafte Abstellen der verfassungsrechtlichen Beeinträchtigung aufgrund einer

---

BGB), die Aktiengesellschaft (§ 396 Abs. 1 AktG), die GmbH (§ 62 GmbHG) und die Genossenschaft (§ 81 Abs. 1 GenG) ist.

430 *Hüttemann/Rawert* in: Staudinger § 87 BGB, Rn. 7.

431 *Hof* in: Seifart/v. Campenhausen § 7, Rn. 134; *Backert* in Werner/Saenger/Die Stiftung, Rn. 689; *Ellenberger* in: Palandt § 80 BGB, Rn. 6; Burgard/Gestaltungsfreiheit S. 126, 623; *Burgard* NZG 2002, 697, 699ff; *Schauhoff* in: Schauhoff Handbuch der Gemeinnützigkeit § 3, Rn 168.

432 *Hüttemann/Rawert* in: Staudinger § 87 BGB, Rn. 7; *Hof* in: Seifart/v. Campenhausen § 7, Rn. 134; *Backert* in: Bamberger/Roth § 87, Rn. 3.

433 Burgard/Gestaltungsfreiheit S. 126; *Hüttemann/Rawert* in: Staudinger § 87 BGB, Rn. 7; *Hof* in: Seifart/v. Campenhausen § 10, Rn. 309, Fn. 572; VG Düsseldorf NVwZ 1994, 811, 812ff.

434 *Muscheler* NJW 2003, 3161, 3166ff.

Gefährdung durch Erlangung von Rechtsfähigkeit sowie, einer der Hauptkritikpunkte, die fehlerhafte Interpretation des Begriffs der *Gefährdung*.[435] Die Analyse durch *Muscheler* fasst *Gantenbrink* dahingehend zusammen, dass mehr auf die „Wahrscheinlichkeit einer Schädigung von Verfassungsrechtsgütern" abzustellen ist, als auf die bloße „Möglichkeit einer Beeinträchtigung".[436] Folge dieser vom Modernisierungsgesetzgeber geschaffenen Unklarheit des Gemeinwohlgefährdungsbegriffs seien der Verstoß gegen den Grundsatz vom Vorbehalt des Gesetzes,[437] der Verstoß gegen das Bestimmtheitsgebot,[438] mehrfache Verstöße gegen den Gleichheitssatz des Art. 3 GG[439] und der Verstoß gegen das Verhältnismäßigkeitsprinzip.[440]

Im Ergebnis vertreten *Muscheler* und *Gantenbrink* die Auffassung, dass wegen dieser Verstöße der Tatbestand der Gemeinwohlgefährdung ipso iure nichtig, zumindest teilnichtig sei.[441]

b) Auflösung wegen wesentlicher Veränderung der Verhältnisse

Ein Großteil der Landesstiftungsgesetze sieht die Möglichkeit einer Auflösung der Stiftung auch für die Fälle der „wesentlichen Änderung der Verhältnisse" vor.[442] Da jedoch der Fortbestand der Stiftung als Grundsatz weiterhin ausstrahlt und die Stiftung in der Regel auch fortbestehen soll, ist die Auflösung als ultima ratio zu betrachten.[443] Die Stiftungsorgane können demnach das Recht der Auflösung nur dann begründen, wenn der Stifterwille durch diese Stiftung nicht mehr erfüllt werden kann. Somit ist eine vorgelagerte Prüfung, ob der Veränderung der Verhältnisse nicht durch eine Zweckänderung – im Lichte des Stifterwillens –

---

435 *Muscheler* NJW 2003, 3161, 3162ff.

436 *Muscheler* NJW 2003, 3161, 3163; Gantenbrink/Diss S. 157.

437 *Muscheler* NJW 2003, 3161, 3164; Gantenbrink/Diss S. 160ff.

438 Gantenbrink/Diss S. 163ff.

439 *Muscheler* NJW 2003, 3161, 3165; Gantenbrink/Diss S. 168ff.

440 *Muscheler* NJW 2003, 3161, 3164; Gantenbrink/Diss S. 165ff.

441 Gantenbrink/Diss S. 186ff., der die Konsequenzen aus dieser Verfassungswidrigkeit herausarbeitet und dabei den Grundsatz der ipso-iure-Nichtigkeit anführt, aber im Umfang eine Teilnichtigkeit feststellt.

442 So in: § 7 Abs. 1 NStiftG, § 5 Abs. 1 S. 2 Nr. 3 StiftGSH, § 8 Abs. 2 StiftGRP, § 5 Abs. 2 Nr. 1 StiftGNW, § 5 Abs. 2 StiftGBln, § 9 Abs. 2 StiftGHess, § 7 Abs. 1 StiftGSaarl, § 8 Abs. 1 StiftGBrem.

443 Burgard/Gestaltungsfreiheit S. 629; *Meyn* in: Hüttemann/Richter/Weite-meyer, Rn. 2521.

Rechnung getragen werden kann, eine notwendige Vorstufe. In der Regel dürfte eine wesentliche Veränderung der Verhältnisse immer dann vorliegen, wenn der Zweck bereits erfüllt oder weggefallen ist bzw. nicht mehr erreichbar ist, weil die Stiftung ihr ganzes Vermögen verloren hat.[444] Der Beschluss zur Auflösung bedarf der Genehmigung durch die zuständige Aufsichtsbehörde.

aa) Aufhebung aufgrund Vermögensverfall

Die Voraussetzung für eine wesentliche Veränderung der Verhältnisse kann vorliegen, wenn die Stiftung in Vermögensverfall geraten ist. Die Aufhebung aufgrund Vermögensverfalls ist einer der wesentlichen Gründe für die bereits zuvor geprüfte Aufhebung der Stiftung durch *Hoheitsakt*.[445] Hier bildet der Vermögensverfall einen Unterfall zur tatsächlichen Unmöglichkeit der Erfüllung des Stiftungszwecks. Im Rahmen des Aufhebungsverfahrens ist durch die zuständige Stiftungsbehörde festzustellen, dass die nachhaltige Zweckerfüllung der Stiftung nicht mehr gewährleistet wird. Da die Möglichkeit besteht, dass die Organe für den Vermögensverfall aufgrund von Pflichtenverstößen haften, sind die Gründe für den Vermögensverfall von der Stiftungsaufsicht zu erforschen.[446] Auch hier gilt der bereits zuvor erwähnte Grundsatz, dass die Stiftung grundsätzlich in ihrem Fortbestand zu bewahren ist, so dass zuvor die Möglichkeiten einer anderweitigen Vorgehensweise geprüft werden müssen. Sollte also durch eine mögliche Zulegung oder Zusammenlegung[447]die Zweckerfüllung auf Dauer wieder gewährleistet werden können, so ist dieser Weg von der Stiftungsbehörde zu verfolgen.

Ist jedoch nach umfassender Prüfung keine greifbare Alternative zur Aufhebung der Stiftung vorhanden, so ist die Aufhebung auszusprechen.[448]

bb) Aufhebung in Ausübung eines Widerrufsvorbehalts?

Im Zusammenhang mit der Aufhebung einer Stiftung durch hoheitlichen Akt wird die Frage diskutiert, ob die Stiftungsbehörde Auflösungsvoraussetzungen dadurch schaffen kann, dass sie die Anerkennung der Stiftung mit Auflagen verbindet und

---

444 Diese Konstellationen werden noch in den späteren Punkten der Auflösungsgründe eruiert und angeführt.

445 So *Hof* in: Seifart/v. Campenhausen § 10, Rn. 350.

446 So *Hof* in: Seifart/v. Campenhausen § 10, Rn. 350.

447 Deren Voraussetzungen noch unter einem gesonderten Prüfungspunkt der Auflösungsgründe erörtert werden.

448 *Hof* in: Seifart/v. Campenhausen § 10, Rn. 351; zuvor sind jedoch sowohl die Stiftungsorgane als auch zu seinen Lebzeiten der Stifter anzuhören.

bei einem Verstoß gegen diese Auflagen von ihrem Widerrufsvorbehalt Gebrauch macht. Als Nebenbestimmung im Sinne des § 36 VwVfG könnten an den Widerrufsvorbehalt geringere Voraussetzungen geknüpft werden als an die Aufhebung einer Stiftung nach § 87 Abs. 1 BGB. Aus Gründen der Rechtssicherheit muss die Zulässigkeit eines solchen Vorgehens jedoch abgelehnt werden.[449] Dies schon deshalb, weil ein Anspruch auf die Anerkennung einer Stiftung besteht. Eine Auflage verbunden mit einem Widerrufsvorbehalt dürfte im Rahmen der Anerkennung der Stiftung nur dann erfolgen, wenn sie gesetzlich geregelt ist. An einer solchen gesetzlichen Regelung mangelt es bereits. Darüber hinaus wäre ein mit der Anerkennung erklärter Widerrufsvorbehalt auch unwirksam, da aus Gründen der Rechtssicherheit die Existenz der Stiftung als Rechtsperson geklärt sein muss.[450] Die Möglichkeit der Aufhebung mittels Ausübung eines Widerrufsvorbehalts scheidet daher aus.

c) Auflösung durch Vereinigung mit einer anderen Stiftung

Das Instrumentarium der Vereinigung mit einer anderen Stiftung kann dazu eingesetzt werden, die Auflösung der Stiftung zu vermeiden. Gleichwohl bringt die Vereinigung mit einer anderen Stiftung unter den möglichen Mitteln der Zulegung oder Zusammenlegung die notwendige Folge zumindest *einer* Auflösung der betroffenen Stiftung mit sich. Im Folgenden wird die Vereinigung zweier Stiftungen daher als ein eigener Auflösungsgrund erörtert, wobei eine genaue Betrachtung der unterschiedlichen Bedeutung von einer Zulegung oder Zusammenlegung zu erfolgen hat.

Zu unterscheiden ist, von wem die Vereinigung initiiert wird. Hier kann einerseits die jeweilige zuständige Stiftungsbehörde durch Zusammenlegung und Zulegung von Stiftungen agieren,[451] andererseits enthalten einige Landesstiftungsgesetze auch ergänzende Regelungen über die Möglichkeit einer Vereinigung durch die Stiftungsorgane selbst.[452] In jedem Fall gilt es zu beachten, dass die geplante Vereinigung nicht dem wirklichen oder mutmaßlichen Willen des/

---

449 *Hof* in: Seifart/v. Campenhausen § 11, Rn. 70; *Richter* in: Münchener Handbuch V § 117, Rn. 40.

450 *Hof* in: Seifart/v. Campenhausen § 11, Rn. 71; Ebersbach/Handbuch des Stiftungsrechts S. 143.

451 Vgl. so z. B. § 8 NStiftG, § 6 StiftGSH, Art 8 Abs. 3 StiftGBay, § 14 Abs. 3 StiftGBW, § 10 StiftGSA, § 9 Abs. 1 StiftGHess, § 8 StiftGSaarl, § 9 Abs. 1 StiftGBrem.

452 Vgl. so z. B. § 7 NStiftG, § 5 StiftGSH, § 8 StiftGNW, § 5 StiftGBln, § 8 StiftGRP, § 9 Abs. 1 StiftGHess, § 7 StiftGSaarl, § 8 StiftGBrem.

der Stifter(s) der beteiligten Stiftungen widerspricht.[453] Zudem ist es erforderlich, dass die beteiligten Stiftungen über identische, teilidentische oder zumindest stark angepasste Zwecksetzungen verfügen.[454]

aa) Zusammenlegung

Die Zusammenlegung von Stiftungen beinhaltet die Zusammenfassung mehrerer (mindestens zweier) Stiftungen mit gleichem oder ähnlichem Zweck zu einer neuen Stiftung.[455] Die für die neue Stiftung benötigte Satzung wird von der zuständigen Stiftungsbehörde unter Mitwirken der Stiftungsorgane erlassen.[456] Sollte eine Zusammenarbeit der Stiftungsorgane unterbleiben, bleibt es der Stiftungsbehörde unbenommen, ohne Mitwirkung der Stiftungsorgane eine Satzung zu schaffen. Die Befugnis der Stiftungsbehörde zur Zusammenlegung von Stiftungen folgt unmittelbar aus § 87 BGB und umfasst die Möglichkeit, eine Satzung für die neue Stiftung ohne Mitwirkung der Stiftungsorgane zu entwerfen.

Die Zusammenlegung kann von Amts wegen erfolgen. Dies immer dann, wenn die Voraussetzungen des § 87 BGB erfüllt sind, da die Zusammenlegung eine besondere Form der Aufhebung darstellt.[457] Die Zusammenlegung von Stiftungen durch hoheitlichen Akt ist demgemäß zulässig, wenn bei den betroffenen Stiftungen der Stiftungszweck unmöglich geworden ist oder sie das Gemeinwohl gefährden. Die zusammengelegten Stiftungen verlieren ihre jeweilige Rechtspersönlichkeit, erlangen aber eine neue Rechtspersönlichkeit in Gestalt einer neuen juristischen Person.[458] Zu beachten ist, dass die Zusammenlegung nicht zu einer

453 Beachte *Reuter* in: MünchKomm § 87 BGB, Rn. 14, der die autonome Zusammenlegung oder Zulegung durch Beschluss der Stiftungsorgane als unzulässig betrachtet, da eine Beschränkung der Stiftungsorgane auf das Recht (und die Pflicht) zur Erfüllung des Stiftungszwecks besteht, welche eine Disposition über Existenz und Identität der Stiftung ausschließt.

454 Burgard/Gestaltungsfreiheit S. 631; *Richter* in: Münchener Handbuch V § 117, Rn. 21.

455 *Hüttemann/Rawert* in: Staudinger § 87 BGB, Rn. 10; *Richter* in: Münchener Handbuch V § 117, Rn. 26; Saenger ZSt 2007, 81.

456 *Richter* in: Münchener Handbuch V § 117, Rn. 26.

457 *Arnold* in: Hüttemann/Richter/Weitemeyer, Rn. 2723; *Hüttemann/Rawert* ZIP 2002, 2019, 2023; Karper/Diss S. 52ff.; a.A. Hoffmann/Diss S. 60ff.

458 *Richter* in: Münchener Handbuch V § 117, Rn. 27; *Hüttemann/Rawert* in: Staudinger § 87 BGB, Rn. 10.

Gesamtrechtsnachfolge[459] bei der neu entstandenen Stiftung führt. Vielmehr ist das Vermögen der zusammengelegten Stiftungen nach einer durchgeführten Liquidation der alten Stiftungen auf die neue Stiftung zu übertragen.[460] Problematisch ist die Frage, ob bei einer solchen Übertragung die Rechte des Anfallberechtigten einer Übertragung des Stiftungsvermögens auf die neue Stiftung nicht entgegenstehen. Gegebenenfalls hat die zuständige Stiftungsbehörde die Rechte des Anfallberechtigten vorrangig zu beachten und ist daher angehalten, eine Zusammenlegung nicht durchzuführen, sondern die betreffenden Stiftungen aufzulösen. Soweit nicht ausnahmsweise vorgesehen ist, dass der Fiskus Anfallberechtigter ist und das Stiftungsvermögen an ihn fällt, ist eine Zusammenlegung durch die Stiftungsbehörde ohne Zustimmung des nicht-fiskalen Anfallberechtigten ausgeschlossen.[461] Die Errichtung der neuen Stiftung hängt somit vom Willen des nicht-fiskalen Anfallberechtigten ab.

Auch die Kritik an diesem Ergebnis vermag nicht zu überzeugen. Nach anderer Ansicht wäre eine Zusammenlegung durch die Behörde auf Grundlage des § 87 BGB nur dann rechtlich möglich, wenn die Norm auch die Rechtsstellung des Anfallberechtigten schützen würde. Das Gesetz schütze jedoch nicht die Stellung der Anfallberechtigten, da andernfalls der Stiftungsbehörde nicht die Wahl überlassen werden könnte, ob sie der Stiftung eine andere Zweckbestimmung gibt oder diese auflöst.[462] Die Vertreter dieser Ansicht verkennen jedoch, dass die zuvor beschriebene Wahlmöglichkeit der Stiftungsbehörde nach § 87 BGB den Schutz des Anfallberechtigten nicht ausschließt. Vielmehr hat die Stiftungsbehörde bei der Wahl zwischen einer

---

459 Str. da einige Landesstiftungsgesetze den Übergang des Stiftungsvermögens im Wege der Gesamtrechtsnachfolge vorsehen. Den Ländern fehlt jedoch die Kompetenz zum Erlass derartiger Regelungen, da es sich bei der Gesamtrechtsnachfolge um ein Problem des bürgerlichen Rechts (vgl. Art 74 Abs. 1 Nr. 1 GG) handelt, *Hüttemann/Rawert* in: Staudinger § 87 BGB, Rn. 10; *Saenger* ZSt 2007, 81, 85; *Fritsche* in: Werner/Saenger/Die Stiftung, Rn. 725; *Muscheler* NJW 2004, 713, 715; *ders.* ZSt 2004, 3, 10; *Arnold* in: Hüttemann/Richter/Weitemeyer, Rn. 2739; a.A. *Peters/Herms* ZSt 2007, 323, 325; wohl auch Burgard/Gestaltungsfreiheit S. 630, Fn. 41.

460 So die h.M. *Hüttemann/Rawert* in: Staudinger § 87 BGB, Rn. 10; *Hof* in: Seifart/v. Campenhausen § 11, Rn. 54; *Stengel* in: Semler/Stengel UmwG § 161, Rn. 43; a.A. *Reuter* in: MünchKomm § 87 BGB, Rn. 16, der jedoch eine Gesamtrechtsnachfolge wegen fehlender Gesetzgebungskompetenz der Länder ablehnt; Hoffmann/Diss S. 159ff.; Burgard/Gestaltungs-freiheit S. 631, der von einer „stiftungsspezifischen Verschmelzung" spricht.

461 *Saenger* ZSt 2007, 81, 83; *Karper* BWVP 1994, 275, 277.

462 *Arnold* in: Hüttemann/Richter/Weitemeyer, Rn. 2714; *Fritsche* in: Werner/Saenger/Die Stiftung, Rn. 742, Fn. 69.

Zusammenlegung oder einer Auflösung eine Abwägung vorzunehmen. Im Rahmen dieser Abwägung hat die Stiftungsbehörde zu berücksichtigen, dass bei Vorliegen eines nicht-fiskalen Anfallberechtigten die Option einer Zusammenlegung von der Zustimmung des nicht-fiskalen Anfallberechtigten abhängt. Bekommt die Stiftungsbehörde eine solche Zustimmung nicht, scheidet die Option einer Zusammenlegung gänzlich aus. Das Argument des mangelnden Schutzes des Anfallberechtigten greift daher zu kurz. Insoweit werden auch nicht die hoheitlichen Kompetenzen der Stiftungsaufsicht nach § 87 BGB von der Mitwirkung der Anfallberechtigten abhängig gemacht.[463] Die hoheitlichen Kompetenzen bleiben unberührt.

Hat der Anfallberechtigte der Zusammenlegung zugestimmt, kann die Überleitung des Vermögens auf die neue Stiftung auf zwei Wegen realisiert werden. Zum einen können die Anfallberechtigten ihren schuldrechtlichen Anspruch gegen die Stiftung in Liquidation an den Fiskus *abtreten*, gemäß § 398 BGB.[464] Zum anderen können die Anfallberechtigten die Ausschlagung des Vermögensanfalls analog §§ 1942, 1953 BGB erklären, wodurch der Fiskus – in Ermangelung eines in der Satzung festgelegten Ersatzanfallberechtigten – in die Stellung des Anfallberechtigten tritt. Die Zustimmung der Anfallberechtigten für die Zusammenlegung wird jedoch vorwiegend unter der Prämisse erfolgen, dass die ursprünglichen Anfallberechtigten als Gegenleistung auch zu den Anfallberechtigten der neuen Stiftung ernannt werden.[465]

bb) Zulegung

Die Zulegung[466] einer Stiftung bedeutet die Aufnahme einer Stiftung durch eine andere bereits existierende Stiftung. Dabei wird das Vermögen einer oder mehrerer Stiftungen auf die bestehende Stiftung übertragen.[467] Im Unterschied zur Zusammenlegung erlischt bei der Zulegung nur eine Stiftung, nämlich die Stiftung, die zugelegt wird. Bei der Zulegung kommt es also nicht zu einer Neugründung einer rechtsfähigen Stiftung. Vielmehr gibt die aufgenommene Stiftung ihre eigene

---

463 So jedoch *Hof* in: Seifart/v. Campenhausen § 10, Rn. 367.

464 Nach anderer Ansicht hat die Abtretung an die neue Stiftung zu erfolgen, *Saenger* ZSt 2007, 81, 83; Karper/Diss S. 62, jedoch kann die neue Stiftung nicht notwendiger Zessionar sein, da die neue Stiftung erst anerkannt wird, wenn gemäß § 80 Abs. 2 BGB die Zweckerfüllung gesichert ist, was wiederum erst nach erfolgter Abtretung der Anfallberechtigten vorliegen kann, so Gantenbrink/Diss S. 290.

465 Gantenbrink/Diss S. 290.

466 Nach Informationen des Bundesverbands Deutscher Stiftungen wurde für das Jahr 2010 von den jeweiligen Aufsichtsbehörden, für die Gruppe der rechtsfähigen Stiftungen bürgerlichen Rechts, **eine** Zulegung mitgeteilt.

467 *Hüttemann/Rawert* in: Staudinger § 87 BGB, Rn. 11; *Saenger* ZSt 2007, 81.

Organisation und Verwaltung auf und wird fortan von der aufnehmenden Stiftung mitverwaltet.

Ist die aufnehmende Stiftung als Anfallberechtigter gemäß § 88 S. 1 BGB benannt, kann das Vermögen nach erfolgter Liquidation der aufnehmenden Stiftung ausgeantwortet werden. Für anderweitige Anfallberechtigte ergeben sich dieselben bereits zuvor für die Zusammenlegung erörterten Probleme. Ist der Fiskus Anfallberechtigter wird er Gesamtrechtsnachfolger und kann das Vermögen der aufnehmenden Stiftung zustiften. Bei nicht-fiskalen Anfallberechtigten hängt die Zulegung von dem Willen der Anfallberechtigten ab. Die nicht-fiskalen Anfallberechtigten können jedoch als Zustiftung ihren Anspruch gegen die Liquidationsstiftung abtreten.

d) Auflösung aufgrund von Satzungsvorschriften

In der Satzung der Stiftung können statutarische Auflösungsgründe vorgesehen sein. Üblicherweise werden in der Stiftungssatzung die gesetzlichen Auflösungsgründe wiederholend wiedergegeben. Soweit der Stifter dadurch verdeutlicht, dass er die gesetzlichen Auflösungsgründe in seinen Stifterwillen aufgenommen hat, kommt den in der Stiftungssatzung festgelegten Auflösungsgründen trotz allem nur klarstellende Bedeutung zu.[468] Die Stiftungssatzung kann aber neben der bloßen Wiedergabe der gesetzlichen Auflösungsgründe auch eigene satzungsmäßige Auflösungsgründe enthalten. Sobald die Voraussetzungen der eigenen Auflösungsgründe vorliegen, welche noch im Folgenden näher bezeichnet und erfasst werden, hat ein von den Stiftungsorganen ausgesprochener Auflösungsbeschluss zu ergehen. Inhalt dieses Auflösungsbeschlusses ist die Feststellung, dass die Voraussetzungen eines Auflösungsgrundes gegeben sind. Der Auflösungsbeschluss ist sodann von der zuständigen Stiftungsaufsicht zu prüfen und zu genehmigen.[469]

aa) Die Zweckerfüllung als Auflösungsgrund

Die Erfüllung des Stiftungszweckes liegt dann vor, wenn alle im Stiftungsgeschäft und in der Satzung statuierten Zwecke restlos und dauerhaft erfüllt sind.[470] Praktische Bedeutung hat dies in den Fällen, in denen der Zweck der Stiftung

---

468 Burgard/Gestaltungsfreiheit S. 631.

469 *Richter* in: Münchener Handbuch V § 117, Rn. 11; Burgard/Gestaltungs-freiheit S. 633.

470 *Hof* in: Seifart/v. Campenhausen § 11, Rn. 29; *Richter* in: Münchener Handbuch V § 117, Rn. 12.

eng begrenzt ist. Beispiel hierfür ist die von der Stiftung betriebene Errichtung eines Denkmales, ohne zugleich auch die Unterhaltung und Pflege des Denkmales zu umfassen.[471] Wenn in diesem Beispiel eine Fortführung der Stiftung mit dem Zweck der Denkmalerhaltung nicht in Frage kommt, ist der Stiftungszweck mit Errichtung des Denkmals erfüllt und die Stiftung wegen dieser Zweckerfüllung aufzulösen.[472] Fraglich ist, ob die Stiftung zwingend aufzulösen ist, soweit sie ihren Zweck vollständig erfüllt hat, oder ob Stiftungsorgane und Stiftungsaufsicht Handlungsalternativen offen stehen. Die Beantwortung dieser Frage hängt wiederum maßgeblich vom Stifterwillen zum Zeitpunkt der Stiftungserrichtung ab. Grundsätzlich stehen Stiftungsorganen und Stiftungsaufsicht zwei Handlungsalternativen offen: Entweder die Auslegung des Stifterwillens gestattet es, eine Änderung des Stiftungszwecks vorzunehmen. In diesem Falle können die Stiftungsorgane eine entsprechende Satzungsänderung beschließen, welche die Stiftungsbehörde genehmigen kann. Oder die Auslegung des Stifterwillens ergibt, dass eine Zweckänderung unter keinen Umständen gewollt war. Dann muss die Beendigung der Stiftung nach dem bereits dargestellten Ablauf herbeigeführt werden.

bb) Der Fristablauf als Auflösungsgrund

Wie bereits ausgeführt, kann eine Stiftung auch von vornherein zeitlich befristet errichtet werden (Stiftung auf Zeit).[473] Hierzu kann der Stifter einen Fristablauf im Stiftungsgeschäft oder in der Stiftungssatzung für den Bestand der Stiftung setzen. Mit Ablauf dieser Frist wird die Stiftung ipso iure aufgelöst.[474] Die Berechnung der Frist erfolgt nach den allgemeinen Regeln der §§ 186ff. BGB. *Burgard* definiert neben dem Ablauf eines bestimmten Zeitraumes noch weitergehende Beispiele, die unter den Auflösungsgrund „Fristablauf" fallen können. Hierfür kann neben einem bestimmten Enddatum auch ein anderes konkretes Ereignis vorgesehen sein, dessen Eintritt gewiss ist. Der Tod einer bestimmten Person oder das

---

471 Weitere Beispiele sind das Medikament, dessen Entwicklung Stiftungszweck war und nunmehr erfolgreich abgeschlossen ist, oder die nicht mehr mögliche Unterstützung politischer Häftlinge in der DDR; *Schwintek* in: Werner/Saenger/Die Stiftung, Rn. 699.

472 *Hof* in: Seifart/v. Campenhausen § 11, Rn. 30; *Richter* in: Münchener Handbuch V § 117, Rn. 13.

473 Dies ist grundsätzlich anerkannt *Neuhoff* in: Soergel § 87 BGB, Rn. 12; *Hof* in: Seifart/v. Campenhausen § 11, Rn. 32; Burgard/Gestaltungsfrei-heit S. 632.

474 *Reuter* in: MünchKomm § 88 BGB, Rn. 1; Burgard/Gestaltungsfreiheit S. 632.

Ausscheiden bestimmter natürlicher Personen aus einem Stiftungsorgan sind hier zu nennen.[475] Denkbar wäre auch der Tod des Stifters selbst. Es ist nicht zwingende Voraussetzung für den Bestand einer Stiftung, dass sie den Stifter *überlebt*. Wenn also der Stifter – entgegen dem gewöhnlichen Anliegen – möchte, dass die Stiftung nur zu seinen Lebzeiten existiert und ihn nicht überdauert, kann er mit seinem Tod auch das Ende der Stiftung verbinden.

cc) Die auflösende Bedingung als Auflösungsgrund

Der Stifter kann in der Stiftungssatzung oder in dem Stiftungsgeschäft eine auflösende Bedingung festlegen, welche bei Bedingungseintritt die Auflösung der Stiftung zur Folge hat.[476] Beispiele hierfür sind eine Gesetzesänderung, durch die von Staats wegen Leistungen gewährt werden, welche bis dato von der Stiftung erbracht wurden,[477] ein Wegfall von Steuerbegünstigungen der Stiftung oder der Ablauf eines Patents und der damit verbundene Wegfall der wirtschaftlichen Patentnutzung für die Stiftung.

Der Möglichkeit, die Auflösung der Stiftung unter den Vorbehalt des Eintritts einer auflösenden Bedingung zu stellen, steht nicht entgegen, dass es eine nur bedingt entstandene juristische Person nicht geben könne.[478] Wie ein Vergleich mit dem Gesellschaftsrecht zeigt, sind solche auflösenden Bedingungen im Gesellschaftsvertrag bzw. in einer Satzung zulässig.[479] Gleichwohl muss bei der Festlegung der auflösenden Bedingung das *Bestimmtheitsgebot* beachtet werden, so dass der Eintritt der Bedingung eindeutig festzustellen ist.[480]

e) Die Eröffnung des Insolvenzverfahrens als Auflösungsgrund

Aufgrund der Verweisung in § 86 BGB auf die Bestimmungen der §§ 26 und 27 Abs. 3 BGB, der §§ 28 bis 31a und 42 BGB findet das Vereinsrecht auch auf die

475 So Burgard/Gestaltungsfreiheit S. 632.

476 *Neuhoff* in: Soergel § 87 BGB, Rn. 12; *Hof* in: Seifart/v. Campenhausen § 11, Rn. 3, 34; Burgard/Gestaltungsfreiheit S. 632; *O. Werner* in: Erman § 87, Rn. 6; *Ellenberger* in: Palandt § 87 BGB, Rn. 3.

477 *Hof* in: Seifart/v. Campenhausen § 11, Rn. 34.

478 *Reuter* in: MünchKomm § 81 BGB, Rn. 44.

479 Vgl. *Ulmer/Schäfer* in: MünchKomm vor § 723 BGB, Rn. 21; *K. Schmidt/Bitter* in: Scholz § 60 GmbHG, Rn. 74.

480 So Burgard/Gestaltungsfreiheit S. 633, der im Rahmen des Bestimmt-heitsgebotes die Anforderung stellt, dass der Eintritt der Bedingung mit ähnlicher Eindeutigkeit wie bei dem Auflösungsgrund des Fristablaufes feststehen muss.

Stiftung Anwendung. § 86 BGB verweist dabei explizit auf die insolvenzrechtliche Norm des § 42 BGB. Die Bestimmung des § 42 BGB wiederum stellt eine eigene Regelung für den Insolvenzfall des Vereins dar. Im Folgenden werden die Unterschiede zu dem Verein in der Insolvenz kurz erläutert und die sich für die Stiftung ergebenden besonderen Probleme herausgestellt.

aa) Insolvenzfähigkeit der Stiftung

Die Regelung des § 11 Abs. 1 InsO bestimmt, dass ein Insolvenzverfahren über das Vermögen jeder natürlichen und juristischen Person eröffnet werden kann. Durch § 11 InsO wird also festgelegt, welche Rechtsträger und Vermögensmassen Subjekt eines Insolvenzverfahrens werden können.[481] Die selbstständige Stiftung ist als juristische Person nach § 11 Abs. 1 S. 1 InsO insolvenzfähig. Die Rechtsfähigkeit der Stiftung und somit auch die Insolvenzverfahrensfähigkeit bestehen bei der Stiftung bis zu ihrer Vollbeendigung fort. Dies bedeutet, dass nach § 11 Abs. 3 InsO eine im Liquidationsstadium befindliche Stiftung so lange insolvenzfähig ist, wie das Restvermögen der Stiftung noch nicht an die Anfallberechtigten ausgekehrt worden ist.[482] Ausnahme hiervon bildet die Fallkonstellation, dass der Fiskus Anfallberechtigter ist und nach §§ 88 S. 3, 46 BGB Gesamtrechtsnachfolger wird. In diesem Falle mangelt es an der für die Insolvenzfähigkeit notwenigen juristischen Person, da die Stiftung direkt erlischt.

bb) Insolvenzgründe

Insolvenzgründe können für die Stiftung die Zahlungsunfähigkeit (§ 17 Abs. 1 InsO), die drohende Zahlungsunfähigkeit (§ 18 Abs. 1 InsO) und die Überschuldung (§ 19 Abs. 1 InsO) sein. Bei der Prüfung der Insolvenzgründe ist die rechtliche Trennung des Stiftungsvermögens in Grundstock- und Umlaufvermögen für die Feststellung der Insolvenzgründe bedeutungslos.[483] Zahlungsunfähig ist die Stiftung daher, wenn sie selbst unter Rückgriff auf das Grundstockvermögen nicht in der Lage ist, ihre fälligen Verbindlichkeiten zu bedienen.[484] Entsprechendes gilt für den Insolvenzgrund der drohenden Zahlungsunfähigkeit. Für die Bestimmung des Insolvenzgrundes der Überschuldung müssen hingegen die Renditeerwartungen aus der Verwaltung des

---

481 *Mönning* in: Nerlich/RömermannInsO § 11, Rn. 8; *Hirte* in: Uhlenbruck/InsO § 11, Rn. 5.

482 *Roth/Knof* KTS 2009, 163, 165.

483 *Roth/Knof* KTS 2009, 163, 166; *H. F. Müller* ZIP 2010, 153, 155.

484 *Roth/Knof* KTS 2009, 163, 166; *Fritsche* Zst 2003, 113, 121; *ders.* Zst 2003, 211, 213.

Grundstockvermögens eingerechnet werden. Eine positive Prognose schließt die Überschuldung wiederum aus.[485] Andere Zuflüsse, wie z. B. Spenden, Zuschüsse oder Zustiftungen, können erst dann berücksichtigt werden, wenn sie aufgrund ihrer Zweckgebundenheit zur Tilgung von Verbindlichkeiten eingesetzt werden, die aus einer entsprechenden Zweckverfolgung herrühren, und wenn sie zudem sicher sind. Das heißt, es muss bereits eine rechtsverbindliche Zusage des Gebers vorliegen.[486]

Die rechtsverbindliche Zusage des Gebers, Geldleistungen an die Stiftung zu erbringen, kann die Insolvenz einer Stiftung abwenden. Sollte die Stiftung dennoch in die Insolvenz geraten, stellt sich die Frage, welche Bedeutung dies für die Destinatäre hat. Die Rechtsstellung der Destinatäre hängt maßgeblich davon ab, ob ein verteilungsfähiger Ertrag vorhanden ist. Mangelt es an der notwendigen Liquidität, kann kein Anspruch der Destinatäre auf Stiftungsleistung gegen die Stiftung erwachsen. Aus diesem Grunde scheiden Destinatäre als Insolvenzgläubiger aus.[487] Anders verhält es sich hingegen, wenn es um rückständige Stiftungsleistungen der Stiftung gegenüber den Destinatären geht. Stehen Stiftungsleistungen noch aus, sind die Destinatäre nachrangige Insolvenzgläubiger nach § 39 Abs. 1 Nr. 4 InsO. Sie können in diesem Fall nicht aus dem Kreis der Stiftungsgläubiger ausgeschlossen werden.[488] Gleichwohl haben die Destinatäre eine nachfolgende Rangfolge aufgrund der unentgeltlichen Leistung der Stiftung nach § 39 Abs. 1 InsO hinzunehmen.

cc) Wirkung der Eröffnung des Insolvenzverfahrens

Wie beim Verein[489] ist die Stiftung nach den §§ 86 S. 1, 42 Abs. 1 S. 1 BGB mit der Eröffnung des Insolvenzverfahrens aufgelöst. Dies bedeutet jedoch nicht, dass

485 Der Gesetzgeber ist nach der seit dem Finanzmarktstabilisierungsgesetz 2008 (BGBl I 2009, 1982) geltenden Fassung zum modifizierten zweistufigen Überschuldungsbegriff zurückgekehrt, so dass eine positive Prognose die Überschuldung wieder von vornherein ausschließt, vgl. zur Neuregelung *Hölzle* ZIP 2008, 2003ff.; *Holzer* ZIP 2008, 2108ff.; *K. Schmidt* ZIP 2009, 1551, 1552.

486 *Roth/Knof* KTS 2009, 163, 168; *Hass/Mock* in: Gottwald/Insolvenz-rechts-Handbuch § 93, Rn. 209.

487 *Hüttemann/Rawert* in: Staudinger § 85 BGB, Rn. 40; *Hof* in: Seifart/v. Campenhausen § 11, Rn. 39; Burgard/Gestaltungsfreiheit S. 461; Fritsche Zst 2003, 211, 218; *ders.* Zst 2003, 243, 247; Ebersbach/Handbuch des Stiftungsrechts S. 143.

488 *Hof* in: Seifart/v. Campenhausen § 11, Rn. 39; *Hüttemann/Rawert* in: Staudinger § 85 BGB, Rn. 40; *Muscheler* WM 2003, 2213, 2217; a.A: *Fritsche* Zst 2003, 211, 218; Burgard/Gestaltungsfreiheit S. 461.

489 Siehe hierzu Teil B II. 2. e) cc).

die Stiftung ihre Rechtspersönlichkeit verliert. Mit der Rechtsfolge der Auflösung wird die Stiftung in ein (insolvenzrechtliches) Liquidationsstadium expediert. Ihre rechtliche Existenz bleibt während des Insolvenzverfahrens unberührt.[490] Die durch die Eröffnung des Insolvenzverfahrens aufgelöste Stiftung wird nach §§ 88 S. 3, 49 Abs. 2 BGB bis zur Beendigung des Insolvenzverfahrens als fortbestehend betrachtet. Im Falle der Vermögenslosigkeit oder der Gesamtrechtsnachfolge durch den Fiskus (§ 88 S. 3, 46 BGB) erlischt die Stiftung jedoch unmittelbar.[491] Kommt es hingegen zu einer Ablehnung der Eröffnung des Insolvenzverfahrens mangels Masse, bleibt die Stiftung als werbende juristische Person bestehen, bis die Stiftungsbehörde sie nach § 87 Abs. 1 BGB wegen Unmöglichkeit der Erfüllung des Stiftungszwecks aufhebt.[492]

Nach Beendigung des Insolvenzverfahrens fallen die zurückgebliebenen Vermögenswerte an die Anfallberechtigten. Voraussetzung hierfür ist allerdings, dass die nach § 203 InsO mögliche Nachtragsverteilung bereits stattgefunden hat oder es ihrer erst gar nicht bedurfte. Als Liquidator des Restvermögens fungiert nun wieder der „alte“ Vorstand. Nach der Wirkung des § 215 InsO erhält dieser die Verfügungsmacht über das Restvermögen von dem Insolvenzverwalter.[493] Somit obliegt es dem Liquidator, den letzten Schritt zur Vollbeendigung der Stiftung zu vollziehen und das Restvermögen an die Anfallberechtigten auszukehren.

dd) Haftung

Im Falle einer verzögerten Antragsstellung haften die Mitglieder des Vorstandes den Alt- und Neugläubigern der Stiftung als Gesamtschuldner, §§ 86 S. 1, 42 Abs. 2 S. 2 BGB. Die Haftung umfasst den bereits für den Verein herausgearbeiteten Ersatz des Quotenschadens.[494] Der Haftungsumfang richtet sich danach, was der Gläubiger im Vergleich zu der tatsächlich erhaltenen Quote erhalten hätte, wenn der Insolvenzantrag rechtzeitig gestellt worden wäre.[495] Die Pflicht zur Insolvenzantragspflicht des Vorstands folgt unmittelbar aus § 42 Abs. 2 BGB. Nach

490 *Hüttemann/Rawert* in: Staudinger § 86 BGB, Rn. 52; *Hof* in: Seifart/v. Campenhausen § 11, Rn. 41; *Roth/Knof* KTS 2009, 163, 170; *Hass/Mock* in: Gottwald/Insolvenzrechts-Handbuch § 93, Rn. 212.

491 Roth/Knof KTS 2009, 163, 170; *Hüttemann/Rawert* in: Staudinger § 86 BGB, Rn. 52; *Hass/Mock* in: Gottwald/Insolvenzrechts-Handbuch § 93, Rn. 212.

492 *Reuter* in: MünchKomm § 86 BGB, Rn. 28; *Roth/Knof* KTS 2009, 163, 171.

493 *Hof* in: Seifart/v. Campenhausen § 11, Rn. 45; *Fritsche* Zst 2003, 243, 249.

494 Vgl. die bereits für den Verein herausgearbeiteten Grundsätze unter Teil B II. 2. e) dd).

495 *Hüttemann/Rawert* in: Staudinger § 86 BGB, Rn. 50; BGHZ 29, 100, 102ff.

der Regierungsbegründung zum MoMiG ist § 42 Abs. 2 BGB lex specialis gegenüber § 15a Abs. 1 S. 1 InsO.[496] Dabei setzt § 42 Abs. 2 BGB eine schuldhafte Verzögerung der Antragsstellung voraus. Der Vorstand der Stiftung erfüllt die Voraussetzungen einer schuldhaften Verzögerung der Antragsstellung dann, wenn er trotz positiver Kenntnis oder fahrlässiger Unkenntnis der Insolvenzreife die Verfahrenseröffnung nicht unverzüglich beantragt.[497]

3. Anfallberechtigte

Auch in den stiftungsrechtlichen Bestimmungen des BGB wird der Begriff des Anfallberechtigten vom Gesetzgeber vorgegeben. Da das Gesetz – durch § 88 S. 3 BGB – eine Verweisung auf die §§ 46 bis 53 BGB vornimmt und somit die Anwendung des Vereinsrecht vorgesehen ist, kann eine Parallele zu den Problemen der Anfallberechtigten eines Vereines gezogen werden. Trotz dieser Parallele sind die Problemkonstellationen, die im Zusammenhang mit dem Vermögensanfall im Zuge der Auflösung einer Stiftung auftreten können, nicht identisch mit den Problemstellungen, die bereits im Zusammenhang mit der Auflösung eines Vereins erörtert wurden. Die stiftungsrechtlichen Besonderheiten sollen daher im Folgenden näher beleuchtet werden.

In der den Vermögensanfall regelnden Grundvorschrift für die Stiftung nach § 88 BGB legt der Gesetzgeber zunächst fest, an wen das Vermögen im Falle des Erlöschens der Stiftung fällt, nämlich an die in der Verfassung bestimmten Personen. Erst in dem nachfolgenden Satz dieser Vorschrift verwendet der Gesetzgeber den Begriff des Anfallberechtigten und verknüpft ihn mit einer konkreten Bestimmung. Da der Gesetzgeber in der Verweisung des § 88 S. 3 BGB bewusst nicht auch auf § 45 BGB verwiesen hat, nimmt er in § 88 BGB eine eigene klare Unterscheidung bzgl. einer „in der Verfassung bestimmten Person" oder einer fehlenden Bestimmung eines Anfallberechtigten vor. Hier bestimmt er – entsprechend der Regelung des § 45 BGB – die *Anfallrichtung*. Mit der Verweisung auf § 46 BGB wird vom Gesetzgeber vorgegeben, auf welche *Art und Weise* das Vermögen an den Fiskus fällt.

---

496 BT-Drucks. 16/6140, S. 14.

497 *Roth/Knof* KTS 2009, 163, 177, mangels besonderer vereins- und stiftungsrechtlicher Vorschrift soll auf die Haftung nach §§ 42 Abs. 2, 86 S. 1 BGB die Dreiwochenfrist des § 15a Abs. 1 S. 1 InsO entsprechende Anwendung finden; *Hüttemann/Rawert* in: Staudinger § 86 BGB, Rn. 50; a.A. *Hass/Mock* in: Gottwald/Insolvenzrechts-Handbuch § 93, Rn. 211.

Im Hinblick auf die vorangegangenen Ausführungen kann zunächst festgehalten werden, dass die Art und Weise des Vermögensanfalls auch bei der Stiftung maßgeblich davon abhängt, ob eine Person bzw. mehrere Personen als Anfallberechtigte(r) bestimmt worden sind oder ob der Fiskus im Wege der Gesamtrechtsnachfolge einrückt. Nur im Falle anfallberechtigter nicht-fiskaler Personen findet ein Liquidationsverfahren statt. Ob ein solcher Fall vorliegt, wird durch eine bestimmende Regelung in der Verfassung der Stiftung festgelegt. Welche Anforderungen an eine solche Bestimmung gestellt werden müssen und vor allem, aus welcher causa dann der Vermögensanfall herrührt, wird nunmehr im Folgenden herausgearbeitet.

a) Analyse der Gesetzesgrundlage

Wie schon im Rahmen der vereinsrechtlichen Ausführungen geschehen, bietet es sich auch für die Untersuchung der mit der Auflösung einer Stiftung verbundenen Folgen an, die stiftungsrechtlichen Vorschriften des BGB einer tiefergehenden Analyse zu unterziehen. Im Rahmen dieser Analyse soll der Fokus insbesondere auf die stiftungsrechtliche „Grundvorschrift für den Vermögensanfall“, die Regelung § 88 BGB, gelegt werden. Dabei soll auch die historische Entwicklung im Rahmen des Gesetzgebungsverfahrens nachgezeichnet werden, da hierdurch die Möglichkeit geschaffen wird, anhand der gesetzgeberischen Motivlage bei der Schaffung dieser Norm die causa des Vermögensanfalls festzustellen.

Wie bereits im Rahmen der vereinsrechtlichen Betrachtung herausgearbeitet wurde, wird der Vermögensanfall vom historischen Gesetzgeber im Zusammenhang mit der Frage nach den Rechtsfolgen bei dem Erlöschen der Körperschaft thematisiert.[498] Diese Thematisierung ist auch für die Stiftung maßgebend. Der historische Gesetzgeber hat sich bei den Beratungen bzgl. des Vermögensanfalls einer Stiftung eher kurz gefasst und auf die von ihm vorgenommene Thematisierung der Rechtsfolgen bei dem Erlöschen der Körperschaft verwiesen. So heißt es in den Protokollen:

> *„Hinsichtlich der Rechtsstellung des Fiskus, der Notwendigkeit einer Liquidation und der Art und Weise ihrer Vornahme seien dieselben Gesichtspunkte maßgebend, wie bei den Vereinen...“*[499]

Somit wurde der für den Gesetzgeber maßgebende überwiegende Teil des Vermögensanfalls bereits für das Erlöschen der Körperschaft in Bezug auf den Verein

498 Vgl. die bereits für den Verein herausgearbeiteten Grundsätze unter Teil B II. 3. a).
499 Protokolle zum Allgemeinen Theile, Mugdan Band I S. 669.

problematisiert und erörtert. Dies bedeutet für die Stiftung, dass offenbar nach der Ansicht des Gesetzgebers das Erlöschen nicht zur Folge haben kann, „dass die in dem Körperschaftsvermögen zusammengeschlossenen Rechte und Verbindlichkeiten untergehen und die zu diesem Vermögen gehörenden Sachen herrenlos werden."[500]

Gleiches gilt in diesem Zusammenhang für die Durchführung einer Liquidation. Insoweit gilt das bereits für den Verein Herausgearbeitete hier ebenfalls. Die Möglichkeit, mittels Liquidationsverfahren die Stiftung abzuwickeln, war dem Gesetzgeber aus anderen gesetzlich festgeschrieben Rechtsformen bekannt[501] und durch die Verweisung auf den vereinsrechtlichen Teil des Gesetzes auch für die Stiftung gewollt. So kommt der Gesetzgeber für den Verein zu dem Schluss, dass „eine wirkliche Sicherheit für die Rechte der Gläubiger und zugleich eine Gewähr für eine angemessene Überleitung des Vermögens auf die bezugsberechtigten Mitglieder nur geboten wird durch die Anordnung eines besonderen, mit den erforderlichen Garantien umgebenen Liquidationsverfahrens, wie solches bereits dem bestehenden Rechte geläufig ist."[502]

Der Gesetzgeber hat daher bewusst auch für die Stiftung das Liquidationsverfahren als Instrumentarium für die Abwicklung der Körperschaft gewählt. Dies jedoch nur in den Fällen, in denen nicht der Fiskus Gesamtrechtsnachfolger wird.

Der Gesetzgeber machte zudem noch die klare Vorgabe, dass „die Rechtsordnung dafür zu sorgen hat, dass eine geeignete, die Interessen der Gläubiger wahrende Überleitung des Vermögens auf andere Personen eintritt."[503] Insofern findet sich diese Intention auch bei der Regelung des Vermögensanfalls im Falle der Auflösung einer Stiftung in § 88 BGB wieder, da mit der Verweisung auf das Vereinsrecht, mithin auf die §§ 46 bis 53 BGB, zum einen die Notwendigkeit einer Liquidation festgelegt und zum anderen der Fiskus – falls keine Regelung in der Verfassung getroffen wurde – als gesetzlicher Erbe behandelt wird. § 88 BGB bringt daher als Grundvorschrift des Vermögensanfalls für die Fälle der Auflösung einer Stiftung zum Ausdruck, dass es dem Stifter obliegt, ob er in der Verfassung eine Person bestimmt oder ob von dem gesetzlichen *Grundfall* auszugehen ist und der Vermögensanfall an den Fiskus vorliegt (durch entsprechende Verweisung auf § 45 Abs. 3 BGB).

Für die Gründe des Erlöschens einer Stiftung und deren Voraussetzungen findet der historische Gesetzgeber ebenfalls nur knappe Worte. So heißt es:

500 Vgl. Mot I S. 109, 110; so auch herausarbeitend K. Schmidt/Verbands-zweck S. 293.

501 So für die OHG und die KG §§ 146ff. HGB als Personengesellschaften sowie die AG §§ 262ff. AktG.

502 Motive zum Allgemeinen Theile, Mugdan Band I S. 415.

503 Vgl. Mot I S. 110.

„Die Landesgesetze bleiben ferner maßgebend für die Voraussetzungen unter welchen die Stiftungen erlöschen. Die Erlöschung bestimmt sich nach den Landesgesetzen des Ortes, an welchem die Stiftung ihren Sitz hat."[504]

Hierdurch sollte ausschließlich den Landesgesetzgebern das Recht eingeräumt und gleichzeitig sichergestellt werden, dass sie mit eigenen (Landes-)Gesetzen die Voraussetzungen, unter welchen die Stiftungen erlöschen, selbst festlegen. Wie die Existenz des heutigen § 87 BGB verdeutlicht, ist der Gesetzgeber hiervon am Ende des Gesetzgebungsverfahrens jedoch wieder abgerückt.

Gleichwohl wurde § 88 BGB im Laufe der Zeit in seinem Wortlaut ergänzt und schließlich zu der heutigen Fassung reformiert.[505] So wurde nach § 88 S. 1 BGB noch ein weiterer, folgender Satz eingefügt: „Fehlt es an einer Bestimmung der Anfallberechtigten, so fällt das Vermögen an den Fiskus des Landes, in dem die Stiftung ihren Sitz hatte, oder an einen anderen nach dem Recht dieses Landes bestimmten Anfallberechtigten." Nach der Absicht des Gesetzgebers soll dieser Satz an § 45 Abs. 3 BGB anknüpfen und „sieht beim Fehlen einer Bestimmung über die Anfallberechtigung im Stiftungsgeschäft den Anfall des Vermögens an den Fiskus des Landes vor, in dem die Stiftung ihren Sitz hatte."[506] Der gemeinsame Gesetzentwurf der Bundestag-Fraktionen SPD und Bündnis 90/Die Grünen thematisierte zudem, dass „beim Fehlen einer Bestimmung über die Anfallberechtigung im Stiftungsgeschäft das Vermögen an den Fiskus des Landes fällt, in dem die Stiftung ihren Sitz hatte." Dies sollte endgültig klargestellt werden durch einen Verweis auf § 45 Abs. 3 BGB.[507] Von diesem Verweis wurde jedoch Abstand genommen und stattdessen der heutige, oben zitierte Satz 2 des § 88 BGB eingeführt. Die Auswirkungen dieser zusätzlichen Regelung in § 88 BGB werden noch im Weiteren erörtert. Auf Grundlage der vorangegangenen Ausführungen kann im Folgenden die Rechtsstellung der Anfallberechtigten erfasst und der Frage der causa für den Anfall an die Berechtigten nachgegangen werden.

b) Terminologie

Wie die vereinsrechtlichen Ausführungen gezeigt haben, ist es erforderlich, hinsichtlich des Begriffs des „Anfallberechtigten" zwischen der Person des Fiskus

504 Vgl. Mot I S. 124.

505 Letztmalig durch die Modernisierung des Stiftungsrechts im Jahre 2002.

506 BT-Drucks. 14/8894, S. 11; BT-Drucks. 14/8765, S. 12.

507 Gesetzesentwurf der Fraktionen SPD und Bündnis 90/Die Grünen, BT-Drucks. 14/8277, S. 9.

und den nicht-fiskalen Personen zu unterscheiden. Dieses Erfordernis gilt auch für die Betrachtung des Vermögensanfalls bei der Auflösung einer Stiftung. Wie bereits für den Verein festgestellt,[508] kann der Fiskus nicht als Anfall*berechtigter* im engeren Sinne bezeichnet werden. Die Bezeichnung als Anfallberechtigter trifft danach eigentlich nur auf nicht-fiskale Personen zu, die als Anfallberechtigte bestimmt werden. Im Gegensatz zum Anfallberechtigten rückt der Fiskus kraft Gesetzes in die Rechtsstellung des Rechtsnachfolgers der aufgelösten Stiftung ein. Dies hat aber, wie bereits aufgezeigt, zur Folge, dass die Stiftung erlischt, ohne dass es der Durchführung eines Liquidationsverfahrens bedürfte und der Fiskus somit zu keinem Zeitpunkt Berechtigter im Sinne eines Anspruchsinhabers werden könnte. Vielmehr wird der Fiskus im Wege der Gesamtrechtsnachfolge *Rechtsnachfolger*, jedoch nicht *Anspruchsinhaber*. Der in der Literatur verwendete terminus technicus[509] des „Anfallberechtigten" ist damit auch für die Fälle, in denen es um den Vermögensanfall an den Fiskus aufgrund der Auflösung einer Stiftung geht, nicht korrekt.

Dies wird für den Vermögensanfall bei der Auflösung einer Stiftung besonders deutlich, wenn man sich den Wortlaut des § 88 S. 2 BGB vor Augen führt. Dort heißt es: „Fehlt es an einer Bestimmung der Anfallberechtigten, so fällt das Vermögen an den Fiskus des Landes, in dem die Stiftung ihren Sitz hatte, oder an einen anderen nach dem Recht dieses Landes bestimmten Anfallberechtigten."

Nur im Zusammenhang mit dem Anfall an nicht-fiskale Personen spricht der Gesetzgeber also von einem Anfall*berechtigten*. Der Fiskus selbst wird vom Gesetz nicht als Berechtigter bezeichnet. Richtig ist es daher, auch für die Stiftung von dem Anfall *an den* Fiskus begriffstechnisch auszugehen. Gleichwohl wird auch in der stiftungsrechtlichen Literatur der Fiskus unter der Begriffsverwendung des „Anfallberechtigten" erörtert. *Hüttemann/Rawert*[510] gehen offensichtlich davon aus, dass aufgrund § 88 S. 2 BGB *neben* dem Fiskus auch andere Anfallberechtigte durch gesetzliche Regelung bestimmt werden können. Dies ist begrifflich jedoch ebenfalls nicht korrekt, da der Fiskus selbst durch Gesetz Gesamtrechtsnachfolger wird und im Falle einer landesrechtlichen Regelung nur eine nicht-fiskale Person von dem

508 Vgl. die bereits für den Verein herausgearbeitete Begriffsunterscheidung unter Teil B II. 3. c) aa).

509 Vgl. *Backert* in: Bamberger/Roth § 88, Rn. 3, der neben dem Fiskus von den „anderen" Anfallberechtigten ausgeht; *Hüttemann/Rawert* in: Staudinger § 88 BGB, Rn. 6; *Reuter* in: MünchKomm § 88 BGB, Rn. 5, der die „gesetzliche Anfallberechtigung des Fiskus" annimmt.

510 *Hüttemann/Rawert* in: Staudinger § 88 BGB, Rn. 6.

Fiskus wirksam benannt werden kann.[511] Nur diese nicht-fiskale Person wäre sodann Anfallberechtigter, da ihr ein schuldrechtlicher Anspruch auf Ausantwortung des Liquidationsüberschusses gegen die zu liquidierende Stiftung zusteht. Sollte das jeweilige Landesgesetz den Fiskus selbst als „Anfallberechtigten" einsetzen, ist diese Einsetzung aufgrund der vom Gesetzgeber vorgegebenen Gesamtrechtsnachfolge überflüssig und demzufolge allenfalls deklaratorischer Natur. Insofern existiert der Fiskus als Anfallberechtigter *neben* der nicht-fiskalen Person nicht.

Trotz dieser gebotenen Differenzierung soll im Rahmen der weiteren Ausführungen vom „Fiskus als Anfallberechtigten" gesprochen werden. Hierdurch wird deutlich werden, dass die Unterscheidung zwischen dem Vermögensanfall an den „Anfallberechtigten im engeren Sinne" einerseits und dem „Vermögensanfall an den Fiskus" andererseits auch für die dogmatische Einordnung des „Anfallberechtigten" von Bedeutung ist.

c) Bestimmung der Anfallberechtigten

Nach § 88 S. 1 BGB fällt das Vermögen an die in der Verfassung *bestimmten* Personen. Es stellt sich somit zunächst die Frage, wer alles zur Bestimmung der Anfallberechtigten berechtigt ist. Dieses Bestimmungsrecht kann sowohl durch gesetzliche Regelungen als auch durch Vorgaben in Satzung und Stiftungsgeschäft beschränkt werden. Dies gilt es im Folgenden näher zu erörtern.

aa) Bestimmung des Anfallberechtigten durch den Stifter

Der Stifter kann im Stiftungsgeschäft, als wesentlicher Bestandteil der Stiftungsverfassung gemäß § 85 BGB, einen oder mehrere Anfallberechtigte bestimmen. Eine Pflicht für den Stifter, einen oder mehrere Anfallberechtigte zu benennen, besteht hingegen nicht. Zum einen ist die Bestimmung der Anfallberechtigung im Stiftungsgeschäft nicht zwingend vorgeschrieben, § 82 Abs. 1 S. 2, 3 BGB. Zum anderen ergibt sich die fehlende Pflicht zur Bestimmung der Anfallberechtigung aus § 88 S. 2 BGB, indem das Gesetz die Möglichkeit einer fehlender Bestimmung der Anfallberechtigung nach dem Wortlaut vorsieht und für den Fall einer fehlenden Bestimmung den Grundfall der Anfallberechtigung vorgibt, nämlich den Anfall an den Fiskus.[512]

---

511 Die Frage, ob Gesamtrechtsnachfolge auch durch Landesrecht bestimmt werden kann, wird noch im Folgenden unter einem gesonderten Prüfungspunkt erörtert und kann für die hier vorgenommene Begriffsunterscheidung zunächst dahinstehen.

512 Dies ist auch nur konsequent, da der Gesetzgeber vermeiden möchte, „dass die in dem Körperschaftsvermögen zusammengeschlossenen Rechte und Verbindlichkeiten

Der Stifter kann als Anfallberechtigter z. B. die Destinatäre einsetzen, aber auch sich selbst oder Familienangehörige etc. Letztendlich obliegt es ihm selbst, wer nach seinem Wunsch im Falle eines Vermögensanfalls Anfallberechtigter sein soll. Der Stifter sollte bei der Bestimmung der Anfallberechtigung jedoch beachten, dass zur Wahrung der Steuerbegünstigung einer Stiftung die §§ 55 Abs. 1 Nr. 4, 64f. AO zu berücksichtigen sind. Hiernach darf bei Auflösung oder Aufhebung der Stiftung oder bei Wegfall ihres bisherigen Zweckes ihr Vermögen wiederum nur für steuerbegünstigte Zwecke verwendet werden.[513] Dieses Kriterium kann der Stifter erfüllen, indem er wiederum eine steuerbegünstigte Körperschaft als Anfallberechtigten einsetzt.[514]

bb) Bestimmung der Anfallberechtigten durch Dritte

In der stiftungsrechtlichen Literatur ist umstritten, wer zur Bestimmung der Anfallberechtigten berechtigt ist. Für einen Teil der Literatur besteht Einigkeit insoweit, dass der Stifter in der Satzung auch ein Stiftungsorgan oder mehrere Stiftungsorgane ermächtigen kann, die Anfallberechtigten zu bestimmen, sofern sich der in Betracht kommende Personenkreis aus dem Stiftungszweck ergibt oder die Satzung den Zweck, für den das Vermögen nach Stiftungsauflösung verwendet werden soll, angibt.[515] Es wird jedoch auch vertreten, dass eine entsprechende Ermächtigung von „außenstehenden" Dritten möglich ist.[516] Etwas einschränkender ist die Ansicht, dass die Bestimmung des Anfallberechtigten nur von der Stiftungsbehörde vorgenommen werden dürfe.[517] Die Gegenansicht lehnt sowohl die Bestimmung des Anfallberechtigten durch

untergehen und die zu diesem Vermögen gehörenden Sachen herrenlos werden", vgl. Mot I S. 109, 110.

513 So auch der Hinweis im Gesetzentwurf der Bundesregierung, BT-Drucks. 14/8765, S. 12, in dem zusätzlich ausgeführt wird, dass eine Satzung einer gemeinnützigen Stiftung, die den Vermögensanfall an einen nicht steuerbegünstigten Zweck vorsähe, zivilrechtlich zwar nicht zu beanstanden wäre und insoweit die Anerkennung der Stiftung als rechtsfähig nicht berühren würde. Doch wäre aus steuerrechtlichen Erwägungen eine Korrektur einer solchen Satzungsbestimmung nach Maßgabe der vorgenannten Vorschrift der AO angeraten.

514 Vgl. die Ausführungen unter Teil D.

515 *Backert* in: Bamberger/Roth § 88, Rn. 5; *Hof* in: Seifart/v. Campenhausen § 11, Rn. 21; Ebersbach/Handbuch des Stiftungsrechts S. 88.

516 Burgard/Gestaltungsfreiheit S. 650, Fn. 32.

517 *Hof* in: Seifart/v. Campenhausen § 11, Rn. 21.

Berufung eines Dritten, durch die Stiftungsorgane, als auch durch die Stiftungsbehörde ab.[518]

Zunächst ist festzuhalten, dass ein Bestimmungsrecht für „außenstehende" Dritte gänzlich ausscheidet. Der Stifter kann einem Nicht-Stiftungsorgan kein Änderungsrecht in Bezug auf die Stiftungssatzung einräumen.[519] Dies würde zu einer nicht zulässigen Fremdbestimmung der Stiftung führen. Das Bestimmungsrecht steht auch nicht der Stiftungsbehörde zu. Die Stiftungsbehörde hat bei einer Bestimmung durch den Stifter im Sinne des § 88 S. 1 BGB die Umsetzung seines Willens zu überwachen. Fehlt es an einer Bestimmung des Anfallberechtigten durch den Stifter, ist die Stiftungsbehörde nicht befugt, eine eigene Bestimmung vorzunehmen. Tut sie es dennoch, verstieße sie zum einen gegen den Willen des Stifters, wenn dieser bewusst keinen Anfallsberechtigten bestimmt und es somit bei dem gesetzlichen Grundmodell des Anfalls an den Fiskus belassen hat. Zum anderen ist es Aufgabe der Stiftungsaufsicht, die Stiftungsorgane zu beaufsichtigen, nicht aber deren Aufgaben zu übernehmen. Dementsprechend darf die Stiftungsbehörde nicht mit einer Kompetenz ausgestattet werden, die ihr zu einer „Quasi-Organstellung" verhilft.[520]

Da eine Übertragung der Berechtigung, einen Anfallberechtigten zu bestimmen, nicht auf außerhalb der Stiftung stehende Dritte – auch nicht auf die Stiftungsbehörde – erfolgen kann, obliegt es dem Stifter, die Bestimmung des Anfallberechtigten selbst vorzunehmen. Auch die Zulässigkeit einer Bestimmung des Anfallberechtigten durch die Stiftungsorgane – die ja nicht „außerhalb" der Stiftung stünden – dürfte fraglich sein. Auffällig ist bereits, dass das Gesetz selbst ein solches Drittbestimmungsrecht der Stiftungsorgane überhaupt nicht vorsieht. Anders als bei dem Verein, dem es nach § 45 Abs. 2 S. 1 BGB gestattet wird, seinen Vereinsorganen die Bestimmung der Anfallberechtigten zu übertragen, ist eine solche „Verlagerung" des Bestimmungsrechts für die Stiftung gerade nicht bestimmt worden. Insoweit ist zu beachten, dass die Verweisung in das Vereinsrecht § 45 BGB nicht umfasst.

Nach zutreffender Ansicht ist angesichts der vorangegangenen Ausführungen davon auszugehen, dass den Stiftungsorganen allenfalls dann ein Bestimmungsrecht eingeräumt werden kann, wenn zuvor der Stifter das entscheidungsbefugte

518 *Muscheler* AcP 203 (2003), 469, 484; *ders.* ZSt 2004, 3, 8; *ders.* ZErb 2005, 4, 7; *Reuter* in: MünchKomm § 88 BGB, Rn. 5; *Schwintek* in: Werner/Saenger/Die Stiftung, Rn. 705.

519 Gantenbrink/Diss S. 237.

520 Gantenbrink/Diss S. 238.

Organ benannt hat, der Stifter zudem einen eng begrenzten Personenkreis festlegt hat – aus dem der Anfallberechtigte ausgewählt wird – und wenn die Voraussetzungen für die Auswahl des Anfallberechtigten so bestimmt sind, dass Willkür des bestimmungsberechtigten Organs ausgeschlossen ist.[521]

d) Vermögensanfall an den Fiskus

Der Vermögensanfall an den Fiskus[522] findet aufgrund der gesetzlichen Vorschriften der §§ 88 S. 3, 46 S. 1 BGB statt. Entscheidend ist dabei die Regelung des § 46 BGB, welche dazu führt, dass der Fiskus als Gesamtrechtsnachfolger fungiert. Aufgrund der Verweisung ins Vereinsrecht und der damit verbundenen entsprechenden Anwendung der Vorschriften, ist der Fiskus gesetzlicher Erbe und wird wie bei einem Anfall einer Erbschaft behandelt. Dies bedeutet, dass das Stiftungsvermögen als „Ganzes", also im Wege der Universalsukzession gemäß §§ 1922 Abs. 1, 1936 Abs. 1 S. 1 BGB auf den Fiskus übergeht. Folge dieser Gesamtrechtsnachfolge ist, dass die Stiftung in ihrer Existenz endet. Der maßgebende Zeitpunkt ist die Bestandskraft der Aufhebungsverfügung.

Wie bereits für den Verein festgestellt,[523] hat eine Liquidation im Falle des Vermögensanfalls an den Fiskus nicht stattzufinden. Im Hinblick auf die Gesamtrechtsnachfolge des Fiskus ist ein Liquidationsverfahren auch entbehrlich, da ein hinreichender Gläubigerschutz bereits dadurch gewährleistet ist, dass „der Fiskus als Universalsukzessor in die Schulden des Vereins eintrete und den Erwerb des angefallenen Vermögens auszuschlagen nicht befugt sei."[524] Es wird deutlich, dass der Gesetzgeber den Gläubigerschutz offenbar nicht vernachlässigen wollte und dass das Vertrauen in eine staatlich kontrollierte Abwicklung durch die zuständige Fiskalverwaltung vorhanden ist, da der Fiskus mit der gleichen Sachkunde

---

521 *Muscheler* ZErb 2005, 4, 8, der in der Stiftungserrichtung eine Art „kleinen Erbfall" sieht, ausführlich hierzu ZSt 2003, 67, 73 und nach dem Grundgedanken des § 2065 Abs. 2 Alt. 1 BGB das Bestimmungsrecht dem Stifter zuordnet; Gantenbrink/Diss S. 238.

522 Wie zuvor ausgeführt ist der Fiskus kein Anfall*berechtigter*, so dass als gesetzliches Grundmodell der Fiskus immer zunächst im Vermögensanfall der erlöschenden Stiftung steht und aus diesem Anfall nur verdrängt wird, wenn der Stifter eine Bestimmung über die Anfallberechtigung im Sinne des § 88 S. 1 BGB vorgenommen hat.

523 Vgl. die bereits für den Verein herausgearbeitete Grundsätze unter Teil B II. 3. b).

524 Prot. I S. 547; Protokolle zum Allgemeinen Theile, Mugdan Band I S. 632; *Weick* in: Staudinger § 46 BGB Rn. 1.

ausgestattet ist wie ein Liquidator.[525] Es gelten somit die Vorschriften, die für den Fiskus als gesetzlichen Erben Anwendung finden, mithin § 1942 Abs. 2 BGB, so dass der Fiskus den Anfall nicht ausschlagen kann.

Gleichwohl ist der Umfang der Schuldenhaftung des Fiskus nicht unbeschränkt. Er kann die Haftung für die Verbindlichkeiten nach Maßgabe der §§ 1975ff., 2011 BGB auf das angefallene Vermögen beschränken.[526] Nach § 2011 BGB kann dem Fiskus keine Inventarfrist gesetzt werden, sodass der Fiskus der Gefahr einer unbeschränkten Haftung nicht ausgesetzt ist. Zudem kann sich der Fiskus gemäß § 780 Abs. 2 ZPO auf die Beschränkung seiner Haftung auch dann noch berufen, wenn die Beschränkung im Urteil nicht vorbehalten ist. Die Haftung des Fiskus ist somit auf das angefallene Vermögen beschränkt.

aa) Causa

Für die Frage, welche causa dem Anfall des Vermögens an den Fiskus zu Grunde liegt, ist entscheidend, dass der Fiskus seine Rechtsstellung durch Gesetz erlangt. Die Causa liegt daher, wie bei dem Vermögensanfall des Vereins,[527] im *Gesetz* selbst. Die entscheidende Vorschrift für den Anfall an den Fiskus ist dabei § 88 S. 2 BGB.

Die causa des Anfalls an den Fiskus wird nicht dadurch beeinflusst, dass der Fiskus durch die Verfassung der Stiftung, mithin das Stiftungsgeschäft, bestimmt worden sein kann.[528] Das Stiftungsgeschäft selbst kann nicht causa für den Vermögensanfall des Anfallberechtigten sein. Zwar kann die Satzung den Anfallberechtigten bestimmen und somit quasi als Weichenstellung die Richtung des Vermögensanfalls vorgeben, doch kann auch die Stiftung als eigenständige

---

525 Reichert/Vereins- und Verbandsrecht, Rn. 4113; a.A. *Hadding* in: Soergel § 46 BGB, Rn. 2, der die stets gewährleistete Zahlungsfähigkeit des Fiskus als Grund ausreichen lässt.

526 *Hüttemann/Rawert* in: Staudinger § 88 BGB, Rn. 7; *Reuter* in: MünchKomm § 47 BGB, Rn. 9; BGH DtZ 1996, 343, 344; *Edenhofer* in: Palandt § 2011 BGB, Rn 1; a.A. *Hadding* in: Soergel § 46 BGB, Rn. 2, der grundsätzlich eine unbeschränkte Haftung mit einer Begünstigung durch die §§ 1975ff., 2011 BGB sieht. Diese Unterscheidung dürfte jedoch im Ergebnis belanglos sein. Wie bereits oben ausgeführt, kann dem Fiskus keine Inventarfrist gesetzt werden (nach §§ 2011, 1994 Abs. 1 S. 2 BGB). Er haftet im praktischen Endergebnis nur mit dem angefallenen Vermögen, so im Ergebnis auch Reichert/Vereins- und Verbandsrecht, Rn. 4115.

527 Vgl. die causa für den Verein unter Teil B II. 3. b).

528 Zu der Möglichkeit der Anfallberechtigung qua Stiftungsgeschäft und seinen Rechtsfolgen siehe nachfolgender Punkt unter Teil C II. 3. d) cc).

juristische Person nicht, wie eine natürliche Person, für die Übertragung des eigenen Vermögens mittels letztwilliger Verfügung einen Berufungsgrund schaffen. Diese Tatsache wird bei der Stiftung umso deutlicher, da – anders als bei dem Verein – die Stiftungssatzung nicht mittels mehrheitlichen Mitgliederbeschluss geändert werden kann. Die Bestimmung der Anfallberechtigung obliegt dem Stifter selbst.[529] In diesem Zusammenhang ist auch die Motivlage des Gesetzgebers zu verstehen, der eindeutig vorgibt, dass „die Verfassung nur die inneren Verhältnisse der Körperschaft regelt. Sie tritt mit Erlöschen außer Kraft und kann deshalb nicht mit rechtlicher Wirkung Verfügungen treffen, durch welche Rechte Dritter in Ansehung des nach dem Erlöschen der Körperschaft verbleibenden Vermögens begründet werden sollen."[530]

Dieses Ergebnis ändert sich auch nicht bei einer testamentarischen Einsetzung des Fiskus als „Anfallberechtigten" in den Fällen der Stiftungserrichtung von Todes wegen. Die causa für die Rechts-stellung der Anfallberechtigung liegt auch hier im Gesetz. Wenn der Stifter bei einer Stiftungserrichtung von Todes wegen die Anfallberechtigung regelt und dabei den Fiskus einsetzt, so belässt der Stifter im Grunde die Anfallberechtigung bei dem zuvor beschriebenen gesetzlichen Grundmodell. Die causa für die Rechtsstellung der Anfallberechtigung folgt auch in diesen Fällen nicht aus dem Testament, sondern aus dem Gesetz. Letztendlich hat der Stifter in dieser Situation nur seinen Willen zum Ausdruck gebracht, dass im Falle eines Vermögensanfalls nach dem gesetzlichen Grundmodell vorgegangen werden soll. Die Berufung des Anfalls an den Fiskus im Testament des Stifters ändert somit nicht die gesetzliche causa der Rechtsstellung für den Anfallberechtigten.

bb) Gesamtrechtsnachfolge durch Landesrecht?

Wie zuvor ausgeführt erwirbt der Fiskus kraft Gesetzes nach den §§ 88, 46 BGB im Wege der Gesamtrechtsnachfolge das Vermögen der Stiftung. Aufgrund der gesetzlichen Regelung des § 88 S. 2 HS. 2 BGB können jedoch durch landesrechtliche Vorschriften auch andere Anfallberechtigte als der Fiskus bestimmt werden. In den allermeisten Fällen sehen die landesrechtlichen Vorschriften bei kommunalen Stiftungen die Gemeinden und bei kirchlichen Stiftungen die Kirche als Anfallberechtigte vor.[531] Infolgedessen ist in der stiftungsrechtlichen Literatur umstritten,

529 Siehe die zuvor erörterten Ausführungen zur Bestimmung der Anfallberechtigten.
530 Mot I S. 111.
531 Z. B. Art 9 BayStiftG, § 26 Abs. 2, 31 Abs. 2 BadWürtStiftG, § 23 HessStiftG, § 9 NdsStiftG; siehe auch *Hüttemann/Rawert* in: Staudinger § 88 BGB, Rn. 6 m.w.N.

ob neben dem Fiskus auch die durch landesrechtliche Bestimmung benannten (juristischen) Personen das Stiftungsvermögen im Wege der Gesamtrechtsnachfolge erwerben. Die Wirkung der Gesamtrechtsnachfolge wird von einigen Landesstiftungsgesetzen explizit angeordnet.[532]

Die herrschende Meinung lehnt die Gesamtrechtsnachfolge durch Landesrecht ab und verweist auf die insoweit fehlende Gesetzgebungskompetenz der Länder.[533] Die Gegenansicht[534] bejaht hingegen die Ausdehnung der Gesamtrechtsnachfolge auf die nach Landesrecht bestimmten Anfallberechtigten und kann sich überwiegend auf den Willen des Gesetzgebers berufen. Wie die Gesetzesmaterialien belegen, wollte der Gesetzgeber bezüglich des Vermögensanfalls mit der Neuregelung des § 88 S. 2 BGB festlegen, dass kraft Gesetz „durch landesgesetzliche Regelung die Gesamtrechtsnachfolge auf andere Rechtsträger als den Fiskus ausgedehnt werden kann".[535]

Im Ergebnis ist der mittlerweile herrschenden Meinung zu folgen, deren Hauptargument die Tatsache ist, dass die vorbenannte Intention des Gesetzgebers in den heutigen Gesetzeswortlaut keinen Einzug gehalten hat.[536] Sowohl § 88 S. 1 BGB als auch § 88 S. 2 BGB regeln nur den Vermögensanfall. Hier wird vom Gesetzgeber aufgezeigt, dass entweder eine Bestimmung über den Anfall in der Verfassung vorgenommen worden sein kann oder dass bei fehlender Bestimmung der Vermögensanfall an den Fiskus eintritt. Die Rechtsfolge des Vermögensanfalls, mithin die Regelung für den Übergang des Vermögens, wird hingegen über die gesetzliche Verweisung des § 88 S. 3 BGB wiedergegeben.[537] Mit dem Verweis auf § 46 BGB regelt

532 So § 20 Abs. 3 S. 2 SaarlStiftG, §§ 19 Abs. 1, 26 Abs. 2, 31 Abs. 2 Nr. 2 BadWürtStiftG, § 23 Abs. 1 S. 2 HessStiftG, § 9 Abs. 1 S. 2 NdsStiftG.

533 *Muscheler* AcP 203 (2003), 469, 481, Fn. 26; *ders.* ZSt 2004, 3, 10; *ders.* NJW 2004, 713, 716; *Muscheler/Arnhold/Gantenbrink* ZErb 2007, 211, 215, Fn. 48; Gantenbrink/Diss S. 245ff.; *Reuter* in: MünchKomm § 87 BGB, Rn. 16; *Hüttemann/Rawert* in: Staudinger § 88 BGB, Rn. 8; Saenger ZSt 2007, 81, 85; *Backert* in: Bamberger/Roth § 88, Rn. 4.

534 *Schwintek* in: Werner/Saenger/Die Stiftung, Rn. 705; Burgard/Gestal-tungsfreiheit S. 630; *Hof* in: Seifart/v. Campenhausen § 11, Rn. 25, Fn. 39; *Oettker* FS O. Werner S. 207, 215ff.

535 Gesetzentwurf der Bundesregierung, BT-Drucks. 14/8765, S. 12; Beschlussempfehlung des Rechtsausschusses des Deutschen Bundestags, BT-Drucks. 14/8894, S. 11.

536 *Backert* in: Bamberger/Roth § 88, Rn. 4 kommt zu dem Schluss, dass die vorbenannte gegenteilige Absicht des Bundesgesetzgebers *wohl versehentlich* nicht mit dem heutigen Wortlaut bewirkt wurde und nun durch die eindeutig entgegengesetzte bundesgesetzliche Regelung nicht zum Tragen kommt.

537 So im Ergebnis schon *Muscheler* NJW 2004, 713, 716; *ders.* ZSt 2004, 3, 10; Gantenbrink/Diss S. 245.

der Gesetzgeber abschließend für die Stiftung, dass nur der Fiskus Gesamtrechtsnachfolger wird. Insoweit handelt es sich dabei um abschließendes Bundesrecht.[538] Nach dem eindeutigen Wortlaut des § 88 S. 2 BGB ist den Landesgesetzgebern nur die Bestimmung des Anfallberechtigten gestattet. Und auch hier wird wieder die genaue Begriffsunterscheidung des Anfallberechtigten deutlich. Wie bereits gesondert geprüft, ist für § 88 S. 2 BGB der genaue terminus technicus zu beachten. So lautet die Regelung für die Landesgesetzgeber: „...oder an einen anderen nach dem Recht dieses Landes bestimmten Anfall*berechtigten.*“[539] Insoweit ist entscheidend, dass der Landesgesetzgeber nur einen Berechtigten bestimmen kann. Da der Fiskus nicht als Anfallberechtigter tituliert werden kann, weil er im Wege der Gesamtrechtsnachfolge letztendlich Rechtsinhaber des Stiftungsvermögens wird und darüber hinaus auch nicht vom Gesetzeswortlaut so bezeichnet wird,[540] kann der Fiskus selbst auch nach der Auslegung des Wortlautes nur einen Berechtigten bestimmen. Er kann also jemanden bestimmen, der Inhaber eines Anspruches wird, hier in Form eines schuldrechtlichen Anspruchs auf Auskehr des Liquidationserlöses gegen die zu liquidierende Stiftung. Dies bedeutet letztendlich, dass keine Gesamtrechtsnachfolge durch Landesrecht bewirkt werden kann und stattdessen ein nach den §§ 47ff. BGB stattzufindendes Liquidationsverfahren folgen muss.

Da zudem nach den Materialien des Gesetzgebers ein expliziter Verweis auf § 45 Abs. 3 BGB und eine direkte Anwendung des § 85 EGBGB zu Gunsten des heutigen § 88 S. 2 BGB nicht aufgenommen wurde,[541] ist die Regelung des § 88 S. 2 BGB als bundesrechtlich abschließend zu betrachten.[542] Auch wenn der Bundesgesetzgeber in einem erneuten Gesetzgebungsverfahren nachkorrigieren und die entsprechende Anwendung des § 46 BGB in § 88 S. 3 BGB unmissverständlich über den Fiskus hinaus auf andere nach Landesrecht bestimmte Anfallberechtigte ausdehnen sollte, ist zu beachten, dass Art. 85 EGBGB die Ausdehnung im Interesse des Gläubigerschutzes auf andere juristische Personen des öffentlichen Rechts begrenzt.[543]

---

538 *Muscheler* AcP 203 (2003), 469, 481, Fn. 26.

539 Hervorhebung durch den Verfasser.

540 Vgl. die Ausführungen zur Begriffsunterscheidung unter Teil C II. 3. b).

541 Gesetzentwurf der Bundesregierung, BT-Drucks. 14/8765, S. 12; Beschlussempfehlung des Rechtsausschusses des Deutschen Bundestags, BT-Drucks. 14/8894, S. 11.

542 Art. 85 EGBGB ist daher auf Stiftungen weder direkt noch analog anwendbar, so *Mayer* in: Staudinger Art. 85 EGBGB, Rn. 8; im Ergebnis auch Gantenbrink/Diss S. 246.

543 *Reuter* in: MünchKomm § 87 BGB, Rn. 16, der zudem bei der Neuregelung des § 88 BGB von einem „missglückten Versuch“ des Modernisierungsgesetzgebers spricht.

Nach der heutigen gesetzlichen Regelung des § 88 BGB ist im Ergebnis keine Ausdehnung des Anwendungsbereichs für eine Gesamtrechtsnachfolge durch Landesrecht möglich, so dass nur der Fiskus Gesamtrechtsnachfolger werden kann und mangels Regelungskompetenz der Landesgesetzgeber die teilweise von ihm eingesetzten Gebietskörperschaften und Kirchen nicht zum Gesamtrechtsnachfolger bestimmen kann.

cc) Der Anfall an den Fiskus qua Stiftungsgeschäft

Nachdem die Frage nach der causa für den Vermögensanfall an den Fiskus erörtert und darüber hinaus untersucht wurde, ob bei mangelnder Bestimmung des Anfallberechtigten eine Ausdehnung der Gesamtrechtsnachfolge durch Landesrecht möglich ist, stellt sich nun die weitere Frage, was die rechtlichen Konsequenzen für die Fälle sind, in denen der Fiskus in der Satzung ausdrücklich als Anfallberechtigter benannt ist. Nach dem Wortlaut des § 88 S. 2 BGB, in dem es heißt, „*Fehlt* es an einer Bestimmung der Anfallberechtigten,…“[544] kann § 88 S. 2 BGB auf diesen Fall keine Anwendung finden, da eine Bestimmung im Sinne des § 88 BGB zu Gunsten des Fiskus vorgenommen wurde.[545] Die rechtlichen Folgen dieser Bestimmung sind umstritten.

Nach einer Ansicht ist in dieser Fallkonstellation eine Liquidation erforderlich. Nach dem Wortlaut des § 88 S. 2 BGB betrifft die Regelung nur die Anfallberechtigung selbst, während § 88 S. 3 BGB für den Übergang des Vermögens auf die §§ 46ff. BGB verweist. Setzt der Stifter also den Fiskus mittels Satzungsbestimmung ein, hat eine Liquidation stattzufinden.[546] Nach anderer Ansicht tritt auch in dieser Fallkonstellation Gesamtrechtsnachfolge ein, da der Fiskus stets im Wege der Gesamtrechtsnachfolge das Vermögen der Stiftung erlangt.[547] Dieser Ansicht ist zu folgen. Unabhängig davon, ob der Fiskus qua Stiftungsgeschäft bestimmt wird oder ob das Vermögen kraft Gesetzes an den Fiskus fällt, erwirbt der Fiskus das Stiftungsvermögen immer als Gesamtrechtsnachfolger. Nach dem Wortlaut des § 46 BGB ist es deshalb gleichgültig, ob der Fiskus das Stiftungsvermögen kraft Gesetz oder aufgrund einer

544 Hervorhebung durch den Verfasser.

545 *Meyn* in: Hüttemann/Richter/Weitemeyer, Rn. 2514.

546 *Hüttemann/Rawert* in: Staudinger § 88 BGB, Rn. 8; *Meyn* in: Hüttemann/Richter/Weitemeyer, Rn. 2514.

547 *Hof* in: Seifart/v. Campenhausen § 11, Rn. 25; Ebersbach/Handbuch des Stiftungsrechts S. 148.

Satzungsbestimmung erwirbt.[548] Dieses Ergebnis steht auch im Einklang mit dem Willen des historischen Gesetzgebers. Dieser sah von der Anordnung eines Liquidationsverfahrens bewusst ab und entschied sich stattdessen für den Anfallmodus der Gesamtrechtsnachfolge. So heißt es in den Gesetzesmaterialen: „Sei dagegen der Fiskus der Anfallberechtigte, so liege kein Grund vor, ein Liquidationsverfahren anzuordnen, da für diesen Fall die Verweisung auf den § 1974 sich als ausreichend erweise. Die Gläubiger seien hinlänglich dadurch gedeckt, daß der Fiskus als Universalsukzessor in die Schulden des Vereins eintrete und den Erwerb des angefallenen Vermögens auszuschlagen nicht befugt sei.“[549] Aufgrund des fehlenden Ausschlagungsrechts und des damit verbundenen beschränkten Eintretens für die Verbindlichkeiten der Stiftung werden die Gläubiger der Stiftung ausreichend geschützt. Eine Liquidation ist somit bei dem Anfall an den Fiskus nicht vorgesehen. Wird der Fiskus im Stiftungsgeschäft für den Vermögensanfall eingesetzt, belässt es der Stifter in Wahrheit bei dem gesetzlichen Grundmodell. Der Stifter hat in dieser Fallkonstellation seinen Willen zum Ausdruck gebracht, dass im Falle eines Vermögensanfalls der gesetzliche Grundfall gelten soll. Die rechtliche Konsequenz einer Liquidation ist damit jedoch nicht verbunden.

e) Personen

aa) Der schuldrechtliche Anspruch auf „Ausantwortung“

Fällt das Stiftungsvermögen an eine nicht-fiskale Person, so findet eine Liquidation nach § 47 BGB statt. Der mittels Liquidationsverfahren ermittelte Überschuss ist dem Anfallberechtigten „auszuantworten“, § 49 Abs. 1 S. 1 BGB. Der Anfallberechtigte erwirbt einen schuldrechtlichen Anspruch gegen die Stiftung auf Auszahlung und Übertragung des nach der Liquidation verbleibenden Überschusses.[550] Im Regelfall beinhaltet die „Ausantwortung“ des Überschusses die Auszahlung eines entsprechenden Geldbetrages an den Anfallberechtigten. Es besteht aber auch die Möglichkeit für die Liquidatoren, das Vermögen dem Anfallberechtigten

548 *Muscheler* AcP 203 (2003), 469, 482, Fn. 28; Ebersbach/Handbuch des Stiftungsrechts S. 148.

549 Protokolle zum Allgemeinen Theile, Mugdan Band I S. 632.

550 *Neuhoff* in: Soergel § 88 BGB, Rn. 3; *Backert* in: Bamberger/Roth § 88, Rn. 5; *Ellenberger* in: Palandt § 47 BGB, Rn 1; *Richter* in: Münchener Handbuch V § 118, Rn. 6; *Schlüter* in: Henssler/Strohn § 88, Rn. 1.

in Natura zukommen zu lassen.[551] Hierzu können dem Anfallberechtigten – sein Einverständnis vorausgesetzt – an Stelle des ihm gebührenden Überschusses in Geld andere tatsächlich vorhandene Vermögensgegenstände übertragen werden, z. B. durch Abtretung oder Übereignung.[552]

Für die anfallberechtigte Person bedeutet die Inhaberschaft des schuldrechtlichen Anspruchs nach § 49 Abs. 1 S. 1 BGB, dass dieser Anspruch gegen die nunmehr bestehende Stiftung in Liquidation zu richten ist.[553] Die Liquidatoren haben nach § 49 Abs. 1 S. 1 BGB die laufenden Geschäfte zu beendigen, die Forderungen einzuziehen, das übrige Vermögen in Geld umzusetzen, die Gläubiger zu befriedigen und den Überschuss den Anfallberechtigten auszuantworten. Diese gesetzlichen Vorgaben an den Liquidator und die gleichzeitig untergeordnete Aufforderung der Forderungseinziehung nach § 49 Abs. 1 S. 3 BGB zeigen, dass die Liquidation dem Zweck dient, den Schutz der Gläubiger und der Anfallberechtigten der Stiftung zu gewährleisten.[554]

bb) Causa

Wie die Analyse der causa für den Erwerb des vereinsrechtlichen Anfallberechtigten bereits gezeigt hat,[555] ergeben sich mehrere Anknüpfungspunkte für die Beurteilung der Frage, welche causa dem Anfall des Vermögens an die nicht-fiskalen Personen zu Grunde liegt. Diese Frage stellt sich ebenso bei der Auflösung einer Stiftung. Auch hier lassen sich verschiedene Modelle konstruieren, die die causa für den Erwerb des Anfallberechtigten beinhalten könnten. Ein wesentlicher Unterschied zwischen der Stiftung und dem Verein ist der Umstand, dass der Zeitpunkt der Errichtung einer Stiftung – im Gegensatz zum Zeitpunkt der Errichtung (Gründung) eines Vereins – variieren kann. Die Möglichkeit, eine Stiftung unter Lebenden zu gründen oder von Todes wegen zu errichten, könnte die causa für den Erwerb des Anfallberechtigten beeinflussen. Aus diesem Grunde wird zunächst erörtert, ob der Zeitpunkt der Errichtung für die Frage nach der causa für den

---

551 *Hadding* in: Soergel § 49 BGB, Rn. 8; *Schöpflin* in: Bamberger/Roth § 49, Rn. 10.

552 *Weick* in: Staudinger § 49 BGB, Rn. 10, der jedoch darauf hinweist, dass keine Verpflichtung für die Anfallberechtigten besteht, die Übertragung von tatsächlich vorhandenen Vermögensgegenständen an Stelle des ihnen gebührenden Überschusses in Geld hinnehmen zu müssen.

553 Der schuldrechtliche Anspruch auf „Ausantwortung" gegen den Liquidationsverein wurde erörtert unter Punkt B. II. 3. c) bb).

554 *Richter* in: Münchener Handbuch V § 118, Rn. 6.

555 Vgl. die Ausführungen unter Teil B II. 3. c) cc).

Vermögensanfall bei der Auflösung einer Stiftung maßgebend ist. Im darauf Folgenden wird der eingangs gestellten Frage nachgegangen, welche causa konkret für den Anfall des Vermögens an die nicht-fiskalen Personen zu Grunde liegt.

(1) Zeitpunkt der Errichtung maßgebend?

Für die Frage der Beurteilung der causa könnte, wie bereits vorbeschrieben, der Zeitpunkt der Errichtung der Stiftung ein maßgebender Faktor sein. Ist die Stiftung von Todes wegen errichtet[556] und die Anfallberechtigung im Stiftungsgeschäft geregelt, könnte dies bereits die causa richtungsweisend beeinflussen. Dem ist jedoch nicht so, wie die folgende Analyse zeigt.

Je nachdem, auf welche Art und Weise der Stifter die Stiftung bedacht hat – hier kommt in Betracht, dass die Stiftung Erbin oder Vermächtnisnehmerin in Bezug auf den Nachlass des Stifters geworden ist –, kann das dem Anfallberechtigten später bei einer Auflösung zugefallene Vermögen der Stiftung nicht im Wege der Nacherbfolge oder als Nachvermächtnis aus dem Vermögen des Stifter vermacht worden sein.[557] Entscheidend ist, dass das nach der Liquidation ermittelte Vermögen der Stiftung, welches den Anfallberechtigten ausgekehrt wird, nicht deckungsgleich mit dem Vermögen ist, welches der Stifter zur Ausstattung der Stiftung als Anfangsvermögen übereignet hatte. Zum einen besteht die Möglichkeit, dass das Vermögen der Stiftung sich mit der Zeit durch Zuwächse verändert hat, hier kommen insbesondere Zustiftungen und Spenden Dritter in Betracht. Zum anderen ist das Vermögen der Stiftung eigenständig zu betrachten und von dem Vermögen des Stifters nach der Übereignung an die Stiftung losgelöst. Wenn daher der Stifter durch Stiftungsgeschäft von Todes wegen die Stiftung errichtet hat, ist die Bestimmung der Anfallberechtigung eine Willenserklärung, die der Stifter für die Stiftung abgibt.[558]

Wenn also der Stifter für den Zeitpunkt der Errichtung der Stiftung ein Stiftungsgeschäft von Todes wegen gewählt hat, so befindet sich zwar die mitangeordnete Bestimmung der Anfallberechtigung zugleich in der Verfügung von Todes wegen, hierdurch wird jedoch nicht die causa für den Erwerb des Anfallberechtigten in das Testament verschoben.[559] Durch das Testament wird der Wille des Stifters

---

556 Vgl. die Ausführungen zu der errichtungsbedingten Abgrenzung einer Stiftung von Todes wegen unter Teil C I. 3. c).

557 *Muscheler* AcP 203 (2003), 469, 485.

558 *Muscheler* AcP 203 (2003), 469, 485, der darauf hinweist, dass nach dem Wortlaut des § 88 S. 1 BGB „nicht zufällig von der Verfassung der Stiftung" gesprochen wird.

559 So auch *Muscheler* AcP 203 (2003), 469, 486.

dokumentiert. Hier gibt er die Anfallrichtung vor. Es wird jedoch nicht zugleich die Rechtsposition des Anfallberechtigten geschaffen, hier liegt die causa also nicht. Dies wird insbesondere in der Fallkonstellation deutlich, in der der Stifter in seinem Stiftungsgeschäft von Todes wegen die Stiftung als Vermächtnisnehmerin bedachte und gleichzeitig den Fiskus als Anfallberechtigten im Falle des Erlöschen der Stiftung bestimmt. Der Fiskus kann dann nicht Nacherbe für den Erbfall des Stifters sein, da es bereits keinen Vorerben gibt. Gleichzeitig kann auch die Stiftung nicht Vorerbin geworden sein, weil sie „nur" Vermächtnisnehmerin war.[560] Dies verdeutlicht, dass die Rechtsposition des Anfallberechtigten nicht davon abhängen kann, ob der Stifter für die Errichtung der Stiftung ein Stiftungsgeschäft von Todes wegen wählt oder bereits unter Lebenden eine Stiftung errichtet. Infolgedessen muss die causa der Rechtsstellung des Anfallberechtigten bei einer Stiftung von Todes wegen und bei einer Stiftung, welche unter Lebenden errichtet wurde, deckungsgleich sein.

(2) Stiftungsgeschäft (Verfassung)

Auch für den Anfall an nicht-fiskale Personen scheidet das Stiftungsgeschäft, mithin die Verfassung, als causa für die Rechtsstellung der Anfallberechtigten aus.[561] Wie bereits für den Fiskus erörtert, kann die Verfassung zwar den Anfallberechtigten benennen, die Verfassung ist jedoch nicht Rechtsgrund für den Anfallberechtigten. Die Verfassung gibt als Weichenstellung die Richtung des Vermögensanfalls vor. Die Stiftung als eigenständige juristische Person kann nicht, wie eine natürliche Person, für die Übertragung des eigenen Vermögens mittels letztwilliger Verfügung einen Berufungsgrund schaffen. Dies wird bei der Stiftung umso deutlicher, als – anders als bei dem Verein – die Stiftungssatzung nicht mittels mehrheitlichen Mitgliederbeschlusses geändert werden kann. Die Bestimmung der Anfallberechtigung obliegt dem Stifter selbst.[562] Insoweit bleibt es auch in dieser Konstellation bei dem zuvor erwähnten gesetzgeberischen Willen, der eindeutig vorgibt, dass „die Verfassung nur die inneren Verhältnisse der Körperschaft regelt. Sie tritt mit Erlöschen außer Kraft und kann deshalb nicht mit rechtlicher Wirkung Verfügungen treffen, durch welche Rechte Dritter in Ansehung des nach dem Erlöschen der Körperschaft verbleibenden Vermögens begründet werden sollen."[563] Die Verfassung scheidet daher als causa aus.

---

560 *Muscheler* AcP 203 (2003), 469, 486.

561 Vgl. die Ausführungen für den Verein unter Teil B II. 3. c) bb) (1); sowie die Ausführungen für den stiftungsrechtlichen Anfall an den Fiskus unter Teil C II. 3. d) aa).

562 Siehe zur Bestimmung der Anfallberechtigung unter Teil C II. 3. c).

563 Vgl. Mot I S. 111.

(3) Anwartschaft

Ein Anwartschaftsrecht als causa scheidet ebenfalls aus.[564] Der Annahme eines Anwartschaftsrechts als causa für den Vermögensanfall bei der Auflösung einer Stiftung stehen die gleichen Gründe entgegen, die im Rahmen der vereinsrechtlichen Betrachtung herausgearbeitet wurden.[565] Bereits die Definition des Anwartschaftsrechts verdeutlicht, dass die Rechtsposition des Anfallberechtigten nicht der einer Anwartschaft entsprechen kann. Es bedarf für ein Anwartschaftsrecht eines mehraktigen Entstehungstatbestandes eines Rechts, bei dem schon so viele Erfordernisse erfüllt sein müssen, dass der Veräußerer die Rechtsposition des Erwerbers nicht mehr durch einseitige Erklärung zerstören kann.[566] Anders als bei dem Verein wird die Bestimmung der Anfallberechtigung bei der Gründung der Stiftung im Stiftungsgeschäft verankert. Nur in der bereits zuvor aufgezeigten Ausnahmesituation,[567] nämlich dass der Stifter in der Satzung ein oder mehrere Stiftungsorgan(e) ermächtigt hat die Anfallberechtigten zu bestimmen, – sofern sich der in Betracht kommende Personenkreis aus dem Stiftungszweck ergibt oder die Satzung den Zweck angibt, für den das Vermögen nach Stiftungsauflösung verwendet werden soll[568]-, kann die Bestimmung der Anfallberechtigung durch einen Dritten nach Errichtung der Stiftung vorgenommen werden. Ist die Bestimmung jedoch einmal vorgenommen worden, kann sie nicht ohne weiteres wieder geändert werden. Zudem scheidet als causa ein Anwartschaftsrecht auch deshalb aus, da der Anfallberechtigte den Einritt der Bedingung für den Vermögensanfall nicht in seinen Händen hält. Der Bedingungseintritt darf aber gerade nicht von einem weiteren Verhalten des Anwartschaftsgebers abhängen.[569]

---

564 Anders hingegen für den Verein *Hadding* in: Soergel § 45 BGB, Rn. 10; sowie für die Stiftung LG Mainz NZG 2002, 738, 740, das davon ausgeht, dass die anfallberechtigte Person „eine bereits anwartschaftsähnliche angelegte Vermögensposition" erhält.

565 Vgl. die Ausführungen für den Verein unter Teil B II. 3. c) bb) (2).

566 BGH NJW 1955, 544; Westermann/Gursky/Eickmann/Sachenrecht S. 49 § 4, Rn. 11; *Beckmann* in: Staudinger § 449 BGB, Rn. 61, der einen Überblick der Definitionen in der Rspr. zum Wesen und zur rechtlichen Qualifikation des Anwartschaftsrechts gibt.

567 Vgl. die Ausführungen zur Bestimmung der Anfallberechtigung durch Dritte unter Teil C II. 3. c) bb).

568 *Backert* in: Bamberger/Roth § 88, Rn. 5; *Hof* in: Seifart/v. Campenhausen § 11, Rn. 21; Ebersbach/Handbuch des Stiftungsrechts S. 88.

569 Larenz/Schuldrecht Band II Halbband 1 BT § 43 S. 115; Baur/Stürner/Sachenrecht § 59, Rn. 3, der die Rechtsposition zwischen Anwartschaftsgeber und Anwartschaftsinhaber näher darstellt.

Dies wäre aber im Hinblick auf den Vermögensanfall der Fall. Denn bezüglich des „ob" der Aufhebung der Stiftung kann der Anfallberechtigte weder als außenstehender Dritter noch als etwaiges Mitglied in einem Stiftungsorgan über den Eintritt des Vermögensanfalls disponieren. Selbst als anfallberechtigtes Stiftungsorgan bzw. Organmitglied unterliegt der Beschluss zur Auflösung der Stiftung der Zustimmung durch die Stiftungsbehörde. Der Auflösungsbeschluss ist von der zuständigen Stiftungsaufsicht zu prüfen und zu genehmigen.[570] Das heißt, selbst wenn der Anfallberechtigte die Möglichkeit hätte, einen Auflösungsbeschluss herbeizuführen, würde dies aufgrund des Genehmigungsvorbehalts der Stiftungsaufsicht nicht ausreichen, um von einem Bedingungseintritt sprechen zu können, der allein in den Händen des Anfallberechtigten liegt.

(4) Schenkung

Die causa für die Rechtsstellung der Anfallberechtigung könnte eine Schenkung im Sinne der §§ 516ff. BGB sein. Anknüpfungspunkt wäre zunächst eine Schenkungsabrede zwischen dem Stifter und der Stiftung, verbunden mit einer Auflage nach § 525 BGB (donatio sub modo).[571] Eine begriffliche Bestimmung der Auflage wird durch das BGB zunächst nicht vorgenommen, da weder im Allgemeinen Teil des BGB noch in den schenkungsrechtlichen Vorschriften der Begriff der Auflage definiert ist. Gleichwohl ging der Gesetzgeber davon aus, dass die Bedeutung des Ausdrucks „Auflage" ebenso juristisch bekannt sei wie der entsprechende römisch-rechtliche Begriff des „modus".[572]

Eine Schenkung unter Auflage bedeutet, dass durch die Schenkung die Rechtspflicht des Beschenkten zu einer Leistung begründet wird. Bei der Schenkungsauflage handelt es sich um eine Nebenbestimmung der Leistung des Schenkers.[573] Dies bedeutet wiederum, dass eine Rechtsverpflichtung zwischen dem Stifter und der Stiftung als Beschenkter zur Leistung der Auflage begründet werden müsste. Dies beinhaltet zugleich einen entsprechenden Anspruch des Schenkers, mithin des Stifters, auf Erfüllung der Auflage. Eine solche Rechtsverpflichtung kann hier jedoch nicht begründet werden. Es mangelt an der denknotwendigen

570 *Richter* in: Münchener Handbuch V § 117, Rn. 11; Burgard/Gestaltungs-freiheit S. 633.

571 So auch die Überlegungen von *Muscheler* AcP 203 (2003), 469, 482, der von einer „Schenkung" im übertragenen Sinne ausgeht.

572 Mot II S. 299; *Wimmer-Leonhardt* in: Staudinger § 525 BGB, Rn. 6.

573 *Wimmer-Leonhardt* in: Staudinger § 525 BGB, Rn. 7; *J. Koch* in: MünchKommBGB § 525, Rn. 1.

Verpflichtung der Stiftung, das „geschenkte“ Vermögen des Stifters unangetastet erhalten zu müssen, um es zumindest in gleichem Wertumfang dem Anfallberechtigten ausantworten zu können.[574] Gegenüber dem *An-fallberechtigten* besteht für die Stiftung, oder genauer gesagt ihre Stiftungsorgane, keine Pflicht, das Stiftungsvermögen ordnungsgemäß zu verwalten.[575] Zur Verdeutlichung: Wurde das Stiftungsvermögen verbraucht und die Stiftung aufgrund des Verbrauchs des Stiftungsvermögens aufgelöst, muss das verbliebene Restvermögen nach erfolgter Liquidation dem Anfallberechtigten ausgeantwortet werden. Würde man nunmehr annehmen, die Stiftung habe die Pflicht, für eine vollständige Erhaltung des Stiftungsvermögens Sorge zu tragen, um es dem Anfallberechtigten im Falle der Auflösung der Stiftung ausantworten zu können, dürfte es einen Vermögensanfall aufgrund des Verbrauchs des Stiftungsvermögens überhaupt nicht geben. Dies ist aber nicht der Fall. Die Schenkung unter Auflagen ist das falsche Instrument, um das dem Anfallberechtigten ausgeantwortete Restvermögen im Verhältnis zu dem geschenkten Vermögen des Stifters an die Stiftung sinnvoll zu erfassen.

Somit stellt sich die Frage, ob nicht eine Schenkung von dem Stifter, sondern von der aufzulösenden Stiftung vorliegen könnte. Letztendlich scheidet auch dies aus. Zunächst müsste die Stiftung selbst die Anfallberechtigung nach ihrer Errichtung bestimmt haben. Wie bereits festgestellt wurde, obliegt jedoch der Stiftung, vertreten durch ihre Stiftungsorgane, ein solches eigenständiges Recht zur Bestimmung nicht. Daher dürfte bereits ein wirksames Schenkungsangebot an den Anfallberechtigten durch die aufzulösende Stiftung fraglich sein. Zudem ist für die Gültigkeit des Schenkungsvertrages die notarielle Beurkundung des Schenkungsversprechens erforderlich, § 518 Abs. 1 BGB. Dieses Formerfordernis dürfte nur in den seltensten Fällen erfüllt werden, da eine Satzungsänderung durch die Stiftungsorgane i. d. R. nicht notariell beglaubigt wird. Als Konsequenz daraus folgt, dass der in der Satzung bestimmte Anfallberechtigte bis zur Auflösung der Stiftung als Beschenkter betrachtet werden könnte, jedoch die Stiftung ihm gegenüber mangels Formgültigkeit nicht wirksam verpflichtet ist. Der Mangel der Form wird dabei auch nicht durch die Bewirkung der versprochenen Leistung geheilt, § 518 Abs. 2 BGB. Da der Anfallberechtigte als Beschenkter einen schuldrechtlichen Anspruch nur gegen die Liquidationsstiftung erhält, müsste die Entstehung des schuldrechtlichen Anspruchs auf Ausantwortung des Stiftungsvermögens dazu geführt haben, dass die Schenkung vollzogen wurde. Dies ist jedoch gerade

574 *Muscheler* AcP 203 (2003), 469, 482; fasst es so zusammen: „Der Anfallberechtigte muss das nehmen, was am Ende übrig bleibt.“

575 *Muscheler* AcP 203 (2003), 469, 482.

nicht der Fall. Die Benennung eines Anfallberechtigten in der Stiftungssatzung ist vergleichbar mit der Zuwendung eines Drittbezugsrechts in einem Lebensversicherungsvertrag. Erfolgt die Zuwendung des Drittbezugsrechts schenkungsweise, so gilt die Schenkung vor Eintritt des Versicherungsfalls nur dann als vollzogen, wenn der Bezugsberechtigte unwiderruflich eingesetzt wurde.[576] Zieht man nun die Parallele zur Benennung eines Anfallberechtigten, stellt man fest, dass die Bestimmung des Anfallberechtigten nicht unwiderruflich erfolgt. Vielmehr ist die Bestimmung des Anfallberechtigten jederzeit abänderbar. Es ist letztendlich nur konsequent, dass die Satzung jederzeit abänderbar ist, da vorher, um überhaupt die Fallkonstella-tion entstehen zu lassen, den Stiftungsorganen auch ein eigenständiges Recht zur Bestimmung der Anfallberechtigung eingeräumt wurde. Dann müsste es für die Stiftungsorgane auch möglich sein, die Bestimmung der Anfallberechtigung wieder zu ändern. Letztendlich scheidet daher auch die Schenkung als causa aus.

(5) Echter Vertrag zu Gunsten Dritter

Ein echter Vertrag zu Gunsten Dritter gemäß § 328 BGB scheidet ebenfalls als causa für den Vermögensanfall an den Anfallberechtigten aus.[577] Ein echter Vertrag zugunsten Dritter setzt voraus, dass nach dem Willen der Vertragsschließenden ein nicht am Vertrag beteiligter Dritter aus dem Vertrag unmittelbar ein eigenes, selbstständiges Forderungsrecht erwerben soll.[578] Im Rahmen der Stiftungserrichtung lässt sich der Stifter aber keine Leistung an den Anfallberechtigten versprechen. Insoweit mangelt es bereits an einem Vertragsverhältnis zwischen Versprechendem und Versprechensempfänger, mithin an einem Deckungsverhältnis. Der Begünstigte, hier der Anfallberechtigte, erwirbt also keinen eigenen Anspruch aufgrund einer vertraglichen Vereinbarung des Stifters mit der Stiftung.[579] Dies wird in den Fällen deutlich, in denen das Vermögen an den Fiskus fällt. Selbst in den Fällen, in denen der Fiskus im Stiftungsgeschäft ausdrücklich zum Anfallberechtigten

576 Vgl. *J. Koch* in: MünchKomm § 518 BGB, Rn. 31; *Weidenkaff* in: Palandt § 518 BGB, Rn 15; RGZ 128, 187, 189; BGH NJW 1975 1360, 1361; *Schmalz-Brüggemann* ZEV 1996, 84, 87.

577 Vgl. die Ausführungen für den Verein unter Teil B II. 3. c) bb) (4).

578 *Janoschek* in: Bamberger/Roth § 328, Rn.

579 So jedoch die Überlegungen für den Verein von *Ludwig* in: JurisPK BGB § 311b, Rn. 341, der für den Verein die Konstruktion eines Vertrages zugunsten Dritter nach § 328 BGB für juristisch möglich hält. Dass dies für den Verein nicht zutrifft, siehe die Ausführungen unter Teil B II. 3. c) bb) (4).

bestimmt worden ist, wird der Fiskus als Erbe behandelt,[580] mit der Folge, dass der Fiskus keinen schuldrechtlichen Anspruch gegen die zu liquidierende Stiftung hat, sondern „die Position eines automatisch dinglich Berechtigten erhält".[581] Zudem ist, unabhängig davon, ob die Stiftung unter Lebenden oder von Todes wegen errichtet wird, der Anfallberechtigte entweder durch den gesetzlichen Grundfall im Gesetz (Anfall an den Fiskus) oder im Stiftungsgeschäft selbst festgelegt, bevor die Stiftung als juristische Person existiert. Folglich kann der Vermögensanfall nicht auf einem Vertragsverhältnis zwischen Stifter und Stiftung beruhen, wenn der Anfallberechtigte vor Entstehung der Stiftung einseitig durch den Stifter bestimmt worden ist.[582]

(6) Erbrechtliche Konstruktion

Bereits im vereinsrechtlichen Teil wurde der Ansatz erörtert, wonach sich die causa für den Vermögensanfall aus einer erbrechtlichen Konstruktion ergeben könnte. Diesem Diskussionsansatz soll auch im Rahmen der stiftungsrechtlichen Erörterung nachgegangen werden.

Für den Vermögensanfall an den Fiskus ist bereits gesetzlich vorgegeben, dass nach §§ 88 S. 3, 46 BGB der Fiskus im Wege der Universalsukzession das Vermögen der Stiftung erwirbt. Hier hat der Gesetzgeber den „Weg über das Erbrecht" für den Vermögenserwerb gewählt. Hieraus könnte man schließen, dass sich der Rechtsgrund für den Vermögensanfall an nicht-fiskale Anfallberechtigte aus erbrechtlichen Bestimmungen ergeben muss. Sollte dies der Fall sein, würde beim gesamten Vermögensanfall bei der Stiftung nach den erbrechtlichen Grundsätzen verfahren.[583]

Für die nicht-fiskalen Anfallberechtigten käme ein Vermächtnisanspruch als Rechtsgrund für den Erwerb des Vermögens der Stiftung in Betracht. Wie bereits

---

580 Siehe hierzu die Ausführungen für den Anfall an den Fiskus qua Stiftungsgeschäft unter Teil C II. 3. d) cc).

581 *Muscheler* AcP 203 (2003), 469, 482, der im Weiteren die sonst notwendige Annahme einer „stillschweigend" begründeten causa im Verhältnis Stifter-Anfallberechtigter für gekünstelt und unnatürlich hält.

582 So im Ergebnis auch *Stintzing* AcP 88 (1898), 392, 433, der festhält, dass „von einer der Verpflichtung zur Seite stehenden Haftung für Abführung des Vermögens nicht die Rede sein kann." Allenfalls von einem Erbvertrag könnte gesprochen werden; für den Ansatz einer erbrechtlichen Konstruktion siehe den nachfolgenden Teil unter Teil C II. 3. e) bb) (6).

583 *Muscheler* AcP 203 (2003), 469, 481, der von einer „causa mortis" spricht.

für den Verein herausgearbeitet,[584] müssten für einen erbrechtlichen Lösungsansatz zunächst die Grundvoraussetzungen für die Anwendung der erbrechtlichen Vorschriften vorliegen. Wie bereits im Rahmen der vereinsrechtlichen Erwägungen festgestellt wurde, ist die Hauptvoraussetzung zunächst einmal, dass es überhaupt einen Erbfall gibt, der den Anwendungsbereich des Erbrechts eröffnet. Dementsprechend müsste die Stiftung im Rahmen des Vermögensanfalls „ableben". Die Stiftung im Sinne eines Erblassers existiert – lebt – jedoch nach ihrer Aufhebung zunächst als Liquidationsstiftung weiter.[585] Zudem können juristische Personen nicht sterben. Zwar können sie ihre Rechtsfähigkeit verlieren und zum Teil verweist das Gesetz auf erbrechtliche Normen, so §§ 88, 46 BGB, doch wird die Auflösung und Beendigung einer juristischen Person durch ihre eigenen gesetzlichen Regeln vorgegeben.[586] Des Weiteren gibt es in den Fällen der Liquidation der Stiftung auch keinen Erben, der als Universalsukzessor das Vermögen der Stiftung erlangt. Zudem führte bereits der historische Gesetzgeber folgendes aus:

> *„Die Körperschaft ist nicht, wie eine physische Person, fähig, über ihr Vermögen letztwillig zu verfügen."*[587]

Dementsprechend kann die Anfallberechtigung auch nicht durch die Stiftung selbst bestimmt werden.[588] Entweder es verbleibt bei dem gesetzlichen Grundfall und der Vermögensanfall an den Fiskus tritt ein oder der Anfallberechtigte ist durch das Stiftungsgeschäft bestimmt worden. Im Ergebnis fehlt es an einer letztwilligen Erbfolge, da die Bestimmung des Anfallberechtigten im Stiftungsgeschäft keine Verfügung von Todes wegen darstellt, mit der der Stifter seine Erbfolge oder die Erbfolge der Stiftung regelt.[589]

Nach den vorstehenden Ausführungen kann als Ergebnis festgehalten werden, dass der Rechtsgrund für den Vermögensanfall bei der Auflösung einer Stiftung nicht erbrechtlicher Natur ist, da es bereits an dem dafür erforderlichen „Erbfall"

---

584 siehe hierzu die Ausführungen unter Teil B II. 3. c) bb) (5).

585 *Muscheler* AcP 203 (2003), 469, 481, der darauf hinweist, dass die Stiftung als Stiftung in Liquidation zwar mit einem veränderten Zweck existiert, im Ergebnis jedoch personenidentisch ist.

586 Vgl. Muscheler/Erbrecht I, Rn. 112; Lange/Erbrecht S. 21, Rn. 6; Lange/Kuchinke/Erbrecht § 4 III S. 78.

587 Mot I S. 111.

588 *Muscheler* AcP 203 (2003), 469, 483.

589 So im Ergebnis auch *Stintzing* AcP 88 (1898), 392, 433, der weiter zu dem Ergebnis kommt, dass die Stiftung ihren Nachlass selbst liquidiert und somit die Übermittlung des Vermögens durch den Vorgänger selbst geschieht.

fehlt. Hieraus folgt, dass für die nicht-fiskalen Anfallberechtigten auch ein Vermächtnisanspruch als Rechtsgrund für den Erwerb des Vermögens der Stiftung nicht in Betracht kommt. Bei einem Vermächtnis im Sinne des § 2174 BGB wird ein bestimmter, einzelner Vermögensvorteil unentgeltlich zugewendet. Insoweit erwirbt auch der Vermächtnisnehmer nicht den vermachten Gegenstand selbst, sondern nur das Recht, vom Erben den vermachten Gegenstand, gleichwohl ob es sich eine Sache, ein Recht oder einen sonstigen Vermögensvorteil handelt, zu fordern.[590]

Auch wenn man in Hinblick auf die Ausgestaltung des schuld-rechtlichen Anspruchs des Anfallberechtigten eine Parallele zum Vermächtnisanspruch erkennen mag, kann der Anspruch des An-fallberechtigten trotzdem nicht als erbrechtlicher Vermächtnisanspruch angesehen werden. Der Liquidator ist nicht „Erbe“ des auf-gelösten Vereins. Nach der Legaldefinition des § 1922 Abs. 1 BGB ist Erbe diejenige Person, auf die mit dem Tode einer natürlichen Person deren Vermögen als Ganzes übergeht. Dies trifft auf den Liquidator nicht zu. Es besteht allenfalls Ähnlichkeit zu dem Amt des Testamentsvollstreckers, auf den jedoch ebenfalls kein Vermögen übergeht. Er hat lediglich das Recht, eine Verwaltung über das Vermögen aus dem Erbfall zu führen.[591] Auch wenn es im Rahmen des § 2203 BGB Aufgabe eines Testamentsvollstreckers ist, Vermächtnisansprüche zu erfüllen, ist der Testamentsvollstrecker nicht mit dem Liquidator gleich zu setzen. So sind die Vorschriften der Liquidatoren abschließend in den §§ 48ff. BGB geregelt. Ein Verweis auf die gesetzlichen Bestimmungen der Testamentsvollstreckung (§§ 2197ff. BGB) ist vom Gesetzgeber nicht vorgenommen worden. Zudem müssten die bereits erwähnten Grundvoraussetzungen für einen Erbfall vorliegen, an denen es hier ebenfalls fehlt (s.o.).

Auch eine analoge Anwendung der erbrechtlichen Bestimmun-gen auf den Vermögensanfall scheidet aus, da es bereits an einer erforderlichen Planwidrigkeit der Regelungslücke mangelt. Dies wird bereits dadurch deutlich, dass der Gesetzgeber, obwohl er die Parallele zum Erbrecht gesehen hat, bewusst davon absah, bei dem Vermögensanfall an Personen die Anwendung der erbrechtlichen Vorschriften – so wie im Falle des § 46 BGB geschehen – anzuordnen.

Auch eine erbrechtliche Lösung über eine sog. Pupillar-Substitution kommt nicht als Rechtsgrund für den Vermögensanfall in Betracht.[592] Die Pupillar-Substitution

---

590 Vgl. Kipp/Coing/Erbrecht § 53 S. 322; Schellhammer/Erbrecht 15 Teil S. 438; Muscheler/Erbrecht II, Rn. 2590ff., der eine detaillierte Einordnung von bestimmten und unbestimmten Vermögensgegenständen vornimmt.

591 Vgl. Muscheler/Erbrecht I, Rn. 116.

592 Anders im Ergebnis noch *Stintzing* AcP 88 (1898), 392, 434.

(substitutio pupillaris) ist die nach römischem Recht existente Erbeinsetzung, welche der Vater oder Großvater im Namen oder statt seines unmündigen, in seiner väterlichen Gewalt stehenden Kindes vornimmt. Und zwar für den Fall, dass dieses in der Unmündigkeit versterben sollte.[593] Nach römischem Recht war der Erbanfall vor Erreichung der Mündigkeit nicht perfekt, so dass die Pupillar-Substitution die testamentarisch geordnete Erbfolge vervollständigte.[594] Nach heute geltendem Recht ist der Rechtsgedanke der Pupillar-Substitution nicht mehr gültig, so dass niemand mehr über fremdes Vermögen letztwillig verfügen kann.[595] Infolgedessen scheidet mittlerweile auch diese erbrechtliche Konstruktion aus. Im Ergebnis stammt folglich die causa für den Erwerb der Anfallberechtigung nicht aus einer reinen erbrechtlichen Konstruktion.

(7) Sui generis

Die causa des Vermögensanfalls liegt im Gesetz selbst, mithin in § 88 S. 1 BGB. Die stiftungsrechtliche Vorschrift des § 88 S. 1 BGB gewährt dem Anfallberechtigten seine Rechtsstellung und stellt für die spätere Ausantwortung den Rechtsgrund dar. Insoweit ist das Anfallsrecht für die Stiftung dem Anfallsrecht für den Verein nachempfunden.[596] Für eine sachgerechte Lösung ist jedoch zu beachten: Auch wenn eine reine erbrechtliche Konstruktion für die causa des Vermögensanfalls ausscheidet, ist offensichtlich, dass eine erbrechtliche Ausrichtung und Parallele für die Anfallberechtigung des nicht-fiskalen Anfallberechtigten vorgesehen wurde. Da diese Parallele dem erbrechtlichen Vermächtnisanspruch in der Konstellation eines schuldrechtlichen Anspruches für den Anfallberechtigten ähnelt, ist bei einer zusammenfassenden Betrachtung aller entscheidenden Komponenten von einem Rechtsgrund *sui generis* auszugehen.[597]

Mit diesem Ergebnis wird gewährleistet, dass so sinnvoll die einzelnen verschiedenen Komponenten, wie der erbrechtliche Einschlag bei der Anfallberechtigung des nicht-fiskalen Anfallberechtigten, erfasst werden. Insofern ist es nicht entscheidend,

---

593 Vgl. die Oeconomische Encyclopädie von Johann Georg Krünitz, elektronisch abrufbar unter: www.kruenitz1.uni-trier.de; Honsel/Römisches Recht § 71, III; Mayer-Maly/Römisches Recht § 42, VI; Kaser/Römisches Privatrecht § 68, II, 5. b).

594 *Avenarius* in: Staudinger vor §§ 2100–2146 BGB, Rn. 2.

595 RG LZ 1922, 466; *Avenarius* in: Staudinger vor §§ 2100–2146 BGB, Rn. 3.

596 Siehe hierzu die Ausführungen unter Teil B II. 3. c) bb) (6).

597 So das Ergebnis auch für den Verein, siehe hierzu die Ausführungen unter Teil B II. 3. c) bb) (6); sowie für den Verein *Ludwig* in: JurisPK BGB § 311b, Rn. 341, der in dem Erwerb des schuldrechtlichen Anspruch rechtskonstruktiv einen Erwerb sui generis sieht.

ob auf der Rechtsfolgenseite für den Stifter die Möglichkeit besteht, dem Anfallberechtigten Auflagen im Sinne der §§ 2192ff. BGB machen zu können.[598] Unterstellt diese Möglichkeit besteht, spricht dies nicht zwangsläufig für eine rein erbrechtliche Lösung, sondern vielmehr für die besondere Konstruktion des Vermögensanfalls bei einer Stiftung. Genau diese Tatsache findet wiederum ihre Berücksichtigung in der sui-generis-Konzeption und wäre darüber hinaus durch analoge Anwendung des § 2192 BGB nicht ausgeschlossen, da es für den Stifter möglich sein sollte, dem nicht-fiskalen Anfallberechtigten eine Pflicht zur zweckentsprechenden Mittelverwendung[599] – in Anlehnung an die durch § 46 S. 2 BGB vorgegebenen Pflicht für den Fiskus – aufzuerlegen.[600] Ebenso ist es nicht notwendig, eine rein erbrechtliche Konstruktion zu wählen, um auf der Rechtsfolgenseite zu dem Ergebnis zu gelangen, dass der Stifter aufgrund der erbrechtlichen Vorschrift des § 2065 Abs. 2 BGB gehindert wird, durch eine Klausel im Stiftungsgeschäft einem Dritten die Bestimmung des Anfallberechtigten zu überlassen.[601] Der Stifter kann einem Nicht-Stiftungsorgan kein Änderungsrecht in Bezug auf die Stiftungssatzung einräumen.[602] Den Stiftungsorganen ist allenfalls dann ein Bestimmungsrecht einzuräumen, wenn der Stifter zuvor das entscheidungsbefugte Organ benannt hat, er zudem einen eng begrenzten Personenkreis festlegt hat – aus dem der Anfallberechtigte ausgewählt wird – und wenn die Voraussetzungen für die Auswahl des Anfallberechtigten so bestimmt sind, dass Willkür des bestimmungsberechtigten Organs ausgeschlossen ist.[603] Insofern bedarf es nicht notwendigerweise eines Rückgriffs auf eine rein erbrechtliche Konstruktion. Im Ergebnis steht die causa sui generis im Einklang mit dem Vermögensanfall des Vereins. Da die Stiftung ein rechtsdogmatisches Näheverhältnis zum Verein hat – unter anderem durch die umfassende Verweisung auf das Vereinsrecht, welches zugleich für die Stiftung als Orientierung im gesetzlichen Modell dient –, folgt das Ergebnis der causa sui generis dem bereits für den Verein herausgearbeiteten Grundsatz.

---

598 So *Muscheler* AcP 203 (2003), 469, 485.

599 Umstritten ist die rechtliche Einordnung der Verwendungspflicht, vgl. zum Meinungsstand *Reuter* in: MünchKomm § 47 BGB, Rn. 10; sowie die Prüfung von Gantenbrink/ Diss S. 249ff., der zu dem Ergebnis kommt, dass die Verwendungspflicht des § 46 S. 2 BGB eine öffentlich-rechtliche Auflage ist, „die der Gesetzgeber dem Fiskus als Teilnehmer im Privatrechtsverkehr aufgegeben hat".

600 *Muscheler* AcP 203 (2003), 469, 485.

601 So *Muscheler* AcP 203 (2003), 469, 484.

602 Siehe hierzu die Ausführungen unter Teil C II. 3. c) bb).

603 *Muscheler* ZErb 2005, 4, 8, der konsequent zu dem Ergebnis einer „causa mortis" für den Erwerb des Anfallberechtigten gelangt und in der Stiftungserrichtung eine Art „kleinen Erbfall" sieht, ausführlich hierzu ZSt 2003, 67, 73.

cc) Die Rechtsnachfolge des Anfallberechtigten

Nachdem erörtert wurde, auf welcher Grundlage der nicht-fiskale Anfallberechtigte im Falle einer zu liquidierenden Stiftung das Vermögen erwirbt, stellt sich nunmehr die Frage, welche rechtlichen Folgen eintreten, wenn der im Stiftungsgeschäft benannte nicht-fiskale Anfallberechtigte in der Zwischenzeit verstorben ist. Als wichtiger Faktor muss hier zunächst beachtet werden, wann der benannte Anfallberechtigte verstorben ist. Verstirbt dieser, *nachdem* bereits die Liquidation der Stiftung begonnen hat, ist der schuldrechtliche Anspruch auf Ausantwortung für den verstorbenen Anfallberechtigten bereits zu seinen Lebzeiten entstanden. In dieser Fallkonstellation geht der schuldrechtliche Anspruch auf Ausantwortung gegen die zu liquidierende Stiftung auf den Erben des verstorbenen Anfallberechtigten nach § 1922 BGB über.

Problematisch erscheint hingegen die Fallkonstellation, in welcher der nicht-fiskale Anfallberechtigte nach Errichtung der Stiftung und vor deren Auflösung verstirbt. Der Anspruch gegen die noch nicht existierende Stiftung in Liquidation ist noch gar nicht entstanden. Kommt es nun jedoch zu der Auflösung der Stiftung, stellt sich die Frage, ob der „(Rechts-)Nachfolger" des vor Entstehung des Ausantwortungsanspruchs verstorbenen Anfallberechtigten ebenfalls anfallberechtigt wird. Zunächst ist festzustellen, dass sowohl in den stiftungsrechtlichen Normen als auch in den vereinsrechtlichen Regelungen diese Fallkonstellation im Gesetz nicht explizit geregelt ist. Der Wortlaut des § 88 BGB beinhaltet keine Regelung für den Fall, dass der nicht-fiskale Anfallberechtigte vor Vermögensanfall der Stiftung verstirbt. Hat der Stifter eine Regelung für die Anfallberechtigung getroffen, ist zunächst diese vom Stifter vorgegebene Regelung heranzuziehen, um zu klären, an wen das Stiftungsvermögen fällt, wenn der primär Anfallberechtigte vor dem Vermögensanfall verstorben ist. Hat der Stifter für diesen Fall ausdrücklich einen Ersatzanfallberechtigten bestimmt, so fällt diesem das Vermögen an. Die Möglichkeit, im Stiftungsgeschäft für den Fall des Wegfalls des Anfallberechtigten einen Ersatzanfallberechtigten zu benennen, steht dem Stifter grundsätzlich frei. Die Bestimmung eines Ersatzanfallberechtigten entspricht damit der gesetzlich in § 2096 BGB geregelten Möglichkeit eines Erblassers, für den Fall, dass ein Erbe vor oder nach Eintritt des Erbfalls wegfällt, einen Ersatzerben zu bestimmen.[604] Dieser Rechtsgedanke des Ersatzerben trifft auch auf den Ersatzanfallberechtigten zu. Nimmt der Stifter im Stiftungsgeschäft eine Bestimmung für den

604 *Litzenburger* in: Bamberger/Roth § 2096, Rn. 1; *Schlichting* in: MünchKomm § 2096 BGB, Rn. 1; *Otte* in: Staudinger § 2096 BGB, Rn. 1.

Fall des Wegfalls des Anfallberechtigten vor, tritt der Ersatzanfallberechtig-te an die Stelle des eigentlichen Anfallberechtigten.

Hat der Stifter keinen Ersatzanfallberechtigten bestimmt und ist der Anfallberechtigte bereits vor dem Vermögensanfall weggefallen, so fällt das Vermögen mangels anderweitiger Anfallberechtigter dem Fiskus an.[605] In diesem Zusammenhang stellt sich jedoch die Frage, ob bei fehlender Bestimmung eines Ersatzanfallberechtigten stets davon auszugehen ist, dass das Vermögen dem Fiskus anfällt, oder ob nicht zuvor der mutmaßliche Wille des Stifters ermittelt werden kann und muss. Hat etwa der Stifter seine Kinder zu Anfallberechtigten bestimmt, könnte man – auch im Hinblick auf die Bestimmung des § 2069 BGB – zu dem Schluss gelangen, dass auch die Abkömmlinge der Anfallberechtigten anfallberechtigt sein sollten, soweit sie auch als gesetzliche Erben an deren Stelle treten würden. Bevor man also einen Vermögensanfall an den Fiskus annimmt, muss zuvor bestimmt werden, ob nach dem *mutmaßlichen* Willen des Stifters ein Ersatzanfallberechtigter die Nachfolge des Anfallberechtigten antritt.[606] Die rechtliche Kompetenz, einen solchen Willen des Stifters zu ermitteln, hat allein die zuständige Stiftungsbehörde. Ihr obliegt es, sowohl bei der Stiftungserrichtung (§ 83 S. 2 BGB) als auch bei der Auflösung der Stiftung den mutmaßlichen Willen des Stifters heranzuziehen. Lebt der Stifter noch, kann die Stiftungsbehörde den Stifter hierzu befragen. Handelt es sich jedoch um eine Stiftungserrichtung von Todes wegen, ist die zuständige Stiftungsbehörde berechtigt, im Rahmen einer Auslegung des Stiftungsgeschäfts, den mutmaßlichen Willen des Stifters festzustellen. Das Ergebnis der Ermittlung des mutmaßlichen Willens des Stifters kann auch umfassen, dass der Stifter bewusst nur „einen" Anfallberechtigten bestimmt hat – somit einen Ersatzanfallberechtigten bewusst nicht bestimmt hat – und der Anfall an den Fiskus in dieser Fallkonstellation von dem Stifter sogar gewollt war. Lässt sich auch für die Stiftungsbehörde ein solcher Wille nach der Auslegung des Stiftungsgeschäftes nicht ermitteln, rückt immer der Fiskus als Rechtsnachfolger nach, mithin greift dann wieder der gesetzliche Grundfall.

dd) Exkurs: Die causa unentgeltlicher Zuwendungen von Stiftungsleistungen an die Destinatäre

Im Rahmen eines Exkurses soll an dieser Stelle nun thematisiert werden, welcher Rechtsgrund für die Leistungen an die Destinatäre vorliegt. Im Rahmen dieses

605 *Neuhoff* in: Soergel § 88 BGB, Rn. 7.
606 *Neuhoff* in: Soergel § 88 BGB, Rn. 7.

Exkurs können auch die zuvor dargestellten Überlegungen und Ergebnisse für die Frage nach der causa in Bezug auf die Rechtsstellung der Anfallberechtigten einbezogen werden. Sie fungieren als Grundlage und erlauben es, die causa für die unentgeltlichen Zuwendungen von Stiftungsleistungen an die Destinatäre rechtlich zu erfassen. Ausgangspunkt dieser Überlegungen ist die Entscheidung des BGH aus dem Jahre 2009.[607] In seiner Entscheidung nimmt der BGH Stellung zu der Frage, welche causa für die Zuwendungen an die Destinatäre zu Grunde liegt. Im Rahmen dieser Darstellung soll kritisch hinterfragt werden, ob die rechtliche Qualifizierung des BGH zutreffend ist und ob gegebenenfalls eine differenzierende Sicht angezeigt ist, um die rechtliche Qualifizierung von Zuwendungen zwischen der Stiftung und den Destinatären abschließend zu erfassen.

(1) Stiftungssatzung als causa?

Ausgangspunkt in dem vom BGH zu beurteilenden Sachverhalt war, dass sich die beklagte Stiftung vertraglich zur Erbringung unentgeltlicher Leistungen gegenüber einem Destinatär verpflichtet hatte. Somit galt es zu klären, ob ein Vertrag zwischen Stiftung und Destinatär, durch den ein Anspruch auf unentgeltliche Stiftungsleistungen festgelegt wird, ein notariell zu beurkundendes Schenkungsversprechen ist. Wenn dies der Fall sein sollte, müssten die unentgeltlichen Zuwendungen der Stiftung an ihre Destinatäre gemäß § 518 BGB notariell beurkundet werden. Der BGH lehnt jedoch ein zu beurkundendes Schenkungsversprechen in diesen Fällen ab. So führt er in seiner Entscheidung aus, dass „der Anspruch eines Destinatärs auf Stiftungsleistungen zum einen unmittelbar durch die Stiftungssatzung, zum anderen durch die einseitige Zuerkennung durch ein Stiftungsorgan begründet werden kann, sofern dies dem in der Satzung niedergelegten Willen des Stifters entspricht und die satzungsmäßigen Voraussetzungen erfüllt sind.“[608]

Nach der Ansicht des BGH liegt die causa sowohl vertraglicher als auch einseitiger Zuwendungen im *Stiftungszweck* selbst.[609] „Werden einem Destinatär Stiftungsleistungen zugewendet, dient dies der Erfüllung des Stiftungszwecks. Dabei macht es keinen Unterschied, ob ein Anspruch auf die Stiftungsleistungen bereits durch die Stiftungssatzung selbst oder erst durch ein Stiftungsorgan, sei es durch

607 BGH NJW 2010, 234ff.; dazu *Gantenbrink* ZEV 2010, 100ff.

608 BGH NJW 2010, 234, 235.

609 So die h.M. BGH NJW 2010, 234, 235; BGH NJW 1957, 708; *Hüttemann/Rawert* in: Staudinger § 85 BGB, Rn. 39; *Backert* in: Bamberger/Roth § 85, Rn. 6; *Hof* in: Seifart/v. Campenhausen § 7, Rn. 159; Burgard/Gestaltungsfreiheit S. 462; *Böttcher* DNotZ 2010, 189, 192; *Passarge* NZG 2009, 1421, 1423.

einseitige Zuerkennung oder durch Abschluss ein-es Vertrags, begründet wird."[610] Dass dem so nicht ist, führt bereits *Muscheler* zutreffend aus, der darauf hinweist, dass der Stiftungszweck nicht causa für Zuwendungen der Stiftung an außenstehende Dritte sein kann.[611] Im Falle satzungsgemäßer Zuwendungen erfolgen die Leistungsansprüche nicht „in Ausführung der Stiftungssatzung", vielmehr sind sie Bestandteil der Satzung.[612] Des Weiteren besteht auch keine „Pflicht" der Stiftung zur Erfüllung des Stiftungszwecks gegenüber Dritten, sondern nur sich selbst gegenüber.[613] Zu Recht wird an der Entscheidung des BGH kritisiert, dass der BGH die Pflicht der Stiftungsorgane mit der Pflicht der Stiftung verwechselt. Im Falle einer vertraglich unentgeltlichen Zuwendung ist nur die Stiftung Vertragspartnerin geworden.[614] Der Stiftungszweck selbst hat nicht die Aufgabe, für die Stiftung als Rechtsgrund der unentgeltlichen Zuwendungen an ihre Destinatäre zu fungieren. Der in der Stiftungssatzung normierte Stiftungszweck bildet vielmehr die Leitlinie für die künftige Stiftungstätigkeit.[615] Mitunter wird deshalb auch zutreffend vom Stiftungszweck als der „Seele" der Stiftung gesprochen.[616] Richtig ist daher insoweit, dass die Stiftungsorgane einen eindeutigen und abgrenzbaren Auftrag durch die Stiftungssatzung erhalten.[617] Dieser Auftrag ersetzt jedoch nicht zugleich einen möglichen Rechtsgrund für die von der Stiftung erfolgten Leistungen an die Destinatäre.[618] Dies ist auch aus der Sicht eines Destinatärs nachvollziehbar.

---

610 BGH NJW 2010, 234, 235.

611 *Muscheler* WM 2003, 2213, 2216; Muscheler/Stiftungsrecht, S. 194, S. 231, S. 241; *ders.* AcP 203 (2003), 469, 479, *ders.* NJW 2010, 341, 342.

612 *Muscheler* WM 2003, 2213, 2216, der zudem auf RGZ 54, 399, 401 hinweist, nach dieser Entscheidung wurde auf satzungsgemäße Leistungsansprüche an Destinatäre einer Familienstiftung, die zugleich Pflichtteilsberechtigte des Stifters waren, § 2327 BGB analog angewandt, somit also eine Norm, die eine „Schenkung" voraussetzt.

613 *Muscheler* AcP 203 (2003), 469, 479; *ders.* NJW 2010, 341, 343.

614 So *Muscheler* NJW 2010, 341, 343.

615 *v. Campenhausen* in: Seifart/v. Campenhausen § 1, Rn. 9; *Hüttemann/Rawert* in: Staudinger vor § 80 BGB, Rn. 5; *Muscheler* AcP 203 (2003), 469, 479; *ders.* NJW 2010, 341, 343, bezeichnet es als das „Gesetz", nach dem die Stiftung angetreten, „ins Leben getreten" ist.

616 Ebersbach/Handbuch des Stiftungsrechts S. 16; *v. Campenhausen* in: Seifart/v. Campenhausen § 1, Rn. 9; *Hüttemann/Rawert* in: Staudinger vor § 80 BGB, Rn. 5; oder mit der anderen Begrifflichkeit „Herzstück" vgl. *Hof* in: Seifart/v. Campenhausen § 7, Rn. 1.

617 *Böttcher* DNotZ 2010, 189, 192.

618 Anders *Schiffer* BB 2010, 79, 80, der zu dem Ergebnis kommt: „Die Organmitglieder, die für die Stiftung handeln, haben sich an die Satzung zu halten und insbesondere

Dem Destinatär steht die Stiftung als juristische Person gegenüber und empfängt von dieser (juristischen) Person Zuwendungen. Insoweit ist die Stiftungssatzung selbst nur Innenrecht. Dies steht auch im Einklang mit dem historischen Gesetzgeber, der unter dem Beratungspunkt „Erlöschen der Körperschaft“ bereits festhielt, dass „die Verfassung nur die inneren Verhältnisse der Körperschaft regelt.“[619] Von diesem „Binnenrecht“[620] ausgehend ist es sachgerecht, eine Lösung für die causa nicht in der Stiftungssatzung zu suchen. Gleichgültig ob die Stiftung (als eigenständige juristische Person) einseitig oder vertraglich unentgeltlich Zuwendungen an die Destinatäre vornimmt, der Rechtsgrund liegt nicht im Inneren der juristischen Person, sondern in dem für sie (damit ist die Stiftung selber gemeint, nicht die Stiftungsorgane) maßgebenden Gesetz.

Die Schwächen der vom BGH vertretenen Ansicht, dass die causa im Stiftungszweck selbst liegt, werden zudem besonders sichtbar, wenn man die Konditionsfestigkeit der von der Stiftung erbrachten unentgeltlichen Zuwendungen betrachtet. Käme es nämlich z. B. dazu, dass eine Unwirksamkeit des Stiftungsgeschäfts eintritt, müsste konsequenterweise nach der Ansicht des BGH zugleich die causa für das Behaltendürfen der Leistung entfallen sein. Dies hätte zur Folge, dass die Stiftung gegen den Destinatär ihrerseits einen Anspruch aus § 812 Abs. I S. 1 Alt. 1 BGB hätte.[621] Insofern ist auch die Argumentation von *Gantenbrink* folgerichtig, wonach es bei entsprechender Gestaltung der Stiftungssatzung jederzeit möglich wäre, durch die bloße Änderung ihres „Binnenrechts” (hier des Stiftungszwecks), den der Zuwendung zugrunde liegenden Rechtsgrund zu nivellieren und somit die bereits geleisteten Zuwendungen nachträglich rechtsgrundlos werden zu lassen.[622] Der Stiftungszweck ist aus diesem Grund nicht die causa.

(2) Differenzierung zwischen vertraglicher oder einseitiger Zuwendung

Der vom BGH vertretenen Ansicht,[623] dass nicht zu differenzieren ist, ob es sich um einen unmittelbar aus der Stiftungssatzung herrührenden Anspruch handelt

den Stiftungszweck zu erfüllen, das ist der Rechtsgrund für ihr Handeln.“ Mag dies der Rechtsgrund für *ihr* Handeln sein, so ist dies jedoch nicht gleichzusetzen mit dem Rechtsgrund der Zuwendungen im Verhältnis *Stiftung*-Destinatäre. Dies muss strikt getrennt werden.

619 Vgl. Mot I S. 111.

620 So bezeichnet es *Gantenbrink* ZEV 2010, 100, 102.

621 *Muscheler* NJW 2010, 341, 343; *Gantenbrink* ZEV 2010, 100, 102.

622 *Gantenbrink* ZEV 2010, 100, 102; zusammenfassend *Trappe* Die Stiftung – Jahreshefte zum Stiftungswesen 2010, 69, 74.

623 BGH NJW 2010, 234, 235.

oder um einen vertraglichen begründeten Anspruch, ist nicht ohne weiteres zu folgen. Wie bereits zuvor festgestellt, scheidet der Stiftungszweck, mithin die Stiftungssatzung, als causa aus, so dass die Frage nach der causa von der Unterscheidung tangiert werden könnte, ob explizit ein Schuldverhältnis zwischen Anspruchsberechtigten und Anspruchsverpflichteten begründet wurde oder ob es sich um einseitiges Rechtsgeschäft (die Art dieses Rechtsgeschäfts sei an dieser Stelle noch dahingestellt) im Verhältnis Stiftung-Destinatär handelt. Geht man davon aus, dass ein Schuldverhältnis zwischen Stiftung und Destinatär begründet wurde, so kommt auch nur dieses Schuldverhältnis als „Quelle des Anspruchs" in Betracht, so dass sich die Rechtsnatur der causa nach der Qualifizierung des Vertrages richten muss.[624] Gleiches muss dann auch in den Fällen einseitiger unentgeltlicher Zuwendungen gelten. Auch in diesen Fällen muss im Rahmen einer Differenzierung beachtet werden, nach welcher Rechtsnatur das einseitige Rechtsgeschäft in Form von Zuwendungen an die Destinatäre erfolgte.

(3) Schenkung oder Vertrag sui generis

Aufgrund der Differenzierung von vertraglichen und einseitigen Zuwendungen stellt sich die Frage, ob die causa jeweils nach den schenkungsrechtlichen Vorschriften (unter Umständen direkt oder analog) oder nach einem Vertrag sui generis einzuordnen ist. Für unentgeltliche Zuwendungen im Verhältnis Stiftung-Destinatäre, die auf einseitiger satzungsgemäßer Leistung beruhen, wird überwiegend angenommen, dass es sich um Ansprüche sui generis handelt, die ihren Rechtsgrund in der Satzung haben.[625] Einigkeit besteht insoweit, dass die causa für einen durch Stiftungssatzung begründeten Anspruch nicht vertraglich begründet sein kann.[626] Die typologische Einordnung in einen Anspruch sui generis hingegen ist nicht zielführend. Vielmehr sind die schenkungsrechtlichen Vor-schriften analog anzuwenden.[627] So hat bereits *Muscheler* zutreffend darauf hingewiesen, dass eine Schenkung im echten Sinne nicht vorliegt, da das Stiftungsgeschäft ein einseitiges Rechtsgeschäft sei und eine Schenkung im echten Sinne wiederum ein Vertrag darstellt. Folge ist, dass die entsprechenden Normen, welche auf eine Schenkung der

---

624 *Trappe* Die Stiftung – Jahreshefte zum Stiftungswesen 2010, 69, 74.

625 So die h.M. Ebersbach/Handbuch des Stiftungsrechts S. 112; *Hof* in: Seifart/v. Campenhausen § 7, Rn. 159; *Hüttemann/Rawert* in: Staudinger § 85 BGB, Rn. 39; *Backert* in: Bamberger/Roth § 85, Rn. 6.

626 So auch *Muscheler* WM 2003, 2213, 2216.

627 *Muscheler* WM 2003, 2213, 2216.

Stiftung an die Destinatäre greifen, anwendbar sind.[628] Die Stiftung selbst agiert rechtlich als Schenker, da sie als juristische Person selbstständig ist. Sie fungiert dabei auch nicht wegen der Satzungsmäßigkeit des Anspruchs bloß als „Durchlaufstation“, da der Stifter bewusst nicht selbst schenken wollte. Der Stifter bedient sich vielmehr der juristischen Konstruktion einer selbstständigen Stiftung.[629] Folgerichtig ist es sachgerecht, das Schenkungsrecht analog anzuwenden.[630]

Handelt es sich um unentgeltliche Zuwendungen im Verhältnis Stiftung-Destinatäre aufgrund einer vertraglichen Vereinbarung, wie im vorbezeichneten BGH-Fall, besteht ein rechtsgeschäftliches Schuldverhältnis, dessen vertraglicher Typus zu ermitteln ist. Nur wenn es sich um einen Vertragsgegenstand handelt, der nicht in die übliche Formtypik passt, weil er insoweit nach dem vertraglichen System des BGB einzigartig ist, würde es sich um einen Vertrag sui generis handeln. Dem ist jedoch nicht so. Die vom BGH zu beurteilende Vereinbarung zwischen der Stiftung und dem Destinatär stellt ein Schenkungsversprechen dar. Mithin ist die vertragliche Begrün-dung eines Leistungsanspruchs zu Gunsten des Destinatärs einer Stiftung eine Schenkung.[631] Dieses Ergebnis scheint sachgerecht, da so auch auf Rechtsfolgenseite ein für die Stiftung praktikables Ergebnis erzielt wird. So können mitunter die vertraglich gewährten Haftungserleichterungen für Sach- und Rechtsmängel im Rahmen der §§ 523ff. BGB und für den Schadensersatz nach § 521 BGB erfasst werden.[632] Das Schenkungsrecht als causa für unentgeltliche vertragliche Zuwendungen an die Destinatäre ist daher mehr als nur „diskutabel“.[633] Es ist ein sachgerechtes Ergebnis, zu-mal es – insoweit im Einklang mit der

---

628 *Muscheler* WM 2003, 2213, 2216.

629 So auch *Muscheler* WM 2003, 2213, 2216.

630 Für die sich daraus ergebenden weiteren rechtlichen Folgen siehe *Muscheler* WM 2003, 2213, 2217ff.

631 *Muscheler* NJW 2010, 341, 342; im Ergebnis folgend *Gantenbrink* ZEV 2010, 100, 103; *Trappe* Die Stiftung – Jahreshefte zum Stiftungswesen 2010, 69, 75.

632 Siehe insoweit *Muscheler* NJW 2010, 341, 343, der das Ergebnis des BGH auf der Rechtsfolgenseite mit der stichhaltigen Frage erwidert: „Gilt der Satz „Einem geschenkten Gaul schaut man nicht ins Maul” zu Gunsten von Stiftungen nicht?“.

633 So die Aussage von *Reuter* in: MünchKomm § 85 BGB, Rn. 33, der Schenkungsrecht schon im Ansatz nur für diskutabel hält für Leistungen an den Destinatär, die aus Sachen oder Geld bestehen. Die ebenfalls häufigen Dienst- oder Werkleistungen sollen sich einer solchen Einordnung von vornherein entziehen. Jedoch verkennt *Reuter*, dass die Einordnung nach Schenkungsrecht nicht abschließend ist. Werden also (unentgeltliche) Dienst- oder Werkleistungen von der Stiftung erbracht, muss unter Umständen der Vertragstypus angepasst werden, so dass eine Schenkung oder ein unentgeltlicher Auftrag vorliegen könnte.

BGH-Entscheidung – auch praktikabel für die Stiftung und die Destinatäre ist. Weder die Destinatäre noch die Stiftung müssen darum bangen, dass zum einen die geleisteten Zuwendungen formnichtig erfolgt sind, weil das Zuwendungsversprechen der Stiftung nicht notariell beurkundet worden ist, noch zum anderen, dass nunmehr aufgrund der Formvorschrift des § 518 BGB zusätzliche Notarkosten entstehen. Eine Anwendung des § 518 BGB kommt nicht in Betracht, da die speziellere Formvorschrift des § 81 Abs. 1 S. 1 BGB als lex specialis den § 518 BGB verdrängt.[634]

4. Verfahren

Unter dem Oberbegriff „Verfahren" wird nun im Folgenden aufgezeigt, welche Fragen und Probleme sich im Verfahren rund um den Eintritt eines Vermögensanfalls bei einer Stiftung ergeben. Vor allem sind der Aufwand und die rechtlichen Folgen einer durchzuführenden Liquidation näher zu erfassen. Durch die gesetzliche Vorgabe, im Falle eines Vermögensanfalls an einen Anfallberechtigten eine Liquidation durchzuführen, ergeben sich auf allen Seiten der Beteiligten einer Liquidation unterschiedlichste Fragen. Diese Fragen sollen in diesem letzten Abschnitt herausgestellt und sodann zusammenfassend gelöst werden. Zudem ist zu beachten, dass der Großteil der relevanten Probleme deckungsgleich für den Verein besteht. Insoweit überschneiden sich hier zum Teil die Ausführungen.[635] An den gegebenen Stellen werden jedoch die Besonderheiten für die Stiftung herausgestellt.

a) Feststellung des Anfallrechts beim Vermögensanfall an den Fiskus

Gemäß § 1966 BGB können von dem Fiskus als gesetzlichem Erben und gegen den Fiskus als gesetzlichen Erben Rechte erst geltend gemacht werden, wenn ein Feststellungsbeschluss mit dem Inhalt ergangen ist, dass der Fiskus gesetzlicher Erbe geworden ist. Der Fiskus soll also einen Nachlass nicht an sich ziehen können, bevor nicht sein gesetzliches Erbrecht nach den §§ 1964, 1965 BGB festgestellt

634 *Muscheler* WM 2003, 2213, 2221; *ders.* NJW 2010, 341, 344; im Ergebnis folgend *Gantenbrink* ZEV 2010, 100, 103; a.A. *Trappe* Die Stiftung – Jahreshefte zum Stiftungswesen 2010, 69, 77, der § 81 Abs. 1 S. 1 BGB nicht als lex specialis betrachtet, sondern den § 518 BGB anwendet, da die Stiftung ein Schenkungsversprechen abgegeben hätte und zudem der Schutzzweck des § 518 BGB nur so gewahrt werde könnte.

635 Vgl. die Ausführungen für den Verein unter Teil B II. 4.

worden ist.[636] Dies bedeutet zugleich, dass der Fiskus vor der Feststellung nach §§ 1964, 1965 BGB vor einer Inanspruchnahme durch Stiftungsgläubiger geschützt ist. Sobald das Nachlassgericht Kenntnis davon erlangt hat, dass der Vermögensanfall an den Fiskus erfolgt, wird das Verfahren zur Feststellung des Anfallrechts von Amts wegen eingeleitet.[637] Zuständig (örtlich und sachlich) ist das Amtsgericht als Nachlassgericht, in dessen Bezirk die Stiftung ihre letzten Sitz hatte, §§ 23a Abs. 2 Nr. 2 GVG, 343 Abs. 1 FamFG. Sollte ein Bedürfnis zur endgültigen Klärung bestehen, ob der Vermögensanfall an den Fiskus eingetreten ist, hat das Nachlassgericht für das Vermögen der Stiftung entsprechend § 1960 BGB zu sorgen und kann die Bestellung eines Nachlasspflegers nach § 1960 Abs. 2 BGB anordnen.[638] Gegenüber dem Grundbuchamt hat der Fiskus als gesetzlicher Erbe den Anfall des Stiftungsvermögens durch Erbschein nachzuweisen.[639] Ebenso wie für den Verein, gilt somit auch für die Stiftung, dass der Fiskus nicht nur nach materiellem Recht, sondern auch nach formellem Recht wie ein Erbe zu behandeln ist.[640]

b) Die Stiftung in Liquidation

aa) Die Rechtsfähigkeit der Stiftung in Liquidation

Nach §§ 88, 49 Abs. 2 BGB besteht die Rechtsfähigkeit der Stiftung bis zur Beendigung der Liquidation fort.[641] Die Stiftung wandelt sich demnach zu einer Stiftung in Liquidation[642] und ist uneingeschränkt rechtsfähig. Eine beschränkte

---

636 OLG Dresden VIZ 2000, 55, 56; *Siegmann/Höger* in: Bamberger/Roth § 1966, Rn. 1; *Weidlich* in: Palandt § 1966 BGB, Rn 1.

637 § 1964 BGB legt dem Nachlassgericht zunächst eine Erbenermittlungspflicht auf, falls der Fiskus als gesetzlicher Erbe in Betracht kommt, RGZ 164, 235, 237; OLG München FGPrax 2011, 187, 189; *Siegmann/Höger* in: Bamberger/Roth § 1964, Rn. 3; *Weidlich* in: Palandt § 1964 BGB, Rn 1; *Leipold* in: MünchKomm § 1964 BGB, Rn. 3.

638 *Weick* in: Staudinger § 46 BGB, Rn. 4; für eine analoge Anwendung des § 1960 BGB *Hof* in: Seifart/v. Campenhausen § 11, Rn. 26.

639 OLG Hamm OLGZ 1966, 109; OLG Köln MDR 1965, 993; OLG Frankfurt MDR 1984, 145; BayObLG MDR 1987, 762; BayObLG NJW-RR 1994, 914ff.; *Weick* in: Staudinger § 46 BGB, Rn. 4; *Schöpflin* in: Bamberger/Roth § 46, Rn. 3.

640 So zutreffend in der Konsequenz *Weick* in: Staudinger § 46 BGB, Rn. 4.

641 Heutzutage unstreitig *Backert* in: Bamberger/Roth § 88, Rn. 5; Burgard/Gestaltungsfreiheit S. 644; *Muscheler/Arnhold/Gantenbrink* ZErb 2007, 211, 215.

642 *Reuter* in: MünchKomm § 88 BGB, Rn. 4; eine Fortdauer als unselbstständige Stiftung scheidet aus, vgl. die nachfolgenden Ausführungen unter Teil C II. 4. d).

Rechtsfähigkeit, gekoppelt an das Erfordernis des Liquidationszwecks,[643] ist abzulehnen. Neben dem Gebot der Rechtssicherheit und dem Verkehrsschutz ist eine beschränkte Rechtsfähigkeit für sich im Liquidationsstadium befindliche juristische Personen dem im deutschen Recht geltenden Prinzip der unbegrenzten Rechtsfähigkeit juristischer Personen fremd.[644]

Nach Vorgabe der §§ 88, 49 BGB reduziert sich der Stiftungszweck darauf, die laufenden Geschäfte zu beendigen, die Forderungen einzuziehen, das übrige Vermögen in Geld umzusetzen, die Gläubiger zu befriedigen und den Überschuss den Anfallberechtigten auszuantworten.[645] Der ursprüngliche satzungsmäßige Stiftungszweck wird durch den in § 49 Abs. 2 BGB bezeichneten Zweck *ersetzt*.[646] Diese vorherrschende Ansicht wird mittlerweile jedoch kritisiert. So soll der Liquidationszweck nicht den Stiftungszweck *verdrängen*, sondern ihn lediglich *überlagern*.[647] Der Stiftungszweck als wichtigster Ausdruck des Stifterwillens sei so zu schützen, andernfalls verlören die Stiftungsorgane und die Aufsichtsbehörde ihren wichtigsten Handlungsmaßstab.[648] Dieser Ansicht ist jedoch nicht zu folgen. Zum einen erfährt die Reichweite des Schutzes des Stifterwillens im Rahmen der Stiftungsliquidation eine Einschränkung. Der Stifter wusste schließlich bereits vor der Gründung der Stiftung, dass im Falle einer Auflösung und Liquidation der von ihm gesetzte Stiftungszweck von dem im Gesetz verankerten Liquidationszweck ersetzt wird. Zum anderen vermögen weitergehende Bedenken gegen die herrschende Ansicht nicht zu überzeugen. So kann der Stifter weiterhin den Anfallberechtigten auferlegen, bei der Verwendung des zufallenden Vermögens den

643 Ebersbach/Handbuch des Stiftungsrechts S. 148; *Hof* in: Seifart/v. Campenhausen § 11, Rn. 13.

644 *Schöpflin* in: Bamberger/Roth § 49, Rn. 5; Burgard/Gestaltungsfreiheit S. 645; K. Schmidt/Verbandszweck S. 298ff.; *K. Schmidt* AcP 174 (1974), 55, 67ff.; *K. Schmidt* AcP 184 (1984), 529ff.; *Hadding* in: Soergel § 49, Rn. 11; *Reuter* in: MünchKomm § 49 BGB, Rn. 11; *Richter* in: Münchener Handbuch V § 118, Rn. 8; vgl. zudem die Ausführungen für den Verein unter Teil B II. 4. a) aa).

645 Ebersbach/Handbuch des Stiftungsrechts S. 148; *Schauhoff* in: Schauhoff Handbuch der Gemeinnützigkeit § 3, Rn. 180; OLG Koblenz NZG 2002, 135, 136.

646 So die h.M. *Hof* in: Seifart/v. Campenhausen § 11, Rn. 13; so auch zu verstehen BGH NJW 1986, 1604; *Hadding* in: Soergel vor § 49, Rn. 1; *Weick* in: Staudinger § 48 BGB, Rn. 4; Hüffer/AktG § 262, Rn. 2.

647 Burgard/Gestaltungsfreiheit S. 645; dem zustimmend Gantenbrink/Diss S. 253.

648 Burgard/Gestaltungsfreiheit S. 646, der anführt, dass im Falle einer legitimierten Bestimmung des Anfallberechtigten durch die Stiftungsorgane, der Liquidationszweck keinen Maßstab bieten könne für diese Bestimmung.

Stiftungszweck zu beachten.[649] An diese Maßgabe ist sodann der Anfallberechtigte aufgrund des niedergelegten Stifterwillens im Stiftungsgeschäft gebunden. So, wie die Bezeichnung des Anfallberechtigten die Anfallrichtung vorgibt, kann sie zugleich Maßstäbe für den Anfallberechtigten mitübermitteln. Unberührt bleibt hiervon die Ersetzung des aktiven Stiftungszwecks.

Eine Parallelwertung zum § 46 S. 2 BGB und der Vorgabe, das Vermögen tunlichst in einer den Zwecken der Stiftung entsprechenden Weise zu verwenden, ist nicht notwendig.[650] Der vom Stifter gewählte Anfallmodus ist der entscheidende Anknüpfungspunkt. Es obliegt gänzlich dem Stifter, zu entscheiden, ob er es bei dem gesetzlichen Ausgangsmodell belässt und keinen Anfallberechtigten benennt und somit die im Gesetz vorgegebene Bindung der Verwendung wählt (durch Anwendung der §§ 88, 46 BGB) oder ob er einen Anfallberechtigten bestimmt und diesem entweder freistellt das Vermögen zu verwenden oder ihm ebenfalls eine Bindung auferlegt. Die Ersetzung des Stiftungszwecks raubt dem Stifter keine dieser Optionen und ist aufgrund des gesetzgeberischen Liquidationsgebots folgerichtig.

bb) Pflicht zur Durchführung einer Liquidation

Nach dem Wortlaut des § 47 BGB „muss“ eine Liquidation durchgeführt werden, wenn das Stiftungsvermögen nicht an den Fiskus fällt. Wie bereits in den vereinsrechtlichen Ausführungen dargelegt wurde, geht eine immer größere Anzahl von Stimmen davon aus, dass § 47 BGB kein *zwingendes* Liquidationsgebot normiert.[651] Dementsprechend ist auch im Rahmen der Auflösung einer Stiftung davon auszugehen, dass trotz des Verweises in § 88 S. 3 BGB auf die §§ 46 bis 53 BGB keine ausnahmslose Pflicht zur Durchführung eines Liquidationsverfahrens besteht. Die Durchführung eines Liquidationsverfahrens ist jedenfalls dann entbehrlich, wenn die Stiftung über keinerlei verwertbares Aktivvermögen verfügt.[652] Sind die Abwicklungsziele des § 49 Abs. 1 S. 1 BGB, nämlich die laufenden Geschäfte zu beendigen, die Forderungen einzuziehen, das übrige Vermögen in Geld umzusetzen, die Gläubiger zu befriedigen und den Überschuss den Anfallberechtigten auszuantworten, nicht mehr möglich, macht es keinen Sinn, bei

---

649 Vgl. die Ausführungen unter Teil C II. 3. e) bb) (7). zu der Möglichkeit des Stifters dem Anfallberechtigten Auflagen im Sinne der §§ 2192ff. BGB machen zu können.

650 So jedoch Gantenbrink/Diss S. 253.

651 Vgl. die Ausführungen und den Meinungsstand unter Teil B II. 1. a).

652 *Schöpflin* in: Bamberger/Roth § 47, Rn. 2; BGH NJW 1982, 238, „eine Liquidation kann nicht stattfinden, weil kein Aktivvermögen vorhanden ist“.

einer vermögenslosen Stiftung auf die Durchführung eines Liquidationsverfahrens zu bestehen.[653] Soweit sich dem Wortlaut des § 47 BGB entnehmen lässt, dass ein Liquidationsverfahren durchgeführt werden „muss", ist einschränkend davon auszugehen, dass dieser Wortlaut zu weit geraten ist und bei der Frage, ob ein Liquidationsverfahren durchzuführen ist, stets Sinn und Zweck des Liquidationsverfahren berücksichtigt werden müssen. Dies führt im Ergebnis dazu, dass jedenfalls vorhersehbar unergiebige Liquidationen zu vermeiden sind.[654] Ein Liquidationszwang besteht daher nur insoweit, als noch aktives Stiftungsvermögen vorhanden ist und das Vermögen nicht an den Fiskus fällt. Das bedeutet aber nicht, dass die Stiftung durch willentliche Herbeiführung der Vermögenslosigkeit das grundsätzlich zwingende Liquidationsverfahren umgehen kann. In einem solchen Fall überwiegen die gläubigerschützenden Liquidationsvorschriften, so dass eine solche Umgehung stets unzulässig wäre.[655]

c) Die Liquidatoren

Im Rahmen eines durchzuführenden Liquidationsverfahrens erhalten die Liquidatoren[656] rechtliche Funktionen und Aufgaben. Ihnen kommt somit eine wesentliche Funktion im Rahmen der Liquidation zu. Die maßgebenden Vorschriften liegen dabei aufgrund des entsprechenden Verweises des § 88 S. 3 BGB auf die §§ 46 bis 53 BGB im Vereinsrecht. Welche Aufgaben den Liquidatoren zufallen, wer überhaupt Liquidator werden kann und insbesondere in welchem Umfang die Liquidatoren tätig werden können, wird nun im Folgenden dargestellt. Ebenso wie über die Pflichten der Liquidatoren, soll anschließend auch die mit der Pflichtenübernahme verbundene Gefahr der Haftung der Liquidatoren erörtert werden.

---

653 Gegen einen Liquidationszwang vor allem K. Schmidt/Verbandszweck S. 292ff.; *Hadding* in: Soergel vor § 41, Rn. 4, § 47, Rn. 1; *Schöpflin* in: Bamberger/Roth § 47, Rn. 1; *Weick* in: Staudinger § 47 BGB, Rn. 2; anders im Rahmen eines obiter dictum BGHZ 96, 253, 256.

654 Burgard/Gestaltungsfreiheit S. 644; dem zustimmend Gantenbrink/Diss S. 254.

655 Burgard/Gestaltungsfreiheit S. 644, der eine Liquidation „auf kaltem Weg" für generell unzulässig hält.

656 Begrifflich bedeutet eine Liquidation: Abwicklung; dies umfasst die Aufstellung, Gegenüberstellung und Einforderung von Schulden. Im Stadium der Liquidation obliegt es daher den Liquidatoren die Gesellschaft zu führen und sie mit dem Ziel der Abwicklung zu vertreten, vgl. Tilch/Arloth/deutsches Rechts-Lexikon Band II S. 2754; Deutsches Rechtswörterbuch Band 8 S. 1341.

aa) Bestellung und Umfang der Liquidatoren

Als Liquidatoren können zunächst die Mitglieder des Stiftungsvorstandes fungieren.[657] Das bis dahin bestehende Vorstandsverhältnis ändert sich in ein organschaftliches Liquidationsverhältnis.[658] Allerdings steht es dem Stifter frei, in der Satzung auch andere Personen oder andere Organe für die Liquidation vorzusehen.[659] Für die Bestellung der Liquidatoren sind die für die Bestellung des Vorstandes geltenden Vorschriften maßgebend, § 48 Abs. 1 S. 2 HS. 2 BGB, so dass zum Liquidator auch eine juristische Person bestellt werden kann.[660] Wird die Stiftung hingegen durch eine Behörde verwaltet, erfolgt die Liquidation durch eben diese Behörde.[661]

Die Liquidatoren haben die Rechtsstellung des Vorstands, soweit sich nicht aus dem Zwecke der Liquidation ein anderes ergibt, § 48 Abs. 2 BGB. Die Geschäftsführungsbefugnis wird durch den Liquidationszweck beschränkt.[662] Problematisch ist die Reichweite der Vertretungsmacht der Liquidatoren im Außenverhältnis. Entscheidend für den Umfang ihrer Vertretungsmacht ist die Frage, ob die Stiftung in Liquidation in ihrer Rechtsfähigkeit beschränkt ist oder nicht. Wenn man davon ausgeht, dass nur eine auf den Liquidationszweck beschränkte Rechtsfähigkeit besteht, ist es nur konsequent, den Liquidatoren auch nur im Rahmen dieser eingeschränkten Rechtsfähigkeit Vertretungsmacht zuzubilligen.[663] Folgt man dieser Auffassung, so bedeutet dies, dass die Vertretungsmacht der Liquidatoren auf solche Rechtsgeschäfte beschränkt ist, die erkennbar innerhalb des Liquidationszwecks liegen. Nach der hier vertretenen Auffassung ist jedoch davon auszugehen, dass die Stiftung in Liquidation in ihrer Rechtsfähigkeit unbeschränkt ist, so dass auch die Vertretungsmacht der Liquidatoren unbeschränkt ist. Wie bereits ausgeführt, ist neben dem Gebot der Rechtssicherheit und dem Verkehrsschutz eine beschränkte

---

657 Mitunter werden die Vorstandsmitglieder der Stiftung auch als die „geborenen“ Liquidatoren bezeichnet, so *Richter* in: Münchener Handbuch V § 118, Rn. 9; *Schöpflin* in: Bamberger/Roth § 48, Rn. 2.

658 *Schöpflin* in: Bamberger/Roth § 48, Rn. 2; *Richter* in: Münchener Handbuch V § 118, Rn. 9.

659 *Weick* in: Staudinger § 48 BGB, Rn. 2; „gekorene“ Liquidatoren *Schöpflin* in: Bamberger/Roth § 48, Rn. 2.

660 *Richter* in: Münchener Handbuch V § 118, Rn. 10; *Weick* in: Staudinger § 48 BGB, Rn. 2.

661 *Hof* in: Seifart/v. Campenhausen § 11, Rn. 16.

662 *Weick* in: Staudinger § 49 BGB, Rn. 11; *Schöpflin* in: Bamberger/Roth § 48, Rn. 3; Burgard/Gestaltungsfreiheit S. 647.

663 Ebersbach/Handbuch des Stiftungsrechts S. 148; *Hof* in: Seifart/v. Campenhausen § 11, Rn. 13.

Rechtsfähigkeit für im Liquidationsstadium befindliche juristische Personen dem im deutschen Recht geltenden Prinzip der unbegrenzten Rechtsfähigkeit juristischer Personen fremd.[664] Insbesondere die in das gesamte Verbandsrecht ausstrahlende Vorschrift des § 269 Abs. 5 AktG, wonach die Vertretungsbefugnis der Abwickler nicht beschränkt werden kann, spricht für die unbeschränkte Vertretungsmacht der Liquidatoren.[665] Ausnahme bleiben die evident liquidationsfremden Geschäfte, also solche, die dem Liquidationszweck evident widersprechen. Auf diese Geschäfte finden die *Grundsätze des Missbrauchs der Vertretungsmacht* Anwendung.[666]

bb) Die Aufgaben der Liquidatoren

Die Aufgaben der Liquidatoren regelt § 49 Abs. 1 BGB.[667] Die Vorschrift beschreibt in Abs. 1 S. 1 den Inhalt der Liquidation.[668] Die Liquidatoren haben danach die laufenden Geschäfte zu beendigen, die Forderungen einzuziehen, das übrige Vermögen in Geld umzusetzen, die Gläubiger zu befriedigen und den Überschuss den Anfallberechtigten auszuantworten.

Die erste inhaltliche Aufgabe der Liquidatoren liegt in der Beendigung der laufenden Geschäfte. Hierbei wird der Begriff der „laufenden Geschäfte" weit ausgelegt. Der Begriff umfasst nicht nur *vor* Liquidationsbeginn begründete, aber noch nicht abgewickelte Rechtsbeziehungen, sondern alles, was notwendig ist, um den Eintritt von Vermögensnachteilen zu verhindern.[669] Dies beinhaltet auch, dass die Liquidatoren neue Geschäfte eingehen können, wenn diese Geschäfte der Beendigung schwebender Geschäfte dienen, § 49 Abs. 1 S. 2 BGB. Ziel ist es, die gesamte Geschäftstätigkeit der Stiftung in Liquidation zu beenden. Die Liquidatoren haben dafür zu sorgen, dass die vollständige Abwicklung der Geschäfte erfolgt.

---

664 *Schöpflin* in: Bamberger/Roth § 49, Rn. 5; Burgard/Gestaltungsfreiheit S. 645; K. Schmidt/Verbandszweck S. 298ff.; *Hadding* in: Soergel vor § 49, Rn. 11; *Reuter* in: MünchKomm § 49 BGB, Rn. 11; *Richter* in: Münchener Handbuch V § 118, Rn. 8.

665 *Richter* in: Münchener Handbuch V § 118, Rn. 14, der dieses Ergebnis aus dogmatischer Sicht als „der gangbarere Weg" bezeichnet; im Übrigen vgl. Burgard/Gestaltungsfreiheit S. 647; *K. Schmidt* AcP 174 (1974), 55, 76; *Weick* in: Staudinger § 48 BGB, Rn. 5, § 49 BGB, Rn 11, 12, 15; *Schöpflin* in: Bamberger/Roth § 49, Rn. 12.

666 *Weick* in: Staudinger § 49 BGB, Rn 14, 15; *K. Schmidt* AcP 184 (1984), 529ff.; Burgard/Gestaltungsfreiheit S. 647; *Richter* in: Münchener Handbuch V § 118, Rn. 14.

667 Beachte die hierzu bereits erfolgten Ausführungen zum Verein unter Teil B. II. 4. b) aa) (1).

668 Beachte die partiell gleichlautende Parallelen in den §§ 268 AktG, 70 GmbHG, 88 GenG, 149 HGB.

669 RGZ 72, 236, 240; 146, 376, 378; *Reuter* in: MünchKomm § 49 BGB, Rn. 2.

Die Abwicklung der Geschäfte kann für die Liquidatoren z. B. erreicht werden durch Erfüllung, durch Kündigung oder durch Vergleich.[670] Mögliche Rechtsstreitigkeiten sind jedoch fortzuführen,[671] allerdings nur insoweit sie nicht ausschließlich dem werbenden Stiftungszweck dienen.[672]

Weiterer Inhalt der Liquidation ist es, durch die Liquidatoren das Stiftungsvermögen zu verflüssigen. Hiermit ist sowohl die Einziehung der Forderungen als auch die Umsetzung des übrigen Vermögens in Geld gemeint. Mangelt es an der Fälligkeit der einzuziehenden Forderung, ist diese zu verkaufen. Nur wenn ein Einziehungsversuch der Forderung von vornherein als aussichtslos erscheint – etwa wegen Zahlungsunfähigkeit des Schuldners – kann die Einziehung gänzlich unterbleiben.[673] Die Einziehung der Forderungen sowie die Umsetzung des übrigen Vermögens in Geld dürfen zudem unterbleiben, wenn sie nicht zur Befriedigung der Gläubiger oder zur Verteilung des Überschusses unter die Anfallberechtigten erforderlich sind, § 49 Abs. 1 S. 3 BGB. Dies kann zum einen der Fall sein, wenn die Gläubiger bereits mit flüssigen Mitteln befriedigt werden können oder zur Entgegennahme von Gegenständen des Stiftungsvermögens an Erfüllungsstatt bereit sind, zum anderen, wenn die Anfallberechtigten den Liquidationsüberschuss in Natur übernehmen wollen.[674] Beweispflichtig dafür, dass ein solcher Ausnahmetatbestand vorliegt, sind die Liquidatoren.[675]

Die dritte Aufgabe der Liquidatoren besteht darin, die Gläubiger zu befriedigen. Mit der Befriedigung der Gläubiger kann bereits begonnen werden, bevor das Vermögen vollständig in Geld umgesetzt ist.[676] Sämtliche Stiftungsverbindlichkeiten sind zu tilgen, sei es durch Erfüllung, Aufrechnung oder sonstige Erfüllungssurrogate. Mit inbegriffen hiervon sind bekannte, fällige und unstreitige Verbindlichkeiten.[677] Meldet sich ein bekannter Gläubiger nicht, so ist der geschuldete

---

670 *Hadding* in: Soergel § 49, Rn. 3; *Weick* in: Staudinger § 49 BGB, Rn 4; *Schöpflin* in: Bamberger/Roth § 49, Rn. 7.

671 BGH NJW 1979, 1592; *Schöpflin* in: Bamberger/Roth § 49, Rn. 7; *Weick* in: Staudinger § 49 BGB, Rn 4.

672 Für den Verein *Ellenberger* in: Palandt § 49 BGB, Rn. 1; *Schöpflin* in: Bamberger/Roth § 49, Rn. 7.

673 *Reuter* in: MünchKomm § 49 BGB, Rn. 5; *Weick* in: Staudinger § 49 BGB, Rn 6.

674 *Reuter* in: MünchKomm § 49 BGB, Rn. 5; *Richter* in: Münchener Handbuch V § 118, Rn. 19.

675 BGH WM 1977, 617, 618.

676 *Weick* in: Staudinger § 49 BGB, Rn 8.

677 *Richter* in: Münchener Handbuch V § 118, Rn. 20; *Schöpflin* in: Bamberger/Roth § 49, Rn. 9.

Betrag für den Gläubiger zu hinterlegen, § 52 Abs. 1 BGB. Ist die Tilgung einer Verbindlichkeit zurzeit nicht ausführbar oder ist eine Verbindlichkeit streitig, so darf das Vermögen den Anfallberechtigten nur ausgeantwortet werden, wenn dem Gläubiger ebenfalls Sicherheit geleistet ist, § 52 Abs. 2 BGB. Kommt es zu einer Zahlungsunfähigkeit oder der Überschuldung der Stiftung in Liquidation, haben die Liquidatoren nach § 42 Abs. 2 BGB die Eröffnung des Insolvenzverfahrens zu beantragen. Als letzte Aufgabe haben die Liquidatoren nach Befriedigung der Gläubiger und nach Ablauf des Sperrjahres (§ 51 BGB) den Liquidationsüberschuss an die Anfallberechtigten auszuantworten.

cc) Die Pflichten der Liquidatoren

Die Liquidatoren haben nicht nur die zuvor beschriebenen Aufgaben (§ 49 Abs. 1 BGB) zu erfüllen, sie haben auch die in den §§ 50, 51, 52 BGB festgehaltenen Pflichten zu erfüllen. Diese Pflichten beinhalten, dass die Liquidatoren die Auflösung der Stiftung unverzüglich[678] öffentlich bekannt machen und die Gläubiger zur An-meldung ihrer Ansprüche auffordern, § 50 Abs. 1 S. 1, 2 BGB.[679] Die öffentliche Bekanntmachung dient dem Schutz der Gläubiger. Erst wenn der Eintritt in das Liquidationsstadium für die Stiftung vorliegt, ist die Bekanntmachung durchzuführen.[680] Bekanntzumachen ist sodann die Stiftungsaufhebung, nicht der Auflösungsgrund.[681] Als inhaltliche Anforderung umfasst die öffentliche Bekanntmachung, dass den potenziellen Gläubigern der Name und die Anschrift bzw. der Sitz der Stiftung und gegebenenfalls die Anschrift der Liquidatoren mitgeteilt wird. Die Bekanntmachung hat im Staatsanzeiger oder im Amtsblatt des jeweiligen Bundeslandes stattzufinden.[682] Ist die Bekanntmachung nicht spezialgesetzlich geregelt, greift insofern § 50 Abs. 1 S. 3 BGB, wonach die Bekanntmachung durch das in der Satzung für Veröffentlichungen bestimmte Blatt erfolgt. Bekannte Gläubiger nach § 50 Abs. 2 BGB sind durch besondere Mitteilung zur Anmeldung ihrer Ansprüche aufzufordern. Unter bekannte Gläubiger versteht man diejenigen

---

678 *Hadding* in: Soergel § 50, Rn. 1; *Schöpflin* in: Bamberger/Roth § 50, Rn. 2.

679 Die Vorschrift des § 50 BGB findet sich in ähnlicher Form bei allen Vereinstypen wieder, beachte die §§ 267 AktG, 65 Abs. 2 GmbHG, 82 Abs. 2 GenG.

680 Zu der Problematik, ob eine öffentliche Bekanntmachung und Mitteilung an die Gläubiger entbehrlich ist, wenn der Verein evidentermaßen völlig vermögenslos ist vgl. die Ausführungen unter Teil B II. 4. b) bb) (2).

681 *Reuter* in: MünchKomm § 50 BGB, Rn. 1; a.A. *Hadding* in: Soergel § 50, Rn. 1.

682 Soweit es spezialgesetzlich durch das jeweilige Landesgesetz geregelt ist, wie z. B. in § 16 StiftG BW.

Gläubiger, deren Identität sowie deren Ansprüche dem Grunde und im Wesentlichen dem Umfang nach mindestens einem Liquidator positiv bekannt sind.[683] Es sind jedoch auch jene Gläubiger zu benachrichtigen, die sich eines Anspruchs gegen die Stiftung berühmen und substantiiert einen von der Stiftung bestritten Anspruch behaupten.[684] Melden sich nun die Gläubiger weder auf die allgemeine Aufforderung des § 50 Abs. 1 BGB noch auf die besondere Mitteilung des § 50 Abs. 2 BGB, verlieren sie daraufhin nicht ihre Ansprüche. Durch die Aufforderung bzw. Mitteilung werden keine Ausschlusswirkungen entfaltet.[685] Jedoch drohen vor allem unbekannten Gläubigern Beeinträchtigungen, da nach ordnungsgemäßer Ausantwortung des „Überschusses" an die Anfallberechtigten der ersatzlose Wegfall ihres Schuldners eintritt.[686] Bei bekannten Gläubigern hingegen kann es, aufgrund von § 52 BGB, nicht zu einer Überschussverteilung zu ihren Lasten kommen.

Nach der Bekanntmachung beginnen die Liquidatoren mit der Abwicklung der bereits beschriebenen Aufgaben des § 49 Abs. 1 BGB und kehren den verbliebenden Liquidationsüberschuss nach Ablauf des Sperrjahres (§ 51 BGB) an die Anfallberechtigten aus. Das Sperrjahr beginnt mit der Bekanntmachung. Die wiederum gilt mit dem Ablauf des zweiten Tages nach der Einrückung oder der ersten Einrückung als bewirkt, § 50 Abs. 1 S. 4 BGB. Nach § 51 BGB ist es den Liquidatoren untersagt, das Stiftungsvermögen vor Ablauf eines Jahres nach Bekanntmachung der Auflösung an die Anfallberechtigten zu übertragen. Zweck dieser Vorschrift ist es, durch die Anordnung einer generellen Verteilungssperre, einen Gläubigerschutz zu bewirken. Durch die gesetzliche Sperrfrist soll gewährleistet werden, dass den Gläubigern das Vermögen der Stiftung, welches zunächst zu ihrer Befriedigung bestimmt ist, nicht entzogen wird.[687] Verstoßen jedoch die Liquidatoren gegen diese gesetzliche Sperrfrist, indem sie das „Restvermögen" an die Anfallberechtigten vor Ablauf des Sperrjahres auskehren, so haften die Anfallberechtigten in anteiliger Höhe der offenen Forderungen der Stiftung in

683 *Reuter* in: MünchKomm § 50 BGB, Rn. 4; *Hadding* in: Soergel § 50, Rn. 3; *Schöpflin* in: Bamberger/Roth § 50, Rn. 4; die GmbH betreffend RGZ 92, 77, 80.

684 *Weick* in: Staudinger § 50 BGB, Rn 3; *Reuter* in: MünchKomm § 50 BGB, Rn. 5; *Schöpflin* in: Bamberger/Roth § 50, Rn. 4; *K. Schmidt* ZIP 1981, 1, 2.

685 *Hadding* in: Soergel § 50, Rn. 4; *Reuter* in: MünchKomm § 50 BGB, Rn. 6; *Schöpflin* in: Bamberger/Roth § 50, Rn. 3.

686 *Reuter* in: MünchKomm § 50 BGB, Rn. 6; Reichert/Vereins- und Verbandsrecht, Rn. 4234; *Hadding* in: Soergel § 50, Rn. 4; *Schöpflin* in: Bamberger/Roth § 50, Rn. 3.

687 *Weick* in: Staudinger § 51 BGB, Rn 2; *Schöpflin* in: Bamberger/Roth § 51, Rn. 1.

Liquidation, § 812 Abs. 1 S. 1 Alt. 1 BGB.[688] Diesen Rückforderungsanspruch können die Gläubiger wiederum pfänden und sich überweisen lassen.

Des Weiteren besteht für die Liquidatoren die gesetzliche Pflicht nach § 52 BGB,[689] Forderungen von Gläubigern, die aus bestimmten Gründen nicht befriedigt werden können, zu sichern. Nach § 52 Abs. 1 BGB ist der geschuldete Betrag zu hinterlegen, wenn sich der bekannte Gläubiger nicht meldet und die Berechtigung zur Hinterlegung vorhanden ist. Mit dieser Sicherstellungspflicht wird bewirkt, dass die Liquidation durch Schlussverteilung zum Abschluss gebracht werden kann.[690] Die Sicherstellung wird somit durch Hinterlegung des geschuldeten Betrages (§ 52 Abs. 1 BGB) oder durch Leistung einer Sicherheit (§ 52 Abs. 2 BGB) gewährleistet.[691]

dd) Schadensersatzpflicht der Liquidatoren

Wie bereits zuvor ausgeführt, sind die Liquidatoren gegenüber der Stiftung in Liquidation zur ordnungsgemäßen Durchführung der Liquidation verpflichtet.[692] Aus dieser Pflicht erwächst jedoch den Gläubigern kein Erfüllungsanspruch auf Durchführung der Liquidation gegen die Liquidatoren. Hier besteht zwischen Gläubigern und Liquidatoren keine rechtliche Sonderverbindung.[693] Im Interesse des Gläubigerschutzes werden diese gegenüber der Stiftung bestehenden Pflichten mit einer Schadensersatzhaftung der Liquidatoren gegenüber den Gläubigern sanktioniert.[694] Verstoßen die Liquidatoren gegen ihre Pflichten, haften sie als

---

688 *Reuter* in: MünchKomm § 51 BGB, Rn. 2; *Weick* in: Staudinger § 51 BGB, Rn 2; beachte jedoch, dass § 814 BGB auch im Falle bewusster vorzeitiger Leistung der Liquidatoren nicht gilt, da dessen Anwendung dem Zweck des § 51 BGB widersprechen würde, so *Reuter* in: MünchKomm § 51 BGB, Rn. 2; im Ergebnis ebenso *Hadding* in: Soergel § 51, Rn. 3, durch telelologische Reduktion; a.A. *Weick* in: Staudinger § 51 BGB, Rn 2, der aber den Gläubigern dann einen unmittelbaren Bereicherungsanspruch analog § 822 BGB gegen die Anfallberechtigten einräumt.

689 Beachte die parallelen Vorschriften in den §§ 272 Abs. 2, 3 AktG, 73 Abs. 2 GmbHG, 90 Abs. 2 GenG.

690 Reichert/Vereins- und Verbandsrecht, Rn. 4270.

691 Zu den einzelnen Voraussetzungen, siehe *Richter* in: Münchener Handbuch V § 118, Rn. 33, 34, 35.

692 Beachte die hierzu bereits erfolgten Ausführungen zum Verein unter Teil B. II. 4. b) cc).

693 *Weick* in: Staudinger § 53 BGB, Rn 2; *Schöpflin* in: Bamberger/Roth § 53, Rn. 1; *Reuter* in: MünchKomm § 53 BGB, Rn. 1.

694 *Schöpflin* in: Bamberger/Roth § 53, Rn. 1; *Reuter* in: MünchKomm § 53 BGB, Rn. 1.

Gesamtschuldner nach §§ 88 S. 3, 53 BGB den Gläubigern der Stiftung gegenüber. Eine Haftung tritt demnach immer dann ein, wenn die Liquidatoren eine der ihnen obliegenden Pflichten aus § 42 Abs. 2 BGB oder den §§ 50, 51, 52 BGB verletzen oder vor Befriedigung der Gläubiger das Vermögen an die Anfallberechtigten auskehren.

Die Haftung erfordert Verschulden des einzelnen Liquidators.[695] Der Umfang der Schadensersatzpflicht wird durch die Höhe der ausgefallenen Forderung und des pflichtwidrig übertragenen Stiftungsvermögens bestimmt.[696] Kommt es dazu, dass ein Verstoß gegen die §§ 50, 51, 52 BGB oder gegen das Verbot der Verteilung vor Befriedigung der Gläubiger begangen wird, ist die Ausantwortung an die Anfallberechtigten rechtsgrundlos erfolgt. Es muss also mit in die Schadensfeststellung einbezogen werden, dass die Stiftung als primärer Schuldner zwar nicht mehr durch Zugriff auf ihr ursprüngliches Vermögen, wohl aber im Wege der Pfändung ihrer Bereicherungsansprüche unter Umständen noch mit Erfolg von den Gläubigern in einer Weise in Anspruch genommen werden kann, die den Schaden ausschließt oder doch wenigstens verringert.[697]

Hinzu kommt, dass der Anspruch aus §§ 88 S. 3, 53 BGB durch einen vorbeugenden Unterlassungsanspruch gegen die Stiftung in Liquidation oder die Liquidatoren nach § 1004 BGB analog ergänzt wird. So kann der Stiftung in Liquidation oder den Liquidatoren untersagt werden, pflichtwidrig das Stiftungsvermögen zu verteilen.[698] Zudem können die Gläubiger gegen die Stiftung in Liquidation oder gegen die Liquidatoren eine einstweilige Verfügung nach § 935 ZPO auf Unterlassung der pflichtwidrigen Vermögensverteilung erwirken, wobei sich der Verfügungsanspruch aus den §§ 53, 1004 BGB ergibt.[699]

d) Liquidationsverfahren bei einem gemischten Vermögensanfall

Eine Variante des Vermögensanfalls aufgrund der Auflösung einer Stiftung ist der *gemischte Vermögensanfall.*[700] Ein gemischter Vermögensanfall kann dann

---

695 Vom Gläubiger zu beweisendes Verschulden, *Reuter* in: MünchKomm § 53 BGB, Rn. 2.

696 *Richter* in: Münchener Handbuch V § 118, Rn. 23.

697 So *Reuter* in: MünchKomm § 53 BGB, Rn. 3; dem folgend *Weick* in: Staudinger § 53 BGB, Rn 5; a.A. *K. Schmidt* ZIP 1981, 1, 9; *Schöpflin* in: Bamberger/Roth § 53, Rn. 3.

698 *Reuter* in: MünchKomm § 53 BGB, Rn. 1; *Weick* in: Staudinger § 53 BGB, Rn 7.

699 *Schöpflin* in: Bamberger/Roth § 53, Rn. 5; *Reuter* in: MünchKomm § 53 BGB, Rn. 1.

700 Zum Folgenden Gantenbrink/Diss S. 261ff., der in dieser Konstellation von einem heterogenen Vermögensanfall spricht.

eintreten, wenn in dem Stiftungsgeschäft sowohl der Fiskus als auch ein oder mehrere nicht-fiskale(r) Anfallberechtigte(r) bestimmt worden ist/sind. Durch eine solche Konstellation im Stiftungsgeschäft werden die vom Gesetz aufgezeigten Vermögensanfallmodi – im Falle des Fiskus nach § 46 S. 1 BGB Gesamtrechtsnachfolge oder in allen anderen Fällen eine durchzuführende Liquidation – vermischt. Zu klären ist nun, welche Konsequenzen diese Sonderkonstellation bei dem Vermögensanfall nach sich zieht und wie diese Situation rechtstechnisch sinnvoll gelöst werden kann.

Hierzu scheinen mehrere Lösungen möglich zu sein. Betrachtet man zunächst die rechtlichen Konsequenzen dieser Sonderproblematik, könnte durch die Bestimmung des Fiskus im Stiftungsgeschäft – obwohl zugleich auch nicht-fiskale Anfallberechtigte bestimmt sind – das Vermögen im Wege der Gesamtrechtsnachfolge sowohl auf den Fiskus als auch auf die nicht-fiskalen Anfallberechtigten übergehen. Alternativ könnten die §§ 47ff. BGB uneingeschränkt Anwendung finden, mit der Folge, dass der Fiskus mit den nicht-fiskalen Anfallberechtigten gleichgestellt wird. Dies bedeutet wiederum, dass auch der Fiskus nach erfolgter Liquidation einen schuldrechtlichen Anspruch gegen die Stiftung in Liquidation hat. Weder die erste Variante noch die letztgenannte Variante überzeugen jedoch.

Der Weg über die Gesamtrechtsnachfolge für den Fiskus und die nicht-fiskalen Anfallberechtigten ist nach dem eindeutigen Wortlaut des § 46 BGB nicht gangbar. Nur der Fiskus erwirbt das Vermögen im Wege der Gesamtrechtsnachfolge. Dieser Grundsatz kann nicht auf nicht-fiskale Anfallberechtigte erweitert werden.[701] Auch die andere Variante, trotz klarer Bestimmung des Fiskus im Stiftungsgeschäft vom rechtlichen Grundmodell des § 46 BGB abzuweichen und stattdessen zusammen mit nicht-fiskalen Anfallberechtigten als gleichgestellte Anfallberechtigte ein Liquidationsverfahren durchzuführen, ist nicht der richtige Weg. Zum einen würde hier der Gesetzeswortlaut missachtet, sähe man den Fiskus als „normalen" Anfallberechtigten an. Wie bereits herausgearbeitet wurde, ist der Fiskus gerade kein Anfall*berechtigter im eigentlichen Sinne.*[702] Zum anderen sieht das Gesetz ein vereinheitlichtes Liquidationsverfahren für die Fälle, in denen dem Fiskus das Vermögen *neben* einem nicht-fiskalen Anfallberechtigten anfällt, überhaupt nicht

701 Gantenbrink/Diss S. 262, weist daraufhin, dass es dem Grundgedanken des § 46 S. 1 BGB wiederspräche, wenn die nicht-fiskalen Anfallberechtigten so in den „Genuss" der Gesamtrechtsnachfolge kommen könnten.

702 Zu der Begriffsunterscheidung vgl. die Ausführungen unter Teil C II. 3. b).

vor.[703] Insofern stehen die §§ 46 und 47 BGB nicht in einem Alternativverhältnis zu einander, sondern sie bauen aufeinander auf.[704] Den systematischen Grundfall stellt § 46 BGB dar. § 47 BGB hingegen greift nur, wenn der Stifter eine Bestimmung der Anfallberechtigung zu Gunsten einer reinen nicht-fiskalen Anfallberechtigung vorgenommen hat. Eine gemischte Anfallberechtigung wird von dem Wortlaut des § 47 BGB hingegen nicht erfasst, so dass jedenfalls der Grundfall des § 46 BGB greift. Schlägt zudem der nicht-fiskale Anfallberechtigte doch den Vermögensanfall aus, fällt das gesamte Vermögen gemäß § 46 BGB an den Fiskus und die laufende Liquidation wird abgebrochen. Diese Ungewissheit kann vermieden werden, wenn der Fiskus im Wege der Gesamtrechtsnachfolge das Vermögen erwirbt, mit der Folge, dass die Stiftung zugleich beendet ist und die nicht-fiskalen Anfallberechtigten ihren schuldrechtlichen Anspruch nunmehr gegen den Fiskus richten können. Insofern ist diese Lösung praktikabel, da der Fiskus – auch nach Übergang des Vermögens nach § 46 BGB – einerseits die Gläubiger zu befriedigen hat und andererseits nunmehr hinzukommend, in Anlehnung an das Liquidationsverfahren, den nicht-fiskalen Anfallberechtigten den Überschuss auskehren muss. Sowohl die Gläubiger als auch die nicht-fiskalen Anfallberechtigten können also ihre Ansprüche nunmehr gegen den Rechtsnachfolger der Stiftung, hier den Fiskus, richten.

---

703 A.A. Gantenbrink/Diss S. 262, 263, der auf den Begriff des Vermögens abstellt und die Gesamtrechtsnachfolge immer dann versperrt sieht, wenn nicht das gesamte Vermögen übergeht.

704 A.A. Gantenbrink/Diss S. 262.

D. Besteuerung

I. Allgemeines

Mit dem Erlöschen des Vereins oder der Stiftung fällt das Vermögen gemäß §§ 45, 88 S. 1 BGB an die in der Satzung bzw. dem Stiftungsgeschäft bestimmten Personen. Dieser Vermögensanfall unterliegt dem Stiftungssteuerrecht. Im Folgenden soll nun der Frage nachgegangen werden, wie das Stiftungssteuerrecht den Vermögensanfall erfasst und nach welchen Regeln eine Besteuerung erfolgt.

Das Stiftungssteuerrecht ist als solches nicht in einem einheitlichen Gesetz geregelt. Vielmehr befinden sich die einzelnen Regelungen in verschiedenen Einzelsteuergesetzen. Hier ist insbesondere die Abgabenordnung, das Einkommensteuergesetz, das Körperschaftsteuer- und Gewerbesteuergesetz, das Außensteuergesetz sowie das Erbschafts- und Schenkungssteuergesetz zu nennen. Im Focus der nachfolgenden Untersuchung stehen hauptsächlich steuerrechtliche Problemstellungen, die das Erbschafts- und Schenkungssteuergesetz betreffen. Dabei wird insbesondere der maßgebende Besteuerungstatbestand nach § 7 Abs. 1 Nr. 9 S. 1 ErbStG untersucht. Zudem ist zu beachten, dass für das Stiftungssteuerrecht die Vorschriften des steuerlichen Gemeinnützigkeitsrechts von zentraler Bedeutung sind. Die steuerlichen Vergünstigungen für Stifter und Stiftungen sind an die gesetzlichen Voraussetzungen der Steuerbegünstigung aufgrund einer Gemeinnützigkeit geknüpft. Das Gemeinnützigkeitsrecht ist in der Abgabenordnung (§§ 51 bis 68 AO) geregelt, wonach Steuervergünstigungen gewährt werden, wenn eine Körperschaft ausschließlich und unmittelbar gemeinnützige, mildtätige oder kirchliche Zwecke (steuerbegünstigte Zwecke) selbstlos verfolgt (Gemeinnützigkeit im weiteren Sinne).[705] Die steuerlichen Regelungen des Gemeinnützigkeitsrechts gewähren also Steuerbegünstigungen für das dem Gemeinwohl dienende Handeln. Für die Stiftung wird das dem Gemeinwohl dienende Handeln überwiegend unterstellt. Dabei darf jedoch nicht in Vergessenheit geraten, dass die

705 Vgl. *Heß* in: Beck'sches Steuer- und Bilanzrechtslexikon Begriff: Gemeinnützigkeit, Rn. 7, mit weiteren Ausführungen zu den Voraussetzungen für die Anerkennung der Gemeinnützigkeit.

am meisten verbreitete Rechtsform für gemeinnütziges Handeln der rechtsfähige Verein ist, insbesondere Sportvereine.[706]

In Bezug auf das Erlöschen und die Auflösung einer Stiftung oder eines Vereins ist durch die Möglichkeit der Steuerbegünstigung, welche die Erfüllung der Gemeinnützigkeit beinhaltet, der Grundsatz der Vermögensbindung zu beachten. Durch den Grundsatz der Vermögensbindung nach §§ 55 Abs. 1 Nr. 2, Nr. 4 AO soll das einem gemeinnützigen Zweck gewidmete Vermögen auch über das Bestehen der Körperschaft hinaus für den steuerbegünstigten Zweck erhalten bleiben.[707] Hierzu muss die Vermögensbindung zwingend in der Satzung festlegt und zugleich angegeben werden, für welchen konkreten steuerbegünstigten Zweck das Restvermögen verwendet werden soll.[708] Eine Vereinbarung außerhalb der Satzung über die Verwendung reicht nicht aus.[709] Fällt das Vermögen an den Fiskus, lässt dies das Erfordernis der satzungsmäßigen Vermögensbindung nicht entfallen, da der Zweck der Mittelverwendung durch die §§ 46, 87 BGB nicht zwingend vorgeschrieben ist.[710]

Für die Auflösungsbesteuerung von Stiftung und Verein ist § 7 Abs. 1 Nr. 9 S. 1 ErbStG die wesentliche Regelung. Hier wird festgelegt, dass als Schenkungen unter Lebenden gilt, was bei Aufhebung einer Stiftung oder bei Auflösung eines Vereins, dessen Zweck auf die Bindung von Vermögen gerichtet ist, erworben wird. Durch das Erlöschen einer Stiftung oder eines Vereins wird mit dem Vermögensanfall, somit für die in der Satzung bzw. im Stiftungsgeschäft benannten Personen, eine Schenkungssteuer ausgelöst. Im Folgenden wird die Auflösungsbesteuerung für die Stiftung und den Verein im Zusammenhang mit § 7 Abs. 1 Nr. 9 S. 1 ErbStG eruiert. Da § 7 Abs. 1 Nr. 9 S. 1 ErbStG die zentrale Regelung für die Auflösungsbesteuerung ist, werden nunmehr die näheren Voraussetzungen und Rechtsfolgen – und die sich daraus ergebenden Probleme – dargestellt. Die mögliche Besteuerung nach dem EStG des Empfängers der Vermögensmasse soll

706 Vgl. die weiteren Ausführungen von *Pauli* in: Stumpf/Suerbaum/Schulte/Pauli/Stiftungsrecht E 1. Kapitel Vorbemerkung, Rn. 19.

707 *Gersch* in: Klein Abgabenordnung § 55, Rn. 25; *Pauli* in: Stumpf/Suerbaum/Schulte/Pauli/Stiftungsrecht E 1. Kapitel Vorbemerkung, Rn. 29; Schlüter/Stolte/Stiftungsrecht Kapitel 6, Rn. 23.

708 BFH BStBl. 2010 II, 719ff.; 2010 I, 630; OFD Chemnitz AO-StB 2005, 287; *Gersch* in: Klein Abgabenordnung § 61, Rn. 1; *Koenig* in: Pahlke/Koenig Abgabenordnung § 61, Rn. 2.

709 *Gersch* in: Klein Abgabenordnung § 61, Rn. 1.

710 RFH I A 319/36, RStBl. 1937, 273; *Koenig* in: Pahlke/Koenig Abgabenordnung § 61, Rn. 3.

hierbei nicht in Vergessenheit geraten und wird deshalb unter einem gesonderten Prüfungspunkt behandelt.[711]

II. Der Besteuerungstatbestand nach dem ErbStG

Zunächst bietet ein (historischer) Überblick über den Besteuerungstatbestand des § 7 Abs. 1 Nr. 9 S. 1 ErbStG die Möglichkeit, die rechtliche Einordnung dieser Besteuerung näher zu erfassen. Hierbei ist die Entwicklung und Entstehung des Erbschaftssteuerrechts in der Historie zu berücksichtigen. Nachdem die Erbschaftssteuer bereits im antiken Rom existierte,[712] wurde sie Anfang des 19. Jahrhunderts in nahezu allen Staaten des Deutschen Bundes eingeführt.[713] Grundlage für die Erbschaftssteuer war ein einheitliches Zivilrecht, welches mit dem Inkrafttreten des Bürgerlichen Gesetzbuches zum 1.1.1900 entstand. Infolgedessen konnte das erste einheitliche Erbschaftssteuergesetz 1906 erlassen werden.[714] Aufgrund dieses Gesetzes wurden die noch heute geltenden Prinzipien des Erbschaftsteuerrechts geschaffen und festgelegt.[715] Dabei wurde die Erbschaftssteuer als Erbanfallsteuer konzipiert, welche sowohl den Erwerb von Todes wegen als auch Zuwendungen unter Lebenden erfasste. Bereits hier wurden Erbschaftssteuerfreibeträge für Ehepartner, Kinder und Enkel vorgesehen. Zudem wurde die für die (Familien-)Stiftung maßgebende Regelung des § 3 Nr. 2 ErbStG a.F. geschaffen. Hiernach war als Erwerb von Todes wegen anzusehen: „Bezüge aus Familienstiftungen, sofern sie infolge Todesfalls an den stiftungsgemäß oder gesetzlich dazu Berufenen gelangen, sowie der Erwerb des Vermögens einer solchen Stiftung, sofern das Vermögen infolge Erlöschens der Stiftung an den stiftungsgemäß oder gesetzlich dazu Berufenen gelangt."

Das Erbschaftssteuergesetz von 1906 wurde jedoch bereits nach dem 1.Weltkrieg im Zuge der Erzbergerschen Finanz- und Steuerreform durch das Erbschaftssteuergesetz aus dem Jahre 1919 ersetzt.[716] Nach kurzer Zeit wurde dies jedoch ebenfalls ersetzt. So war maßgebend das Erbschaftssteuergesetz 1925,[717]

711 Vgl. hierzu. die Ausführungen unter Teil D III. 2.

712 Kaser/Römisches Privatrecht § 164, I.

713 Vgl. Kipp/ErbStG 1927, S. 13, der die historische Entwicklung der Erbschaftssteuer vom Mittelalter bis zur Neuzeit nachzeichnet.

714 RGBl. 1906, 654.

715 *Tiedtke* in: Tiedtke/ErbStG Einleitung, S. 39, Rn. 1.

716 RGBl. II. 1919, 1543; siehe hierzu die Gesetzesbegründung bei Kipp/ErbStG 1927, S. 32ff.

717 RGBl. I. 1925, 320.

mit dem erstmals alle Stiftungen erfasst wurden, es blieb letztendlich in mehreren Fassungen bis zum 31.12.1973 in Kraft.[718] Erst zu diesem Zeitpunkt wurde § 3 ErbStG a.F. in seinem Wortlaut maßgeblich verändert. Im neu formulierten § 3 Abs. 1 Nr. 9 ErbStG a.F. gilt als Schenkung im Sinne des Gesetzes, „was bei Aufhebung einer Stiftung erworben wird." Dies war insoweit neu, als dass bislang nur für Familienstiftungen § 20 Nr. 5 ErbStG a.F. bestimmte, dass „der Erwerb des Vermögens infolge Erlöschens einer solchen durch die stiftungsgemäß oder gesetzlich dazu Berufenen als Erwerb von Todes wegen zu versteuern sei." Wie die Bestimmung der Erwerber erfolgt ist – insbesondere ob durch die Satzung oder durch Stiftungsorgane –, ist gleichgültig gewesen.[719] Mit dem Erbschaftssteuergesetz von 1925 wurden somit erstmals alle Stiftungen erfasst.

Als weitere maßgebende Gesetzesänderung ist sodann das Erbschaftssteuergesetz von 1974 zu beachten.[720] Hier wurde, nunmehr nach § 7 Abs. 1 Nr. 9 ErbStG a.F., als Schenkungen unter Lebenden erfasst, „was bei Aufhebung einer Stiftung oder bei Auflösung eines Vereins, dessen Zweck auf die Bindung von Vermögen gerichtet ist, erworben wird." Somit ist festzuhalten, dass zunächst der Vermögensanfall von Stiftungen steuerrechtlich vom Gesetzgeber erfasst wurde und erst später die zusätzliche Besteuerung für den Vermögensanfall von Vereinen. Dies, obgleich eine umfassende Verweisung im Stiftungsrecht auf die Grundvorschriften des Vereinsrechts im BGB vorgesehen ist.

Mit dem Steuerentlastungsgesetz 1999/2000/2002[721] wurde letzt-endlich § 7 Abs. 1 Nr. 9 ErbStG a.F. ergänzt, indem Satz 2 folgenden, neuen Wortlaut erhielt: „Dem steht gleich der Erwerb bei Auflösung einer Vermögensmasse ausländischen Rechts, deren Zweck auf die Bindung von Vermögen gerichtet ist, sowie der Erwerb durch Zwischenberechtigte während des Bestehens der Vermögens-masse. Wie eine Auflösung wird auch der Formwechsel eines rechtsfähigen Vereins, dessen Zweck wesentlich im Interesse einer Familie oder bestimmter Familien auf die Bindung von Vermögen gerichtet ist, in eine Kapitalgesellschaft behandelt." Diese Bestimmung bildet die Folgeregelung zu den neuen Vorschriften des § 3 Abs. 2 Nr. 1 S. 2 und § 7 Abs. 1 Nr. 8 S. 2 ErbStG, die die Einfügung von Vermögen in einen ausländischen Trust für steuerpflichtig erklären.[722]

---

718 *Tiedtke* in: Tiedtke/ErbStG Einleitung, S. 39, Rn. 3.

719 Zimmermann/ErbStG 1925 S. 67, Rn. 33; Kipp/ErbStG 1927, S. 243, Rn. 191.

720 BT-Drucks. 7/78, S. 11ff.

721 BGBl. I 99, 402.

722 *Meincke* in: Meincke/ErbStG § 7, Rn. 115a.

III. Auflösungsbesteuerung für die Stiftung

1. Besteuerung der Aufhebung

Die Besteuerung der Aufhebung einer Stiftung richtet sich nach § 7 Abs. 1 Nr. 9 S. 1 ErbStG. Somit unterwirft der Gesetzgeber den Vermögensanfall einer Stiftung der Erbschafts- und Schenkungssteuer. Diese Besteuerung knüpft als Bereicherungssteuer an die Vermögensmehrung bei dem Bereicherten selbst an,[723] im Falle des Vermögensanfalls einer Stiftung also bei dem Anfallberechtigten. Somit stellt sich die Frage, unter welchen Voraussetzungen eine Besteuerung der Aufhebung zu erfolgen hat. Die näheren Voraussetzungen und die dahinter stehenden Probleme sollen nun im Weiteren erfasst werden. Zunächst bedeutet dies, den Begriff der Aufhebung in diesem Zusammenhang näher zu begutachten. Anschließend ist ein weiteres wichtiges Kriterium zu beachten, nämlich die Berücksichtigung der Steuerklassen bei der Besteuerung der Aufhebung. Zudem ist die Fallkonstellation zu beachten, in welcher der Stifter selbst Anfallberechtigter ist.

a) Der Begriff der Aufhebung

Nach § 7 Abs. 1 Nr. 9 S. 1 ErbStG gilt als Schenkung, was bei Aufhebung einer Stiftung erworben wird. Im Gegensatz zu der Regelung des § 7 Abs. 1 Nr. 1 ErbStG erfordert der Tatbestand des § 7 Abs. 1 Nr. 9 S. 1 ErbStG also keine „freigebige" Zuwendung, um als Schenkung i. S. d. § 7 ErbStG angesehen werden zu können. Es fragt sich insoweit, warum der Gesetzgeber das Tatbestandsmerkmal der Freigebigkeit im Rahmen des § 7 Abs. 1 Nr. 9 ErbStG nicht mitaufgenommen hat.

Wie bereits festgestellt, haben die Anfallberechtigten einen schuldrechtlichen Anspruch auf Vermögensauskehr.[724] Der Erwerb durch den Anfallberechtigten hätte somit nicht als *freigebige* Zuwendung gewertet werden können. Dies wiederum hätte zur Folge gehabt, dass der Vermögensübergang bei Auflösung einer Stiftung nicht als Schenkung i. S. d. § 7 ErbStG hätte gewertet werden können. Der Sondertatbestand des § 7 Abs. 1 Nr. 9 S. 1 ErbStG qualifiziert also den Vermögenserwerb des Anfallberechtigten als Schenkung unter Lebenden, obwohl der Erwerb auf einem „Rechtsanspruch"[725] beruht.[726]

723 *Seer* in: Tipke/Lang Steuerrecht § 15, Rn. 1.

724 Vgl. die Ausführungen zur Auflösung und Liquidation einer Stiftung unter Teil C II. 3.

725 *Gebel* in: Troll/Gebel/Jülicher/ErbStG § 7, Rn. 337.

726 *Richter* in: Meyn/Richter/Koss Die Stiftung S. 479, Rn. 1066.

Soweit nach dem Wortlaut des § 7 Abs. 1 Nr. 9 S. 1 ErbStG der Erwerb aufgrund der „Aufhebung“ der Stiftung erfolgt sein muss, könnte zweifelhaft sein, ob damit der Erwerb, der auf einem der weiteren, neben der Stiftungsaufhebung stehenden sonstigen Erlöschensgründe einer Stiftung wie beispielsweise dem Erlöschen durch Zeitablauf oder dem Eintritt einer auflösenden Bedingung[727] beruht, schenkunsgsteuerfrei bleibt. Nach einhelliger Auffassung in der Literatur erfasst die Bestimmung des § 7 Abs. 1 Nr. 9 S. 1 ErbStG aber jeden Fall des Erlöschens der Stiftung und nicht nur den Fall des Erlöschens aufgrund einer Aufhebung.[728]

Einigkeit besteht auch insoweit, dass es für die Anwendung des § 7 Abs. 1 Nr. 9 S. 1 ErbStG einer vollständigen Beendigung der Stiftung bedarf. Werden also ohne Änderung des Wesens und des Fortbestandes der Stiftung nur Teile ihres Vermögens ausgekehrt, so liegt keine Aufhebung oder Teilaufhebung der Stiftung vor. Dies gilt selbst dann, wenn die Empfänger dieser Vermögensausschüttung zugleich zu den Anfallberechtigten gehören.[729] Zuwendender im Sinne des § 7 Abs. 1 Nr. 9 S. 1 ErbStG ist nach der Auffassung der Rspr.[730] – und somit entgegen dem Wortlaut des § 15 Abs. 2 S. 2 ErbStG, nach welchem für die Bestimmung der Steuerklasse der Stifter als Schenker gilt –, nicht der Stifter, sondern die Stiftung selbst. Die Begründung hierfür liegt in der systematischen Stellung des § 15 Abs. 2 S. 2 ErbStG: „Nach der durch die Gesetzesüberschriften gekennzeichneten Systematik des ErbStG 1974 betrifft § 15 sachlich die Berechnung der Steuer, nicht die Steuerpflicht, andernfalls wäre § 15 im 1. Abschnitt des Gesetzes, und nicht in dessen 3. Abschnitt angesiedelt, in dem die die Berechnung der Steuer regelnden Vorschriften zusammengefasst sind.“[731]

Keine Aufhebung im Sinne des § 7 Abs. 1 Nr. 9 S. 1 ErbStG stellt die Änderung des Stiftungszwecks dar, wenn die Identität der bestehenden juristischen Person aufrechterhalten wird.[732] Die Auffassung der Finanzverwaltung, nach der

---

727 Vgl. die Ausführungen zur den einzelnen Auflösungsgründen einer Stiftung unter Teil C II. 2.

728 *Schuck* in: Viskorf/Knobel/Schuck/ErbStG § 7, Rn. 157; *Meincke* in: Meincke/ErbStG § 7, Rn. 113; *Fischer* in: Fischer/Jüptner/Pahlke/Wach-ter/ErbStG § 7, Rn. 463.

729 RFH v. 11.5.1939 III e 17/38, RStBl. 1939, 789; *Gebel* in: Troll/Gebel/Jülicher/ErbStG § 7, Rn. 338; *Schuck* in: Viskorf/Knobel/Schuck/ErbStG § 7, Rn. 155.

730 BFH v. 25.11.1992 II R 77/90, BStBl. 1993 II, 238.

731 BFH BStBl. 1993 II, 238; zu den rechtlichen Folgen für den Fall, dass der Stifter selbst Anfallberechtigter ist und an ihn das Vermögen zurückfällt, sowie der Kritik an der Auffassung der Rspr, vgl. die nachfolgenden Ausführungen unter Teil D III. 1. c).

732 *Gebel* in: Troll/Gebel/Jülicher/ErbStG § 7, Rn. 338; *Schuck* in: Viskorf/Knobel/Schuck/ErbStG § 7, Rn. 156.

durch die Änderung des Stiftungszwecks der Tatbestand des § 7 Abs. 1 Nr. 9 S. 1 ErbStG ausgelöst werden soll, weil die Änderung des Stiftungszwecks als Aufhebung der Familienstiftung und gleichzeitige Errichtung einer neuen Stiftung gewertet werden kann,[733] überzeugt nicht. Die Steuertatbestände des ErbStG setzen als Grundvoraussetzung eine substanzielle Vermögensbewegung voraus.[734] Diese Vermögensbewegung tritt in Rahmen einer Aufhebung nur ein, wenn die Stiftung als eigenständiger Vermögensträger erlischt. Wird lediglich der Stiftungszweck geändert, fehlt es an einem Vermögensübergang. Die Auffassung der Finanzverwaltung ist somit nicht gesetzeskonform.[735]

b) Steuerklassen

Maßgebend für die Steuerklassenbestimmung ist § 15 ErbStG. Dabei legt § 15 Abs. 1 ErbStG nach dem persönlichen Verhältnis des Erwerbers zum Erblasser oder Schenker drei Steuerklassen fest. Maßgebend ist der Verwandtschaftsgrad. Beginnend mit der Steuerklasse I werden naheste Verwandte, wie Ehegatten und Kinder, über Steuerklasse II u.a. die Eltern und Geschwister, sowie in Steuerklasse III alle übrigen Erwerber erfasst.

Nach § 15 Abs. 2 S. 2 ErbStG gilt in den Fällen des § 7 Abs. 1 Nr. 9 S. 1 ErbStG als Schenker der Stifter oder derjenige, der das Vermögen auf den Verein übertragen hat. Ohne diese gesetzlich angeordnete Steuerprivilegierung würde der Erwerb des Stiftungsvermögens durch den Anfallberechtigten nach der Grundregel des § 15 Abs. 1 ErbStG erfolgen und unter die ungünstigere Steuerklasse III fallen. Nach der Rechtsprechung des BFH soll sich § 15 Abs. 2 S. 2 ErbStG jedoch nur auf die Bestimmung der Steuerklassen beschränken.[736] Das heißt, die Rechtsprechung sieht entgegen dem Gesetzeswortlaut nicht den Stifter, sondern die Stiftung als Schenker an. Das persönliche Verhältnis des Erwerbers, also des Anfallberechtigten, zum Stifter soll also nach Auffassung der Rechtsprechung ausschließlich für die Bestimmung der Steuerklasse relevant sein. Von der Steuerklasse hängt wiederum die Höhe des Steuersatzes (§ 19 ErbStG) und damit die Höhe der abzuführenden Steuer ab.[737] Zuwendender bei Aufhebung einer Stiftung

733 So die Verwaltungsregelungen nach RE 1.2 Abs. 4 ErbStR 2011.

734 *Gebel* in: Troll/Gebel/Jülicher/ErbStG § 7, Rn. 338; *Griesel* in: Daragan/Halaczinsky/Riedel/ErbStG § 7, Rn. 170.

735 *Gebel* in: Troll/Gebel/Jülicher/ErbStG § 7, Rn. 338.

736 BFH v. 25.11.1992 II R 77/90, BStBl. 1993 II, 238; *Jülicher* in: Troll/Ge-bel/Jülicher/ErbStG § 15, Rn. 118; *Knobel* in: Viskorf/Knobel/Schuck/ErbStG § 15, Rn. 51.

737 *Knobel* in: Viskorf/Knobel/Schuck/ErbStG § 15, Rn. 51.

ist damit – nach Auffassung der Rechtsprechung des BFH – die Stiftung und nicht der Stifter[738]. Die Frage, wer als Zuwendender des Stiftungsvermögen angesehen wird, ist wiederum bedeutsam für die Anwendung der §§ 2 Abs. 1 Nr. 1, 14, 20 ErbStG. Soweit also § 20 Abs. 1 ErbStG anordnet, dass bei einer Schenkung Steuerschuldner nicht nur der Erwerber, sondern auch der Schenker ist, wäre es im Falle des § 7 Abs. 1 Nr. 9 ErbStG die Stiftung und nicht der Stifter, der als Schenker und damit als weiterer Steuerschuldner angesehen würde.

Die Rechtsprechung des BFH wird von Teilen der Literatur kritisiert. Die Kritiker der BFH-Rechtsprechung wollen die Regelung des § 15 Abs. 2 S. 2 ErbStG anders ausgelegt wissen. Nach ihrer Auffassung ergebe sich aus dem Wortlaut des § 15 Abs. 2 S. 2 ErbStG, dass diese Vorschrift – entgegen ihrer systematischen Stellung im Gesetz – nicht nur die Steuerklassenzuordnung regele, sondern ein besonderes „Zuwender-Empfänger-Verhältnis" fingiere.[739] Im Ergebnis beinhalte die Vorschrift eine Neubestimmung der am steuerpflichtigen Vermögensübergang beteiligten Personen.[740]

Zu dieser Auffassung hat die Rechtsprechung[741] Stellung genommen und sie zurückgewiesen. Im Rahmen seiner Stellungnahme hat der BFH abermals auf die Systematik des ErbStG hingewiesen, wonach sich aus § 15 Abs. 2 S. 2 ErbStG allein die Berechnung der Steuer und nicht die im Abschnitt I des ErbStG geregelte Steuerpflicht ergebe. Dies folge aus der Stellung des § 15 Abs. 2 S. 2 ErbStG im Abschnitt III des ErbStG.[742] Von diesem Regelungsgehalt gehe nach der Auffassung des BGH offenbar auch die Bestimmung des § 26 ErbStG aus, wonach in den Fällen des § 7 Abs. 1 Nr. 9 ErbStG auf die nach § 15 Abs. 2 S. 2 ErbStG zu ermittelnde Steuer die nach § 15 Abs. 2 S. 3 ErbStG festgesetzte Steuer anteilsmäßig anzurechnen sei, und zwar mit 50 Prozent, wenn seit der Entstehung der anrechenbaren Steuer nicht mehr als zwei Jahre, und mit 25 Prozent, wenn seit

---

738 *Gebel* in: Troll/Gebel/Jülicher/ErbStG § 7, Rn. 337.

739 *Jülicher* StuW 1999, 363, 369ff.; *Schiffer* in: Fischer/Jüptner/Pahlke/Wachter/ErbStG § 15, Rn. 61.

740 *Jülicher* StuW 1999, 363, 370; hier ist jedoch zu beachten, dass zwischenzeitlich Jülicher seine Ansicht aufweicht und die Beschränkung des § 15 Abs. 2 S. 2 ErbStG durch den BFH auf eine bloße Festlegung der maßgeblichen Steuerklasse nur noch als zu *eng* bezeichnet, vgl. *Jülicher* in: Troll/Gebel/Jülicher/ErbStG § 15, Rn. 118, 119.

741 BFH v. 30.11.2009 II R 6/07, BFH/NV 2010, 541; unter Umständen kann in diesem Zusammenhang die Nutzung der vorgenannten Rechtsprechung im Rahmen der Nachfolgeplanung durch die Verwendung von Trusts zu beachten sein, vgl. hierzu die Ausführungen von *v. Oertzen/Stein* ZEV 2010, 500, 502 ff.

742 BFH v. 25.11.1992 II R 77/90, BStBl. 1993 II, 238.

der Entstehung der anrechenbaren Steuer mehr als zwei Jahre, aber nicht mehr als vier Jahre vergangen sind. Ein davon abweichender Regelungswille könne der Gesetzesbegründung[743] zu § 15 Abs. 2 S. 2 ErbStG, die ausdrücklich die Vergünstigungswirkung dieser Vorschrift im Hinblick auf die anzuwendende Steuerklasse bei Auflösung einer Familienstiftung hervorhebe, nicht entnommen werden.[744]

Wurde die Stiftung nicht nur von einem Stifter errichtet, sondern von mehreren Stiftern, so greift auch in diesem Fall hinsichtlich der Bestimmung der Steuerklassen die Regelung des § 15 Abs. 2 S. 2 ErbStG, wonach als Schenker nicht die Stiftung, sondern der Stifter gilt. Dies bedeutet, dass entsprechend der Zahl der Stifter bei den einzelnen Anfallberechtigten mehrere selbstständige Erwerbe vorliegen.[745] Bei mehreren Stiftern können somit, entsprechend der persönlichen Verhältnisse der Anfallberechtigten, auch unterschiedliche Steuerklassen anzuwenden sein; dies entspricht der Regelung des § 6 Abs. 2 S. 3 ErbStG 1974.[746] Ist für das Verhältnis der Anfallberechtigten zu den Stiftern jeweils dieselbe Steuerklasse anzuwenden, so ist im Rahmen der Steuerberechnung weder der Erwerb noch der persönliche Freibetrag aufzuteilen.[747] Gesamtfolge ist somit, dass die einzelnen Stifter als Schenker ihres Anteils am Gesamtvermögen der Stiftung betrachtet werden.[748]

c) Der Rückfall an den Stifter

Eine besondere Problematik birgt der Vermögensrückfall an den Stifter selbst. Der Stifter hat im Rahmen seiner Gestaltungsfreiheit auch die Möglichkeit, sich

743 Vgl. BT-Drucks. VI/3418, S. 69.

744 BFH v. 30.11.2009 II R 6/07, BFH/NV 2010, 541.

745 *Knobel* in: Viskorf/Knobel/Schuck/ErbStG § 15, Rn. 53.

746 BFH v. 30.11.2009 II R 6/07, BFH/NV 2010, 541; BFH v. 25.11.1992 II R 77/90, BStBl. 1993 II, 238.

747 BFH v. 30.11.2009 II R 6/07, BFH/NV 2010, 541; *Schiffer* in: Fischer/Jüptner/Pahlke/Wachter/ErbStG § 15, Rn. 61.

748 *Knobel* in: Viskorf/Knobel/Schuck/ErbStG § 15, Rn. 53; beachte zudem *Jülicher* StuW 1999, 363, 370, der darauf hinweist, dass eine den Vorschriften des § 6 Abs. 2 S. 3–5 ErbStG (Nacherbschaft) oder § 15 Abs. 3 S. 2 ErbStG (Schlusserbschaft beim Berliner Testament) entsprechende Regelung fehlt und somit auch keine Beschränkung auf einen einzigen Freibetrag gelten würde. Ebenso wenig könne zur Berechnung des maßgeblichen Steuersatzes ein Gesamterwerb unterstellt werden. Jeder Anfallberechtigte könne demnach nach jedem Stifter einen persönlichen Freibetrag beanspruchen, wobei die Zuwendungen aus dem Vermögensanfall von der Stiftung nicht zusammen gerechnet werden sollen.

in dem Stiftungsgeschäft, mithin der Stiftungsverfassung, als Anfallberechtigten einzusetzen. Es besteht somit die Möglichkeit, dass sich der Stifter bei der Gründung und der Ausstattung der Stiftung eine eigene Anfallberechtigung vorbehält. Kommt es sodann zu der Auflösung der Stiftung, fällt das Vermögen an den Stifter zurück. In Hinblick auf den Vermögensrückfall an den Stifter sind die steuerrechtlichen Folgen und die steuerrechtliche Einordnung dieser Fallkonstellation besonders umstritten.

Bereits die Frage, ob die oben dargestellte BFH-Rechtsprechung zum Regelungsgehalt des § 15 Abs. 2 S. 2 ErbStG auch in den Fällen eines Vermögensrückfalls an den Stifter Anwendung findet, ist umstritten. Nach der Rechtsprechung des BFH erfasst der Tatbestand des § 7 Abs. 1 Nr. 9 ErbStG auch den Vermögensrückfall an den Stifter und ist damit generell der Erb- und Schenkungssteuer zu unterwerfen.[749] Die wohl überwiegende Auffassung in der Literatur geht davon aus, dass der Vermögensrückfall einen steuerpflichtigen Erwerb durch den Stifter begründet.[750]

Nach der von *Jülicher* vertretenen Gegenauffassung ist der Vermögensrückfall an den Stifter im Falle der Stiftungsauflösung nicht steuerpflichtig.[751] Demnach wird die eigene Anfallberechtigung des Stifters von der herrschenden Meinung nicht ausreichend berücksichtigt.[752] *Jülicher* verweist diesbezüglich auf die Regelung des § 29 Abs. 1 Nr. 1 ErbStG, wonach bei Rückgabe eines Geschenks auf Grund eines Rückforderungsrechts, unabhängig davon, ob es gesetzlich oder vertraglich vorgesehen ist, die früher gezahlte Steuer zu erstatten sei.[753] Ein solches Rückforderungsrecht soll nach *Jülicher* auch bei dem Vermögensrückfall an den Stifter bestehen. Mit der Anwendbarkeit des § 29 ErbStG, wonach die Steuer mit Wirkung für die Vergangenheit erlischt, soweit ein Geschenk wegen eines Rückforderungsrechts herausgegeben werden musste (so § 29 Abs. 1 Nr. 1 ErbStG), sei aufgrund der Indizwirkung der Vorschrift der Vermögensrückfall an den Stifter selbst nicht als ein steuerpflichtiger Erwerb im Sinne des ErbStG zu sehen, sondern als, wenngleich erzwungene, Rückgabe aufgrund des spätestens bei der Vermögensübertragung vereinbarten Rückforderungsanspruches.[754] Hinzu komme, dass der Erwerb bei Errichtung einer Stiftung nach § 7 Abs. 1 Nr. 8 ErbStG kraft

749 BFH v. 25.11.1992 II R 77/90, BStBl. 1993 II, 238.
750 *Gebel* in: Troll/Gebel/Jülicher/ErbStG § 7, Rn. 337.
751 *Jülicher* in: Troll/Gebel/Jülicher/ErbStG § 15, Rn. 120.
752 *Jülicher* in: Troll/Gebel/Jülicher/ErbStG § 15, Rn. 120.
753 *Jülicher* in: Troll/Gebel/Jülicher/ErbStG § 15, Rn. 120.
754 *Jülicher* in: Troll/Gebel/Jülicher/ErbStG § 15, Rn. 120.

der Fiktion als Schenkung unter Lebenden gewertet wird. Daraus folge nach *Jülicher* wiederum die „grundsätzliche Anwendbarkeit des § 29 ErbStG – zumindest analog – und der aus dieser Vorschrift zu ziehenden Schlussfolgerungen für den Rückerwerb bei Auflösung der Stiftung.“[755]

Soweit der Wortlaut des § 7 Abs. 1 Nr. 9 ErbStG dafür spricht, dass jede Zuwendung bei Auflösung einer Stiftung unabhängig von der Person des Empfängers eine selbstständige Steuerpflicht begründen soll, wird dem entgegengehalten, dass mit Blick auf das Vermögensanfallprinzip, nach dem das Gesetz keinen bei dem ursprünglichen Vermögensinhaber endenden Vermögenskreislauf besteuern will, diesem Verständnis des § 7 Abs. 1 Nr. 9 ErbStG entgegensteht.[756]

Um die vorbeschriebene Problematik in der Praxis zu umgehen, wird mitunter vorgeschlagen, eine Vermögensrückübertragung nur in Teilen durchzuführen und einen „Restbestand“ in der Stiftung zu belassen.[757] So könnte, insoweit im Einklang mit der Rechtsprechung, ein Ausweg aus der Besteuerung des § 7 Abs. 1 Nr. 9 ErbStG geschaffen werden. Letztendlich scheint aber auch dies wenig praktikabel zu sein, da zum einen die Grenzen des § 42 AO zu beachten sind,[758] wonach durch Missbrauch von Gestaltungsmöglichkeiten des Rechts das Steuergesetz nicht umgangen werden kann (so § 42 Abs. 1 AO), und zum anderen eine Vermögensrückübertragung in Teilen im Widerspruch zu den Grundvoraussetzungen eines Vermögensanfalls steht, nämlich einer tatsächlichen Auflösung der Stiftung im Ganzen. Eine Teilauskehrung im Rahmen des Vermögensanfalls kennt das Gesetz schlichtweg nicht. Wie bereits ausgeführt besteht zudem Einigkeit, dass es für die Anwendung des § 7 Abs. 1 Nr. 9 S. 1 ErbStG einer vollständigen Beendigung der Stiftung bedarf. Werden hingegen, ohne Änderung des Wesens und des Fortbestandes der Stiftung, nur Teile ihres

---

755 *Jülicher* in: Troll/Gebel/Jülicher/ErbStG § 15, Rn. 120; kritisch zu der direkten oder analogen Anwendbarkeit des § 29 Abs. 1 Nr. 1 ErbStG *Hergeth* ZErb 2005, 270, 277.

756 So im Ergebnis *Jülicher* in: Troll/Gebel/Jülicher/ErbStG § 15, Rn. 122, der darauf hinweist, dass § 7 Abs. 1 Nr. 9 ErbStG zumindest im Wege einer telelogischen Reduktion darauf eingeschränkt werden muss, dass Ausschüttungen an den Stiftungserrichter nicht erfasst werden; zudem führt *Schiffer* in: Fischer/Jüptner/Pahlke/Wachter/ErbStG § 15, Rn. 62 an, dass der Gesetzgeber auf der einen Seite mit der Erbersatzsteuer die Familienstiftung so besteuern will, als halte die Familie das Stiftungsvermögen noch selbst, auf der anderen Seite wäre es so jedoch ein „unzulässiges, widersprüchliches Rosinenpicken“, bei § 15 Abs. 2 S. 2 ErbStG die Sache entgegengesetzt im Sinne einer Vermögenstrennung zu beurteilen.

757 *Jülicher* in: Troll/Gebel/Jülicher/ErbStG § 15, Rn. 122; *Schiffer* in: Fischer/Jüptner/Pahlke/Wachter/ErbStG § 15, Rn. 63.

758 So selber einschränkend *Jülicher* in: Troll/Gebel/Jülicher/ErbStG § 15, Rn. 122; *Schiffer* in: Fischer/Jüptner/Pahlke/Wachter/ErbStG § 15, Rn. 63.

Vermögens ausgekehrt, so liegt keine Aufhebung oder Teilaufhebung der Stiftung vor. Dies gilt selbst dann, wenn die Empfänger dieser Vermögensausschüttung zugleich zu den Anfallberechtigten gehören.[759]

2. Besteuerung des Empfängers

Nachdem zunächst die steuerlichen Folgen und Probleme bei der Besteuerung der Aufhebung einer Stiftung aufgrund von § 7 Abs. 1 Nr. 9 S. 1 ErbStG dargestellt wurden, stellt sich nun die Frage, ob die Vermögensauskehrung anlässlich der Auflösung einer Stiftung bei dem Empfänger, also dem Anfallberechtigten, auch eine Besteuerung zur Folge hat. Hier gibt § 20 Abs. 1 Nr. 9 EStG Anlass zur Diskussion. Demnach sollen zu den steuerpflichtigen Einkünften aus Kapitalvermögen auch Einnahmen aus Leistungen einer nicht von der Körperschaftsteuer befreiten Körperschaft, Personenvereinigung oder Vermögensmasse im Sinne des § 1 Abs. 1 Nr. 3 bis 5 des Körperschaftsteuergesetzes (KStG) gehören, wenn die Gewinnausschüttungen im Sinne des § 20 Abs. 1 Nr. 1 EStG wirtschaftlich vergleichbar sind. Aufgrund der Verweisung nach § 20 Abs. 1 Nr. 9 S. 1 HS. 2 i.V.m. Nr. 2 EStG sind auch Leistungen aufgrund einer Auflösung einbezogen.

Das Bundesfinanzministerium (BMF) hat hierzu in seinem für eine Veröffentlichung bestimmten Schreiben vom 27.06.2006[760] zur Anwendung des § 20 Abs. 1 Nr. 9 EStG auf Auskehrungen von Stiftungen Stellung genommen und darin ausgeführt, dass auch Leistungen anlässlich der Auflösung der Stiftung von der Regelung erfasst sind.[761] Dies hat somit zur Folge, dass die Aufhebung der Stiftung aufgrund § 7 Abs. 1 Nr. 9 ErbStG nicht nur schenkungssteuerpflichtig ist, sondern im Ergebnis einer Doppelbesteuerung unterliegt. Zum einen greift § 7 Abs. 1 Nr. 9 ErbStG, zum anderen wird der Empfänger nach § 20 Abs. 1 Nr. 9 S. 1 HS. 2 i.V.m. Nr. 2 EStG besteuert. Diese Doppelbesteuerung wird in der Literatur kritisiert.

Die Literatur wirft der vorbeschriebenen Ansicht der Finanzverwaltung vor, dass der Gesetzeswortlaut in Bezug auf „Leistungen“ fehlerhaft ausgelegt wird.[762]

---

759 RFH v. 11.5.1939 III e 17/38, RStBl. 1939, 789; *Gebel* in: Troll/Gebel/Jülicher/ErbStG § 7, Rn. 338; *Schuck* in: Viskorf/Knobel/Schuck/ErbStG § 7, Rn. 155.

760 Beachte hierbei *Desens/Hummel* DStZ 2011, 710ff., die die verfassungsrechtliche Zulässigkeit einer gleichzeitigen Doppelbesteuerung hinterfragen, sowie *Wassermeyer* DStR 2006, 1733f.

761 BMF v. 27.06.2006, IV B 7 – S. 2252–4/06, BStBl I 2006, 417, DStR 2006, 1227.

762 *Pöllath/Richter* in: Seifart/v. Campenhausen § 42, Rn. 18; *Richter* in: Meyn/Richter/Koss Die Stiftung S. 480, Rn. 1070.

§ 20 Abs. 1 Nr. 9 EStG gilt für Leistungen von unbeschränkt steuerpflichtigen Körperschaften, Personenvereinigungen oder Vermögensmassen im Sinne von § 1 Abs. 1 Nr. 3 bis 5 KStG.[763] Somit nach § 1 Abs. 1 Nr. 5 KStG auch für nichtrechtsfähige Vereine, Anstalten, Stiftungen und andere Zweckvermögen des privaten Rechts. Begrifflich stellt jedoch die Vermögensauskehr aufgrund der Auflösung der Stiftung keine Leistung dar, die mit Gewinnausschüttungen im Sinne des § 20 Abs. 1 Nr. 1 EStG wirtschaftlich vergleichbar ist.[764] So sieht § 20 Abs. 1 Nr. 1 EStG vor, dass nur Leistungen erfasst werden, die von einer fortbestehenden Körperschaft fortlaufend ausgeschüttet werden.[765] Die Vermögensauskehr aufgrund der Auflösung der Stiftung ist jedoch nur eine einmalige Leistung. Des Weiteren kritisiert die Literatur, dass der Sinn und Zweck des § 20 Abs. 1 Nr. 9 EStG nicht hinreichend von der Finanzverwaltung beachtet wird. Dessen Sinn und Zweck beinhalten vielmehr, dass Vermögensauskehrungen, die aufgrund der Auflösung der Stiftung vorgenommen werden, keine mit Gewinnausschüttungen wirtschaftlich vergleichbaren Leistungen sind. Hier zeigt sich, dass die bei der Auflösung der Stiftung anfallenden Vermögensauskehrungen nur dann nach § 20 Abs. 1 Nr. 9 EStG steuerpflichtig sind, wenn sie einer Gewinnverwendung gleichgestellt wären.[766] Die Auflösung der Stiftung und die damit verbundene Vermögensauskehrung führen jedoch nur zu einer „unentgeltlichen Übertragung der Einkommensquelle".[767]

Unter Berücksichtigung der zutreffenden Ausführungen der Literatur, hätte es somit keiner Ergänzung nach § 20 Abs. 1 Nr. 9 S. 1 HS. 2 EStG um einen Verweis auf § 20 Abs. 1 Nr. 2 EStG durch den Gesetzgeber[768] bedurft, da der Vermögenserwerb aus der Auflösung einer Stiftung beim Empfänger steuerfrei bleibt.

763 *von Beckerath* in: Kirchhof/EStG § 20, Rn. 61; *Stuhrmann* in: Blümich/EStG § 20, Rn. 336.

764 *Pöllath/Richter* in: Seifart/v. Campenhausen § 42, Rn. 18; *Richter* in: Meyn/Richter/Koss Die Stiftung S. 480, Rn. 1070.

765 *Richter* in: Meyn/Richter/Koss Die Stiftung S. 480, Rn. 1070; *Pöllath/Richter* in: Seifart/v. Campenhausen § 42, Rn. 18, Fn. 75, wonach es bereits durch die Auflösung der Stiftung an einer weiterhin bestehenden Körperschaft mangelt.

766 *Pöllath/Richter* in: Seifart/v. Campenhausen § 42, Rn. 18; *Richter* in: Meyn/Richter/Koss Die Stiftung S. 481, Rn. 1070.

767 *Pöllath/Richter* in: Seifart/v. Campenhausen § 42, Rn. 18; *Richter* in: Meyn/Richter/Koss Die Stiftung S. 481, Rn. 1070.

768 So jedoch vom Gesetzgeber durch das Jahressteuergesetz 2007, BStBl. I 2006, 2878 vorgenommen.

IV. Auflösungsbesteuerung für den Verein

1. Gleichstellung

Nach § 7 Abs. 1 Nr. 9 S. 1 Alt. 2 ErbStG wird steuerrechtlich die Auflösung eines Vereins erfasst, dessen Zweck auf die Bindung von Vermögen gerichtet ist. Hierbei wird die Auflösung eines Vereins der Auflösung einer Stiftung gleichgestellt. Dieser Gleichstellung bedarf es, da andernfalls, sobald ein Verein aufgelöst wird, eine steuerpflichtige Schenkung nur dann anzunehmen ist, wenn das Vereinsvermögen an Personen fällt, die als Nichtmitglieder keinen Anspruch darauf haben,[769] oder wenn das Vermögen an die Mitglieder nicht gleichmäßig verteilt wird. Schenker ist sodann der Verein.[770] Fällt das Vereinsvermögen an die in der Satzung benannten Mitglieder, würde keine Erbschaftsteuerpflicht eintreten, da es an einer freigebigen Zuwendung mangelt. Um dieses Ergebnis zu vermeiden und die Besteuerung zwischen einer Stiftung und einem Verein ausgeglichen zu halten, entschloss sich der Gesetzgeber durch die Regelung des § 7 Abs. 1 Nr. 9 ErbStG klarzustellen, dass der Vermögensübergang, welcher bei der Auflösung eines auf die Bindung von Vermögen gerichteten Vereins erworben wird, als steuerpflichtige Schenkung unter Lebenden gilt.[771]

Umstritten ist in diesem Zusammenhang, ob sich die vorbeschriebene Gleichstellung in § 7 Abs. 1 Nr. 9 S. 1 Alt. 2 ErbStG nur auf den eingetragenen Verein bezieht. Hierzu wird zwar angeführt, dass von § 7 Abs. 1 Nr. 9 S. 1 Alt. 1 ErbStG nur die rechtsfähigen Stiftungen erfasst werden, sodass bei der vorgenannten Gleichstellung ebenfalls nur die eingetragenen Vereine beinhaltet werden könnten,[772]

---

769 So nach BFH v. 14. 6. 1995 II R 92/92, BStBl. II 1995, 609, der festhält, dass der Übergang von Vereinsvermögen im Zuge der Liquidation auf solche anfallberechtigten Personen, die keine Vereinsmitglieder sind, nach § 7 Abs. 1 Nr. 1 ErbStG 1974 der Schenkungsteuer unterliegt. Sind die Vereinsmitglieder selbst entweder nach § 45 Abs. 1 BGB kraft satzungsmäßiger Bestimmung oder aufgrund des § 45 Abs. 3 BGB zu gleichen Teilen anfallberechtigt, unterliegt der Übergang des Vereinsvermögens auf die Vereinsmitglieder nur unter den Voraussetzungen des § 7 Abs. 1 Nr. 9 ErbStG 1974 der Schenkungsteuer.

770 *Gebel* in: Troll/Gebel/Jülicher/ErbStG § 7, Rn. 344.

771 *Gebel* in: Troll/Gebel/Jülicher/ErbStG § 7, Rn. 344; *Fischer* in: Fischer/Jüptner/Pahlke/Wachter/ErbStG § 7, Rn. 465.

772 So *Fischer* in: Fischer/Jüptner/Pahlke/Wachter/ErbStG § 7, Rn. 465, der eine generelle steuerliche Gleichstellung aus § 2 Abs. 1 Nr. 1 d) ErbStG nicht ableitet, da so § 54 S. 1 BGB negiert werden würde.

jedoch werden im Ergebnis steuerlich rechtsfähige und nichtrechtsfähige Vereine gleichbehandelt. Maßgebend ist hier die Regelung des § 2 Abs. 1 Nr. 1 d) ErbStG, wonach die Steuerpflicht eintritt für Körperschaften, Personenvereinigungen und Vermögensmassen, die ihre Geschäftsleitung oder ihren Sitz im Inland haben.[773] Dies bedeutet, dass ein Großteil der bereits für die Stiftung herausgearbeiteten steuerrechtlichen Grundsätze und Probleme auch für den Verein gelten.[774] So verbleibt abschließend die nachfolgend dargestellte Problematik, nämlich in welchem Umfang steuerrechtlich der Übergang von Vereinsvermögen auf die Vereinsmitglieder überhaupt steuerpflichtig ist.

2. Übergang von Vereinsvermögen auf die Vereinsmitglieder

Tritt der Fall ein, dass bei der Auflösung eines auf die Bildung von Vermögen gerichteten Vereins das Vereinsvermögen bestimmungs-gemäß auf die Vereinsmitglieder übergeht, so ist zu klären, was bei der Auflösung eines solchen Vereins der Besteuerung unterliegen soll. Hierfür ist also die Klärung der Frage maßgebend, in welchem Umfang bei den Vereinsmitgliedern überhaupt eine Bereicherung eintritt.

Ausgehend vom Wortlaut in § 7 Abs. 1 Nr. 9 ErbStG formuliert das Gesetz den Besteuerungstatbestand für den Vermögensumfang mit den Worten: „was... erworben wird“. Fraglich ist hier insoweit, ob aus dieser Formulierung der Schluss gezogen werden kann, dass nur der Vermögensanteil als Erwerb anzusehen ist, der bei einer Bewertung nach zivilrechtlichen Bewertungsgrundsätzen zu einer Bereicherung des Erwerbers führt.[775] Jedes einzelne Vereinsmitglied wäre demnach nicht bereichert, soweit der Auskehrung des Vermögens der Entfall der Mitgliedschaft und damit der Anteil am Vereinsvermögen gegenüberstehen.[776]

Diese Ansicht hält jedoch einer genauen zivilrechtlichen Betrachtung nicht stand.[777] Im zivilrechtlichen Vereinsrecht hat das ausscheidende Vereinsmitglied grundsätzlich keinen Anspruch auf eine Auseinandersetzung oder gar eine

---

773 *Gebel* in: Troll/Gebel/Jülicher/ErbStG § 7, Rn. 343.

774 Vgl. insoweit die vorherigen Ausführungen zur Auflösungsbesteuerung für die Stiftung unter Teil D III.

775 *Meincke* in: Meincke/ErbStG § 7, Rn. 114.

776 *Meincke* in: Meincke/ErbStG § 7, Rn. 114; *Fischer* in: Fischer/Jüptner/Pahlke/Wachter/ErbStG § 7, Rn. 467; *Schuck* in: Viskorf/Knobel/Schuck/ErbStG § 7, Rn. 159.

777 So in seiner Analyse *Schuck* in: Viskorf/Knobel/Schuck/ErbStG § 7, Rn. 159.

Abfindung.[778] Hinzukommt, dass der Vereinsanteil nicht übertragbar oder pfändbar ist.[779] Die Beteiligung des einzelnen Vereinsmitglieds am Vereinsvermögen ist zumindest bei einem rechtsfähigen Verein nicht vorgesehen. Lediglich der schuldrechtliche Anspruch auf Ausantwortung des zu liquidierenden Vereinsvermögens bei Auflösung des Vereins kann als geldwerte Position veranschlagt werden.[780] Beim Übergang von Vereinsvermögen auf die Vereinsmitglieder ist daher von einer vollständigen Besteuerung des Erwerbs auszugehen.[781]

---

778 *Ellenberger* in: Palandt § 39 BGB, Rn. 4.

779 *Schuck* in: Viskorf/Knobel/Schuck/ErbStG § 7, Rn. 159.

780 *Schuck* in: Viskorf/Knobel/Schuck/ErbStG § 7, Rn. 159; *Fischer* in: Fischer/Jüptner/Pahlke/Wachter/ErbStG § 7, Rn. 467; nach *Gebel* in: Troll/Gebel/Jülicher/ErbStG § 7, Rn. 344, wird diese Gegenleistung sogar durch die tatbestandliche Funktion überlagert, sodass insgesamt von der Steuerpflicht auszugehen sei.

781 So auch nach BFH v. 14.06.1995 II R 92/92, BStBl. II 1995, 609.

E. Schlussbetrachtung

Im Rahmen der Schlussbetrachtung lässt sich festhalten, dass die rechtliche Nähe und Verwandtschaft zwischen Verein und Stiftung an einer Vielzahl von Stellen belegt werden konnte. Sowohl die Stiftung als auch der Verein folgen im Wesentlichen den gleichen Liquidationsgrundsätzen. Gleichwohl gibt es Unterschiede, welche aufgezeigt werden konnten. Betrachtet man den Verein in Liquidation, so lässt sich feststellen, dass durch eine Vielzahl von Auflösungsgründen das „Ende“ des Vereins „eingeläutet“ werden kann. Auch die Stiftung kann aufgrund verschiedener Auflösungsgründe in Liquidation geraten. Diese unterscheiden sich jedoch von den Auflösungsgründen eines Vereins. Die Stellung des Anfallberechtigten ähnelt sich jedoch wiederum in weiten Teilen. So liegt bei einem Vermögensanfall an den Fiskus, sowohl bei dem Verein als auch bei der Stiftung, die causa im Gesetz selbst.

Kommt es zu einem Vermögensanfall an nicht-fiskale Personen, fällt die Unterscheidung zwischen Verein und Stiftung schwerer. Auch wenn letztendlich die Untersuchungen gezeigt haben, dass für beide juristischen Personen die causa in einer Konstruktion sui generis liegt, verdeutlicht die vorgenommene Prüfung, mit welcher Komplexität das Anfallsrecht behaftet ist, und zeigt die nicht zu verkennende Nähe zum Erbrecht auf. Nicht nur die genaue Begriffsunterscheidung für die Anfallberechtigten, sondern auch die im Gesetz verankerte Konstruktion belegen, dass auf die landesgesetzlichen Ausgestaltungen des Anfallsrechts besonderes Augenmerk gelegt werden muss. Die jeweiligen Landesgesetzgeber können keine Gesamtrechtsnachfolge durch Landesrecht bewirken.

Sowohl die vorgenommene Gesetzesanalyse, die einen Rückgriff auf die Motive des Gesetzgebers ermöglichte, als auch die vorgenommene Einordung der causa für den Vermögensanfall, haben zudem verdeutlicht, dass viele Problemkonstellationen sowohl bei dem Verein als auch bei der Stiftung nur durch einen Rückgriff auf bereits vorhandene Regelungen und Grundsätze zu lösen sind. Hier zeigte sich, dass insbesondere der Vermögensanfall bei der Stiftung in der Komplexität der Probleme nicht zu unterschätzen ist. Beachtet man die rasanten Zuwächse und die Neugründungen von Stiftungen, ist es keine gewagte Prognose, dass in der Zukunft Vereine und Stiftungen vermehrt aufgelöst werden dürften. Die aufgezeigten Probleme werden daher aktuell bleiben.

In diesem Zusammenhang haben das dargestellte Verfahren und der Ablauf der Liquidation verdeutlicht, dass mit der Durchführung einer Liquidation neue Probleme entstehen können. Dies umfasst Problemkonstellationen, welche der historische Gesetzgeber größtenteils zumindest für den Verein erkannte, welche jedoch nicht gleichermaßen für die Stiftung Gültigkeit besitzen. Hier können Unterschiede in der Liquidation bestehen. Die rechtlichen Diskussionen um den Verein in Liquidation und die Stiftung in Liquidation zeigen, dass den Liquidatoren eine wesentliche Rolle zufällt. Sowohl der Ablauf der Liquidation als auch die Folgen eines nicht ordnungsgemäßen Liquidationsverfahrens müssen von den jeweiligen Liquidatoren überblickt werden. Für die Liquidatoren entstehen in diesem Bereich nicht unerhebliche Haftungsrisiken.

Zu guter Letzt wurde die Besteuerung des Vermögensanfalls nach den maßgebenden steuerrechtlichen Vorschriften des Erbschafts- und Schenkungssteuerrecht aufgezeigt. Hier gilt es insbesondere zu beachten, dass nach dem Erbschafts- und Schenkungssteuerrecht der Vermögensanfall bei Verein und Stiftung gleich besteuert wird. Die von der Finanzverwaltung gewählten Vorgehensweisen und die gleichzeitigen Begründungen wurden letztendlich überprüft und mitunter widerlegt. Hier ist insbesondere eine zu vermeidende Doppelbesteuerung nach dem Erbschaftssteuergesetz und dem Einkommensteuergesetz zu erwähnen, ebenso die Sonderproblematik des Vermögensrückfalls an den Stifter. Diese Problemkonstellationen haben verdeutlicht, dass auch bei der Besteuerung des Vermögensanfalls von Verein und Stiftung zivilrechtliche Grundsätze maßgebend sind, wenngleich auch hier die Finanzverwaltung mitunter einen „eigenen" Weg geht.

Letztendlich verläuft aufgrund der Gleichstellung von Verein und Stiftung die Besteuerung in weiten Teilen gleich. Für die Praxis lässt sich jedoch ableiten, dass für jeden Einzelfall eine genaue Betrachtung der einzelnen Verhältnisse zwischen Stifter – Stiftung und Anfallberechtigten, sowie natürlich zwischen Vereinsmitgliedern und dem Verein, vonnöten sind, um die Besteuerung des Vermögensanfalls richtig zu erfassen.

Bochumer Studien zum Stiftungswesen

Herausgegeben von Karlheinz Muscheler

Der Verein „Fundare e.V., Gemeinnütziger Verein zur Förderung des Stiftungswesens“ hat sich zum Ziel gesetzt, zu einer aufblühenden Stiftungskultur in Deutschland beizutragen. Auch die von Prof. Dr. Karlheinz Muscheler im Auftrag von Fundare herausgegebene Schriftenreihe „Bochumer Studien zum Stiftungswesen“ dient diesem Ziel. In ihr sollen Arbeiten aus grundsätzlich allen wissenschaftlichen Disziplinen erscheinen, die sich mit dem Stiftungswesen im weitesten Sinne beschäftigen. Einen Schwerpunkt bilden Arbeiten zum Zivil-, Verwaltungs- und Steuerrecht der Stiftung. Veröffentlicht werden insbesondere Dissertationen, Habilitationen und sonstige Monographien.

Band 1 Irena Braxator: Grundlagen der Panama-Stiftung. 2009.

Band 2 Frank Schuck: Die Doppelstiftung. Instrument zur Gestaltung der Unternehmensnachfolge. 2009.

Band 3 Sang-Hyun Ko: Errichtung einer Stiftung nach deutschem und koreanischem Recht. 2009.

Band 4 Jonas Arnhold: Die selbständige Stiftung und der Testamentsvollstrecker. 2010.

Band 5 Sebastian Trappe: Unternehmensmitbestimmung und unternehmensverbundene Stiftungen. 2010.

Band 6 Irena Braxator: Fundamental Principles of Panamanian Foundations. 2011.

Band 7 Matthias Gantenbrink: Die hoheitliche Beendigung der Stiftung durch die Stiftungsbehörde. Zur Aufhebung und Zusammenführung von Stiftungen. 2011.

Band 8 Dominik Wagner: Errichtung und Tätigkeit von Stiftungen nach polnischem Recht. 2012.

Band 9 Jochen Maier: Gemeinnützige Stiftungen und Generationengerechtigkeit. Möglichkeiten und Grenzen ihrer Einbeziehung in eine generationengerechte Politik. 2012.

Band 10 Matthias Klein: Bürgerstiftungen in Deutschland. Entwicklungen, Erfahrungen und Ausblicke. 2013.

Band 11 Jan Steils: Die Stiftung auf Zeit und die Verbrauchsstiftung. Unter besonderer Berücksichtigung der Anerkennungsvoraussetzungen des § 80 Abs. 2 BGB. 2014.

Band 12 Pierre Plottek: Vermögensanfall bei Verein und Stiftung. Zivil- und Gemeinnützigkeitsrecht. 2014.

www.peterlang.com